인공지능과 미래 경제

AI가 경제를 만나다

이철환 지음

인공지능과
미래 경제

다락방

머리말

2016년 3월, 이세돌 9단과 인공지능 바둑 프로그램 알파고(AlphaGo)가 세기의 바둑 대결을 펼쳤다. 결과는 알파고의 압승이었다. 인간 대 인공지능의 대결이었던 만큼, 고도로 발전한 인공지능의 수준이 전 세계를 깜짝 놀라게 한 사건이었다. 이후 인간들은 많은 생각과 고민을 하게 되었다. 인공지능이란 무엇인가? 인공지능이 발전할 수 있는 범위는 어디까지일까? 인공지능은 어떻게 작동되며 또 우리의 삶을 어떻게 변화시킬까? 이러다가는 우리가 인간이 지배당하지는 않을까?

사고나 학습 등 인간이 가진 지적능력을 컴퓨터를 통해 구현하는 기술인 인공지능은 21세기 변화의 가장 큰 동인이 될 것이라고 모두가 얘기한다. 인공지능은 인터넷이나 모바일이 그랬던 것처럼 우리의 경제와 사회, 그리고 인간의 삶의 방식을 근본적으로 변화시켜 놓을 것이다. 오히려 이들이 가져온 변화를 훨씬 뛰어넘는 충격과 경이로움에 맞닥뜨리게 될 것이다. 우리의 소통 방식을 변화시키는 것은 물론 문화 자체가 바뀐다. 모든 산업 부문에도 인공지능이 연결되어 산업의 지형을 바꿀 것이다.

그러면 인공지능이 인간 세상에 가져다 줄 혜택은 어떤 것이 있을까?

무엇보다 우리의 일상생활을 크게 편리하게 해줄 것이다. 우리는 이제 손가락만 까딱하면 모든 것이 가능한 세상에 살게 될 것이다. 손가락도 까딱하기 귀찮아지면 말 한마디로 아니면 눈을 깜빡하는 것만으로도 하고자 하는 바를 이룰 수 있게 될 것이다. 또 사람들이 꺼리는 육체노동과 여러 가지 일거리를 대체할 수 있는 노동력으로서, 저출산·고령화에 따른 생산인구 감소 문제에 대응할 수 있는 대안으로도 제시되고 있다.

이와 함께 새로운 경제성장 동력으로 작용함으로써 추가적인 경제적 가치를 창출해 낼 것이다. 인공지능 기술은 로봇, 자율주행 자동차와 드론, VR과 AR, 웨어러블 등 새로운 산업과 시장을 만들어 내고 있다. 또 제조업과 유통, 금융과 의료 등 기존 산업을 혁신시켜 고부가가치를 창출해 내고 있다. 이로 인한 경제적 가치는 수천억을 넘어 수조 달러에 달한다.

그러나 다른 한편으로는 인공지능이 여러 가지 부작용과 문제도 불러 올 것이고, 이 가운데는 전례 없이 매우 심각한 사안들도 예상된다. 가장 심각한 문제는 우리를 편리하게 하기 위해 만든 인공지능이 사람의 일자리를 빼앗고 있다는 것이다. 이 밖에도 인공지능의 중립성과 윤리성, 인공지능에 대한 법인격 부여 여부, 인공지능에서 인공의식으로 진화 가능성, 인공지능시대에 중요한 인간의 가치, 부의 양극화와 기초본소득제도 도입의 필요성 등 과거 전혀 생각해 보지 못했던 문제들이 제기되고 있다.

이처럼 인공지능이 초래할 미래는 불투명하지만 인공지능 기술은 앞으로도 계속 발전해 나갈 것이다. 현재까지 개발된 인공지능은 모두 약(弱) 인공지능에 속하며, 자아를 가진 강(强) 인공지능은 등장하지 않았다. 그러나 딥러닝과 인공신경망 등의 기술이 발전하면서 머지않은 시기에 강인공지능도 탄생할 수 있을 것으로 예상되고 있다. 이 시점은 인공지능이 모든 면에서 인간의 능력을 추월하는 이른바 '특이점(Singularity)'이 도래하는 시기가 될 것이다.

이런 상황 속에서 우리가 결코 잊어서는 안 될 점이 있다. 다름 아닌 인공지능 기술을 우리의 새로운 경제성장 동력으로 활용하고 또 인간의 삶을 편리하게 해주는 도구로 만들어야 한다는 것이다. 인공지능이 아무리 진화하고 발전해도 그것은 인간의 도구일 뿐이기 때문이다. 이런 관점에서 인공지능 개발자와 기업들은 더 정확하고 신뢰할 만한 결과를 제공하기 위해 노력해야 한다. 인공지능은 기술에 대한 신뢰가 바탕이 될 때 인간의 믿을 수 있는 동반자로 함께 할 수 있기 때문이다.

이미 우리 앞에 현실로 다가온 인공지능의 시대에서는 기계와의 경쟁이 아닌 협력과 공생 능력이 중요하다. 그리고 이 과정에서 인간 고유의 것을 만들어내는 능력이야말로 핵심역량이 될 것이다. 지성과 감성이 조화를 이루는 사회는 분명 우리 인간의 손으로 만들어 나가야 할 미래의 비전이다.

지금 세계 각국은 4차 산업혁명과 인공지능시대의 리더가 되기 위해 전쟁을 방불케 할 정도로 치열한 경쟁을 벌이고 있다. 미국은 이 경쟁에 글로벌 IT기업들이 앞장서고 있다. 이들은 전문가 영입과 양성, 핵심적인 기술을 상호 공유하는 오픈소스 전략, 그리고 기술력이 있는 스타트업들은 M&A를 통해 시너지를 높이는 전략을 취해 나가고 있다. 중국은 '인공지능 굴기(崛起)'를 통해 미국을 기필코 따라잡겠다는 목표 아래 인재 양성과 기술 투자에 혼신의 노력을 다하고 있다. 일본과 유럽 또한 비슷한 상황이다. 마치 인공지능의 주도권을 둘러싸고 세계대전을 치루고 있는 것 같다.

그러면 우리의 상황은 어떠한가? 우리나라는 인터넷시대에는 나름 선두주자 그룹에 속할 수 있었고, 그 결과 경제발전면에서도 어느 정도 성과를 이룰 수 있었다. 그러나 인공지능시대는 과거 인터넷시대와는 차원이 다르다. 인공지능 기술은 선점하는 것이 매우 중요하다. '빠른 추격자(fast follower)'가 아니라 '선도자(first mover)'가 되어야 한다. 그런데 이미 우리는 선두주자인 미국에 비해 기술력이 2년 이상 뒤처져 있다. 또 우리가 앞서 간다고 평가되는 분야가 전혀 눈에 띄지 않고 있다. 자칫 인공지능 후진국으로 전락하기 십상이다.

우리는 지금이라도 투자를 확충하고 전문인력 양성에 힘써야 한다. 그리고 이런 시책들은 전략적이면서도 체계적으로, 아울러 중장기적인 관점에서 이뤄져야 할 것이다. 이는 신기술과 산업에 대한 투자는 그 규모가 클 뿐만 아니라, 효과가 나타나는데도 시간이 소요되기 때문이다.

지금 우리는 융합과 연결을 속성으로 하는 4차 산업혁명의 시대에 살고 있다. 모든 것이 융합되고 연결될 때 시너지효과를 나타낸다. 바꾸어 말하면 연결하고 융합할 줄 모르면 성과를 낼 수가 없을 뿐만 아니라 일상생활조차 하기 힘든 사회가 되고 있다. 과학기술학도는 인문사회 분야를, 인문사회학도는 과학기술분야를 이해하지 못하면 다가오는 인공지능의 시대에 제대로 적응하지 못할 것이다.

솔직히 나 역시 오랫동안 인공지능분야가 과학의 영역이기에 경제학도인 나와는 별 상관이 없는 것으로 여기며 살아왔다. 그런데 알파고 사건 이후 인공지능은 이미 우리 삶의 요소요소에 깊게 스며들어 일상생활의 중요한 일부가 되어 있음을 깨닫게 되었다. 그래서 인공지능에 대해 공부하기 시작하였고 나아가 이를 경제와 연결하여 생각해 보았다.

결국 한권의 책이 만들어졌다. 사실 이 책은 인공지능에 관한 입문서에 해당한다. 인공지능 기술 자체에 대한 전문적인 지식을 담은 것은 아니다. 그보다는 인공지능에 대한 전반적인 이해를 도와주고, 아울러 인공지능이 창출하는 산업과 시장, 인공지능 선점을 위한 주요 국가와 기업의 전략, 그리고 인공지능 기술이 가져다 줄 미래의 모습과 우리의 대응전략 등을 보다 더 중점적으로 기술하였다.

상호 이질적인 분야를 연결하고 융합해 보겠다는 저자의 의욕이 담겨 있는 이 책이 인공지능 분야에 관심을 가지고 공부하려는 이들에게 조금이라도 도움이 되기를 바란다. 끝으로 이 책을 집필하는 과정에 많은 선각자들의 좋은 글을 인용했음을 밝히면서 그분들에게 이 자리를 빌려 감사의 말씀을 드린다.

2018년 10월
명동의 연구실에서

목차

제1장 인공지능시대의 도래

1. 4차 산업혁명과 인공지능 • 16

인류의 또 한 번의 도약, '4차 산업혁명' / 4차 산업혁명이 초래하는 경제사회의 변화 /
4차 산업혁명 필수 요소로서의 인공지능 / 4차 산업혁명과 인공지능의 상관관계

2. 인공지능이란 무엇인가? • 24

컴퓨터를 통한 인간의 지적능력 구현 / 인공지능의 종류 / 인공지능의 발전 과정

3. 인공지능의 핵심 기술, 머신러닝과 딥러닝 • 35

'머신러닝' / '딥러닝' / 머신러닝과 딥러닝의 차이

4. 프로그래밍 언어와 코딩교육 • 46

다양한 프로그래밍 언어 / 코딩, 컴퓨터가 이해하는 언어로 입력하는 기술 /
올바른 코딩교육

5. 인공지능의 진화와 산업 활성화 방향 • 55

인공지능의 진화 / '특이점'의 개념과 도래 시기 / 인공지능 산업과 시장의 활성화 방향

제2장 인공지능의 기반기술

1. 빅데이터 • 68

가장 중요한 데이터 / 빅데이터의 다양한 활용 / 빅데이터 기술의 윤리적 책임과
신뢰 구축 과제

2. 클라우드 • 76

클라우드의 개념과 빅데이터와의 관계 / 클라우드 서비스의 종류와 발전 /
클라우드 서비스가 초래할 경제사회의 변화

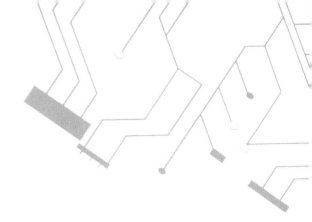

3. 사물인터넷 • 83

　사물인터넷의 개념과 성립요건 / 사물인터넷은 어디에 어떻게 활용되는가? /
　사물인터넷이 자본주의에 미치는 영향

4. 모바일과 5G 이동통신 • 90

　'모바일 퍼스트'에서 '모바일 온리' 시대로 / 4차 산업혁명의 핵심 인프라 '5G 이동통신' /
　5G의 미래와 6G 구상

5. 3D프린팅 • 99

　입체적인 물품을 생성하는 3D프린팅 / 3D프린팅 기술의 다양한 활용 /
　입체에 시간이 더해진 4D프린팅 기술

6. 블록체인 • 106

　연결과 분산의 기술, 블록체인 / 비트코인 블록체인의 한계와 보완 /
　다양하게 활용되는 블록체인 기술

7. AI 반도체 • 114

　차세대 반도체로서의 인공지능 반도체 / 인간의 뇌구조를 모방한 '뉴로모픽 칩' /
　AI반도체는 반도체산업의 블루오션

제3장 인공지능이 창출하는 산업과 시장

1. 로봇 • 122

　산업용 로봇에서 지능로봇으로 / 로봇의 종류와 시장 규모 / 챗봇의 등장 /
　인공지능 로봇의 탄생

2. 인공지능 스피커 • 133

　음성혁명의 시작, 인공지능 스피커 / 급성장하는 인공지능 스피커 시장 /
　국내 인공지능 스피커의 종류와 기능 / 진화하는 인공지능 스피커

3. 가상현실과 증강현실의 세계 • 143

　자신이 가상의 공간에 몰입되는 '가상현실(VR)' / 현실의 화면에 정보를 추가한 '증강현실 (AR)' / VR과 AR의 차이 / '융합현실(MR)'과 VR · AR기술의 발전

4. 웨어러블 • 153

　'포터블'에서 '웨어러블'로 / 다양한 형태의 웨어러블 디바이스 / 소형화 · 경량화 · 저전력의 향후 과제

5. 자율주행자동차 • 160

　스스로 판단하여 주행하는 자율자동차 / 자율자동차의 작동원리 / 자율자동차의 발전 단계 / 엄청난 성장이 예견되는 자율자동차 시장 / 자율자동차가 가져올 변화와 향후 과제

6. 드론 • 170

　'드론(Drone)'의 등장 / 드론이 바꾼 세상의 모습 / 급속한 성장이 예견되는 드론 시장

제4장 인공지능이 기존 산업과 시장에 미치는 영향

1. 제조업 • 180

　제조업 패러다임의 변화 / 생산공정의 최적화, 스마트팩토리 / 제조업의 서비스화, 서비타이제이션

2. 금융산업 • 187

　늘어나는 금융의 인공지능 활용 / 투자 자문과 신용평가에도 활용되는 인공지능 / 인공지능 금융의 기대효과와 미래

3. 유통과 물류, 예술과 오락시장 • 195

　플랫폼산업으로 변모하는 유통과 물류

4. 의료시장 • 202

　의사에게 치료법을 제시하는 인공지능 '왓슨' / 신약 연구개발에도 활용되는 인공지능 / 1호 인공지능 의사 탄생과 의사의 미래

5. 법률시장 • 211

　법률시장에 확산되는 인공지능 / 인공지능 법률 솔루션 활용 / 변호사 직업은 존속될 수 있을까?

제5장 인공지능 세계대전

1. 주요국의 인공지능 기술 및 산업정책 • 218

인공지능에도 시장경제 원칙을 고수하는 미국 / 중국의 정부 주도 '차세대 인공지능
발전 계획' / 일본의 '초스마트사회(Society 5.0)' 구현 계획 / 유럽의 Digital Single Market
실현과 인공지능 육성 / '4차 산업혁명'에 통합 추진되는 한국의 인공지능 정책

2. 인공지능 기업제국의 탄생과 경영전략 • 235

글로벌 초국가 기업제국의 탄생 / 글로벌 기업제국들의 오픈소스 전략 /
가열되는 인공지능 스타트업 인수 경쟁

3. 전문가 양성과 스카웃 경쟁 • 243

턱없이 부족한 인공지능 전문가 / 주요국들의 인공지능 전문가 양성 프로그램 /
경쟁사 인공지능 임원 쟁탈전

4. 미국의 주요 인공지능 기업제국 • 252

구글, '모두를 위한 AI'를 캐치프레이즈로 / IBM, '왓슨'을 통해 인공지능 상용화 선점 /
애플, '시리'의 생태계 확대에 주력 / 마이크로소프트, '플랫폼과의 대화' 개념 AI 개발 /
페이스북, 구글의 인공지능 맞수 / 아마존, 전자상거래를 넘어 인공지능 기업으로 /
넷플릭스, 미디어 제국을 뒷받침하는 인공지능 기술 / 오픈 AI와 엔비디아

5. 중국의 글로벌 인공지능 공룡들 • 269

중국의 3대 인터넷 기업 'BAT' / 인터넷 업체서 인공지능 자이언트로 변신 중 /
유니콘 기업으로 성장한 스타트업들

6. 중국과 미국의 인공지능 대전 • 279

세계 1위와 2위 경제대국의 무역전쟁 / 앞선 미국, 무섭게 추격하는 중국의 인공지능 기술 /
5G와 AI반도체를 둘러싼 미국과 중국의 분쟁

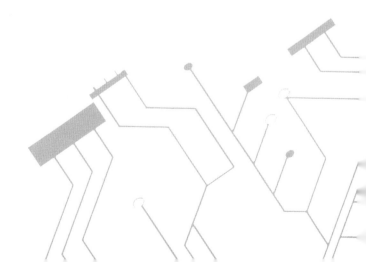

제6장 인공지능이 초래할 경제사회

1. 인공지능이 몰고올 경제사회의 변화 • 290

인공지능이 초래할 두 갈래 길의 미래 / 인공지능이 몰고올 유토피아(Utopia) /
인공지능으로 우려되는 디스토피아(Dystopia)

2. 무엇이든 가능한 전지전능한 세상 • 296

유비쿼터스 세상의 구현 / 최적의 솔루션에 의한 '골디락스' 경제 /
무병장수와 우주 여행이 실현되는 세상

3. 스마트홈, 스마트시티, 스마트정부 • 304

생활혁명을 불러올 '스마트홈' / 쾌적하고 살기 좋은 도시 '스마트시티' /
행정서비스 혁신을 통한 '스마트정부'

4. 일자리 감소와 빈부격차의 확대 • 313

직업의 미래 / 일의 형태와 게임의 규칙 변화가 더 문제 /
불평등의 심화와 '로봇세'의 대두

5. 빅브라더와 프라이버시 • 322

빅브라더, 사람의 머릿속까지 감시한다 / 생체인식 기술의 발전과 '딥페이크' 현상 /
빅브라더로 군림하는 글로벌 기업들 / '신기술 개발' vs '프라이버시 침해' 논란

6. 인간과 인공지능이 평화롭게 공존하는 세상의 구현 • 333

인간과 로봇 간의 전쟁 가능성 / 인간에 위협으로 다가오는 인공지능 /
인공지능의 윤리관 제고를 위한 다양한 노력 / 인간과 인공지능의 상호협력을 통한 공존 /
인간의 운명을 인공지능에 맡겨서는 안된다

7. 인공지능시대에 요구되는 인재는? • 343

창의성을 발휘하는 '뉴칼라' 인재 / 주목받는 융복합 능력과 연결지성 /
바른 인성이 무엇보다 중요하다

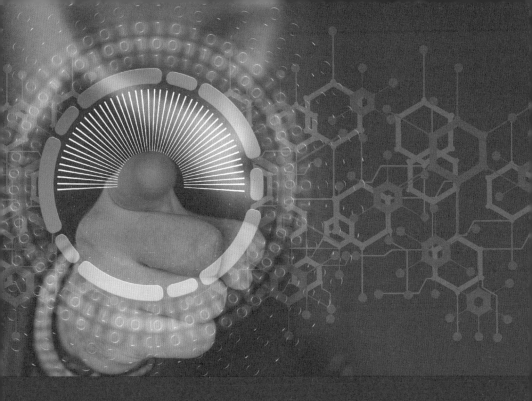

제1장
인공지능시대의 도래

4차 산업혁명과 인공지능

⊜ 인류의 또 한 번의 도약, '4차 산업혁명'

1, 2차 산업혁명을 거치면서 인간은 비로소 노동에 대한 예속으로부터 벗어나 남는 힘과 시간을 자신을 위하여 사용할 수 있게 되었다. 20세기 들어 컴퓨터와 인터넷의 발달은 또 하나의 혁명, 3차 혁명을 가져왔다. 세계적인 문명비평가이자 '3차 산업혁명(The Third Industrial Revolution)'의 저자인 제러미 리프킨(Jeremy Rifkin) 교수는 3차 산업혁명을 '인터넷에 의한 의사소통 시스템의 발달과 재생 에너지의 발달에 의해 수평적 권력구조로 재편되는 혁명'이라고 하였다.

그런데 주목할 것은 1차 산업혁명부터 3차 산업혁명까지 전개되는 시간의 간격이 급격히 짧아지고 있다는 점이다. 1차 산업혁명이 시작된 이후 불과 200여 년 만에 3차 산업혁명까지 이루어지면서, 이전까지 7만년

동안 크게 변하지 않은 채 진행되어 온 인간의 역사와 완전히 다른 양상을 보여 주고 있는 것이다.

이제 인간은 또 한 번의 도약을 앞두고 있다. 그것은 인간의 물리적 한계를 넘어선, 지금까지의 과정과는 완전히 다른 맥락에서 진행되고 있다. 즉 인간의 지능을 닮은 기계를 만들어 인간이 하던 많은 일을 대신하게 한다는 것이다. 이렇게 되면 인간의 역사와 삶은 또 다른 차원으로 넘어가게 된다. 기계가 인간을 대신할 정도가 아니라 아예 인간의 지능을 초월하는 세계도 상정할 수 있다.

2016년 1월, 스위스 다보스포럼에서 세계경제포럼 회장인 클라우스 슈밥(Klaus Schwab) 교수는 지금 우리는 '4차 산업혁명'의 시대를 맞이하고 있다고 주장하였다. 그는 4차 산업혁명(The Fourth Industrial Revolution)이란 인공지능(AI), 사물인터넷(IoT), 클라우드컴퓨팅, 빅데이터, 모바일 등 지능정보기술이 경제사회 전반에 융합되어 혁신적인 변화가 나타나는 차세대 산업혁명을 뜻한다고 하였다. 그런데 이들 정보통신기술은 기존 산업이나 서비스와 융합하기도 하지만, 3D 프린팅, 로봇공학, 생명공학, 나노기술 등의 신기술들과도 상호 결합함으로써 더 커다란 시너지 효과를 나타내기도 한다.

이처럼 4차 산업혁명은 초연결(hyper connectivity)과 초지능(super intelligence)을 특징으로 하기 때문에 기존 산업혁명에 비해 더 넓은 범위(scope)에 더 빠른 속도(velocity)로 크게 영향(impact)을 끼친다. 따라서 컴퓨터, 인터넷으로 대표되는 3차 산업혁명에서 한 단계 더 진화한 혁명으로 일컬어진다.

그런데 이따금 우리는 4차 산업혁명에 대한 개념을 잘못 이해하는 경우를 접하고 있다. 통상 우리는 농림어업을 1차 산업, 제조업과 광업을 2차 산업, 제조업을 3차 산업으로 정의하고 있다. 그리고 ICT(information & communications technology) 등 첨단 신산업은 4차 산업으로 분류하고, 이제는 이 '4차 산업'에 대한 혁명이 일어나고 있다고 생각한다. 그러나 정확한 개념은 기계화를 이룬 1차 산업혁명 시기, 산업화를 이룬 2차 산업혁명 시기, 정보화를 이룬 3차 산업혁명의 시기를 거쳐 이제는 지능화를 키워드로 하는 4차 산업혁명의 시대로 접어들었다는 것이다. 요약하면 4차 산업혁명이란 '4차 산업'에 대한 혁명이 아니라 네 번째의 산업혁명을 의미한다.

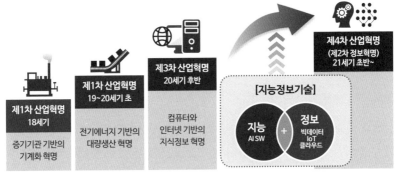

자료: 과학기술정보통신부

◉ 4차 산업혁명이 초래하는 경제사회의 변화

4차 산업혁명을 구성하는 핵심 요소는 어디에서나 연결이 가능하여 원

인공지능과 미래 경제

하는 정보를 어디에서든 찾을 수 있는 초연결성, 인간의 능력을 뛰어넘는 행동과 판단을 할 수 있는 초지능성으로 나타나 있다. 이 초연결성과 초지능성을 합친 기술을 통해 각 산업의 생산성을 높일 수 있는 혁신이 일어날 수 있는 것이다.

이 중에서도 '연결(connectivity)'은 그 시발점이 된다. 연결의 의미는 인간과 인간뿐만 아니라 인간과 사물, 사물과 사물의 연결까지로 확대된다. 온라인에서 오프라인으로, 오프라인에서 온라인으로 실시간 연결성을 의미하는 O2O(Online to Offline)의 가치 역시 연결에서 비롯된다. 사물인터넷은 이러한 연결을 가능하게 하는 기반이 된다. 더 나아가 현실과 사이버세계도 융합되고 있는데, 이것이 바로 증강현실(AR)과 가상현실(VR)의 기술과 산업이다.

기존의 산업들도 서로 연결을 증진함으로써 연결된 산업(connected industry)으로 발전하고 있다. 정보통신기술 ICT와 제조업의 융합을 통해 산업기기와 생산과정이 연결되고, 상호 소통하면서 최적화, 효율화를 달성할 수 있다는 것이다. 기존의 전통적인 공장도 스마트 공장(smart factory)으로 혁신하는 것을 포함한다.

아울러 비즈니스와 창업의 방향도 연결로 전환되면서, 앞으로의 핵심 창업인프라는 아이디어와 이를 실현할 몇몇의 지식기반 구성원이 될 것이다. 즉 많은 자본을 통해 무언가를 생산하지 않아도 커다란 수익 창출이 가능하다는 것이다. 대표적인 사례가 차량 공유서비스 우버(Uber)와 숙박 공유서비스 에어비앤비(Airbnb)이다. 이들이 성공을 거둔 비즈니스의 혁신과 공유경제 모델은 다른 서비스 분야로 확대되고 있을 뿐만 아니라, 새로운 경제사회 시스템으로까지 부상하고 있다.

4차 산업혁명은 인간의 삶에 엄청난 혜택을 줄 수 있다. 인간의 모든 경제활동에 최적의 솔루션을 제공하게 된다. 4차 산업혁명은 생활의 편의를 제공할 뿐만 아니라 라이프 스타일을 바꾸고, 인식의 전환을 가져오게 할 것이다. 그러나 예상되는 부작용도 작지 않다. 지금보다 더 큰 사회적 불평등, 빈부격차, 고용불안문제 등을 야기할 것으로 예상된다. 특히 자동화로 기계가 사람을 대체하면서 노동시장의 붕괴를 초래할 수도 있다. 아울러 저기술·저임금 근로자와 고기술·고임금 노동자 간 격차가 더욱 커지게 된다.

2016 세계경제포럼(WEF)의 '미래 고용 보고서(The Future of Jobs)'에 따르면, 인공지능·로봇·생명과학 등이 결합된 4차 산업혁명은 2020년까지 향후 5년간 200만 개의 일자리를 양산하겠지만, 710만 개의 일자리를 없앨 것으로 내다보았다. 이는 결국 500만 개 이상의 일자리가 사라지게 됨을 의미한다.

🌐 4차 산업혁명 필수 요소로서의 인공지능

4차 산업혁명의 특징인 초연결, 초지능, 초산업을 뒷받침하는 핵심적인 기술은 인공지능일 것이다. 그러면 이 인공지능이 제 역할을 할 수 있도록 하기 위해 필요한 요소는 무엇일까?

우선 무엇보다도 많은 입력 데이터가 필요하다. 이전에는 각 부문의 전문가가 자신만의 노하우(know-how)로 데이터를 수집하고 판단하는 것이 가능하였다. 그러나 경제사회가 복잡 다양화됨에 따라 문제 해결을 위해서는 다양한 정보가 요구되고 있다. 이처럼 방대한 양의 데이터와 전문가도 판단하기 힘든 비정형 데이터까지 수집하는 시스템을 빅데이터(Big data)라고 한다.

그리고 이 빅데이터 수집을 위해서는 사물인터넷(IoT)이 반드시 필요하다. 사람과 사물, 사물과 사물을 연결하여 실시간으로 모든 데이터를 수집해야 하기 때문에 사물인터넷의 적용은 필수적이라 할 수 있다. 좁게는 사람과 사물, 넓게는 산업과 산업 간의 융합을 뜻한다.

또 수많은 데이터를 수집·분석하고 학습하기 위한 시스템의 최적화를 위해 클라우드 컴퓨팅을 이용한다. 정리하면 체계적인 ICBM 기반의 플랫폼 구성이 필요하다는 말이다. ICBM은 사물인터넷(IoT), 클라우드(Cloud), 빅데이터(Big data), 모바일(Mobile)을 뜻한다. 다만 인공지능의 시대에서는 모바일(Mobile)을 나타내는 M을 기계학습(Machine Learning)을 나타내는 M으로 변경하는 것이 더 합리적이다.

우리나라는 지나간 인터넷시대에는 나름 선두주자 그룹에 속할 수 있었고, 그 결과 경제발전 측면에서도 어느 정도 성과를 이룰 수 있었다. 그러나 인공지능 시대의 기술은 인터넷시대와는 차원이 또 다르다. 인공지능 기술은 선점하는 것이 매우 중요하다. '빠른 추격자(fast follower)'가 아니라 '선도자(first mover)'가 되어야 한다.

⬡ 4차 산업혁명과 인공지능의 상관관계

우리나라의 4차 산업혁명 경쟁력은 미국, 유럽, 일본 등 선진국에 비해 많이 뒤진 것으로 나타나고 있다. 스위스의 저명한 글로벌 투자은행인 UBS는 2016년 139개국의 노동유연성 수준, 기술 수준, 교육 수준, 인프라 수준 등을 종합적으로 고려하여 4차 산업혁명 준비 상태를 평가하였다. 그 결과에 의하면 스위스 1위, 미국 5위, 일본 12위, 독일 13위 등이며, 우리나라는 이들보다 한참 뒤진 25위에 그쳤다. 심지어 대만 16위, 말레이시아 22위보다도 낮았다. 중국은 우리나라와 비슷한 28위였다.

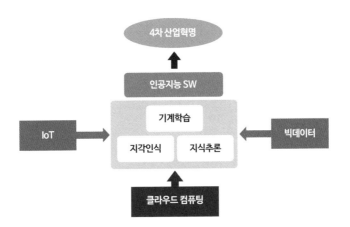

더욱이 4차 산업혁명은 인공지능과 사물인터넷 등 기술혁신으로만 접근해서도 안 된다. 경제사회와 문화, 교육 등 전 영역에서 혁신이 함께 뒷받침되어야 한다. 4차 산업혁명은 따라하거나(follow), 빨리빨리(fast), 수직적(vertical) 위계질서와는 완전히 다르기 때문이다. 4차 산업혁명은 연결

(connect)이자 공유(share)이며 수평적인(horizontal) 것을 특징으로 한다. 따라서 4차 산업혁명에 걸맞은 근본적인 변화가 더욱 필요하다. 기본과 근본 개념에 대한 천착과 사회적 혁신 없이 서두르면 오히려 4차 산업혁명의 특성과 충돌해 역효과가 날 수밖에 없다.

기술은 기계기술, 정보기술을 넘어 지능정보기술로 진화한다. 이에 따라 경제는 물질경제를 넘어선다. 서비스 경제화로의 진행이 이루어지고 더 나아가 공유경제와 체험경제로 발전한다. 사회의 지배양식은 예전의 수직적인 위계적 질서를 넘어 수평적 질서로 변화하게 된다. 문화는 다문화를 넘어 혼성문화로 변화한다. 이처럼 경제사회, 문화 전반에 걸쳐 이루어지는 변화에 걸맞은 지배구조(governance)를 갖추기 위한 준비도 필요하다. 시스템과 관행을 바꾸고, 공공부문과 민간부문의 역할도 달라져야 한다.

클라우스 슈밥은 『The Fourth Industrial Revolution』에 이어 2018년 출간한 새로운 저서 『The Next』에서 다가올 4차 산업혁명시대가 인류의 삶에 진정으로 도움이 될 수 있으려면 다음과 같은 사항들을 고려해야 한다고 기술하고 있다.

첫째, 4차 산업혁명의 혜택이 공정하게 분배될 수 있도록 보장되어야 한다. 둘째, 4차 산업혁명으로부터 파생될 수 있는 리스크나 피해와 같은 외부효과를 제대로 잘 관리해야 한다. 셋째, 4차 산업혁명은 인간 주도의 그리고 인간 중심의 산업혁명이 되어야 한다.

2

인공지능이란 무엇인가?

◉ 컴퓨터를 통한 인간의 지적능력 구현

2016년 3월, 세계적으로 화제를 모았던 이세돌 9단과 인공지능 바둑 프로그램 '알파고(AlphaGo)'의 바둑 대결은 구글 딥마인드(Deep Mind)가 개발한 알파고의 압승으로 끝났다. 경기가 있기 전에는 세계 바둑랭킹 2위였던 이세돌 9단의 우세가 점쳐졌지만, 대결 결과는 예상을 뒤엎고 알파고가 4:1로 승리를 거두었다.

인간 대 인공지능의 싸움으로 비춰졌던 대결이었던 만큼, 고도로 발전한 인공지능의 수준이 전 세계를 깜짝 놀라게 한 사건이었다. 이후, 2017년 5월에는 세계 바둑랭킹 1위인 커제가 알파고를 상대했는데 역시 3:0으로 패배하였다. 알파고는 이제 적수가 없어 2017년 말경 바둑계를 은퇴하였다.

'인공지능(AI, artificial intelligence)'이란 인간의 지능으로 할 수 있는 사고,

학습, 자기개발 등을 컴퓨터가 할 수 있도록 방법을 연구하는 컴퓨터 공학 및 정보기술의 한 분야로서, 컴퓨터가 인간의 지능적 행동을 모방할 수 있도록 하는 것을 말한다. 다만 아직까지는 인간이 지닌 직관과 통찰력, 감성적 능력은 그 대상이 아니다. 한마디로 사고나 학습 등 인간이 가진 지적능력을 컴퓨터를 통해 구현하는 기술이다. 또 로봇, 인공지능 가상비서, 웨어러블, 자율자동차 등 인간의 인위적인 개입 없이 인간이 의도하는 바를 알아서 처리해 주는 모든 매체나 기구들인 인공지능 디바이스들도 통상 인공지능이라고 부르고 있다.

특히, 로봇을 우리는 흔히 인공지능과 같은 개념으로 사용하고 있다. 이는 로봇이 인간의 모형을 한 채 스스로 움직이는데다, 이제는 로봇들이 대부분 인공지능을 탑재해서 만들어지고 있는데서 비롯되고 있다. 그러나 실제로 이들은 별개의 사안으로 로봇은 인공지능의 한 분야일 따름이다. 로봇이 있어야만 인공지능을 만들 수 있는 게 아니며, 반대로 인공지능이 있어야만 로봇이 움직일 수 있는 것도 아니다. 인공지능은 소프트웨어의 문제고 로봇은 하드웨어의 문제이다. 알파고와 같이 컴퓨터 안에서만 돌아가는 인공지능과, 알고리즘과 제어 프로그램에 의해 움직이는 협업로봇이 존재하듯이 이들은 서로 묶여있는 분야가 아니고 상호보완의 관계다.

사실 인공지능이 우리의 삶에서 아주 동떨어진 기술은 아니다. 우리가 매일 사용하는 스마트폰에도 인공지능 기술이 들어 있다. 대표적인 것이 바로 카메라의 초점을 자동으로 잡아주는 '얼굴인식' 기능, 인공지능 스피커가 사람의 말을 알아듣는 것과 같은 '음성인식' 기능이다. 그리고 사물의 이미지로 검색하는 '사물인식' 기능이 그렇다. 이는 사물이 가진 색깔이나 움직임, 모양 등 다양한 특징을 종합하여 영상 속 사물의 정체를 파악하는 기술이다. 가령 무인탐사선이 촬영한 원거리 행성이나 다른 천체 사진의 해상도를 높이는 데 이 기술이 활용된다.

이와 함께 인터넷 검색을 할 때 자동으로 추천 검색어를 띄워 주는 것도, 유튜브(YouTube)에서 외국 영상을 보면 자동으로 자막이 생성되는 것도 우리가 인공지능을 통해 누리는 혜택들이다. 또 다른 인공지능의 혜택 사례로 페이스북이 만든 자살예방시스템이 있다. 이는 인공지능을 통해 자살할 우려가 있는 사용자가 미리 감지될 경우, 해당 사용자의 친구나 가족 또는 상황에 따라 직접 도움을 줄 수 있는 기관에 연락까지 취해준다. 삼성 갤럭시에 내장된 빅스비(Bixby)도 자살과 관련된 말을 하면 "힘든 일이 있군요. 당신을 도와줄 수 있는 사람이 많아요!"라는 식의 문구와 상담센터를 안내한다.

인간이 작성한 프로그램을 통해서만 작동하도록 만들어진 기존의 컴퓨터는 인간의 연산능력을 배가시켜 인간사회를 크게 변화시켜 왔다. 그나 이제는 컴퓨터가 인간의 관여 없이 스스로 학습하여 결정하는 인공지능 능력을 만들어 내었다. 오랫동안 지능은 인간만이 가진 고유한 능력으로 알려져 왔다. 물론 다른 동물들도 약간의 지능을 가지고 있지만, 그 정도는 매우 미약하여 지능이라고 불릴 정도는 아니었다. 그런데 이렇게 인간만이 가진 것으로 알았던 지능을 컴퓨터가 스스로 갖게 된 것은 놀라운 일이 아닐 수 없다. 이는 머신러닝(machine learning)과 딥러닝(deep learning)이라는 방법을 통해 이루어지고 있다.

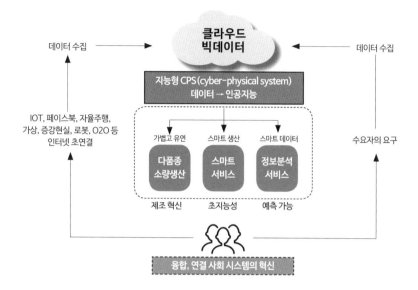

인공지능의 개념도

인공지능의 종류

인공지능은 분류 기준에 따라 다양한 종류로 나뉘어 질수 있다. 우선 가장 일반적인 개념적 기준에 의하면 '강(强) 인공지능'과 '약(弱) 인공지능'으로 구분할 수 있다. 먼저, '약 인공지능(Weak AI)'이란 자의식이 없는 인공지능을 말한다. 주로 특정분야에 특화된 형태로 개발되어 인간의 한계를 보완하고 생산성을 높이기 위해 활용된다. 인공지능 바둑 프로그램인 알파고나 의료분야에 사용되는 '왓슨(Watson)' 등이 대표적이다. 현재까지 개발된 인공지능은 모두 약 인공지능에 속하며, 아직까지는 자아를 가진 '강AI'는 등장하지 않았다.

그동안 '약 인공지능' 분야는 많은 진전을 이루었다. 특히 초고밀도 집적회로(Very-Large-Scale Integration) 분야와 프로그래밍 분야에서의 큰 진전으로 인공지능 연구에 대한 결과물도 증대되었다. 많은 연구가는 고밀도 집적회로 기술이 진정한 의미의 지능형 기계를 만드는 데 필요한 하드웨어 기반을 제공할 수 있다고 믿고 있다.

이에 비해 '강 인공지능(Strong AI)'은 사람처럼 자유로운 사고가 가능한 자의식을 지닌 인공지능을 말한다. 인간처럼 여러 가지 일을 수행할 수 있다고 해서 범용인공지능(AGI, Artificial General Intelligence)이라고도 한다. 감정을 갖고 사리판단을 할 수 있는 인간과 비슷한 객체로, 인간을 완전히 대체할 수 있는 수준의 지적 능력을 가지고 있다는 의미가 된다. 이 때문에 현재 논란이 되는 인공지능 문제 대부분은 강한 인공지능으로부터 비롯되고 있다.

물론 이러한 인공지능은 현재까지 개발되지 않았으며 앞으로도 시간이 좀 더 걸릴 것 같다. 강한 인공지능 개발 속도가 더딘 이유는 지능이 존재하는 유일한 물체인 인간의 뇌에 대한 정보가 크게 부족하기 때문이다. 지금까지도 뇌의 작동원리에 대한 연구 수준은 뉴런의 동작이나 뇌 부위별 역할 혹은 상관관계를 알아내는 정도에 불과하다. 또 두뇌 분석의 기초가 될 신경회로에 대한 연구마저도 이제 막 본격화된 상황이다.

게다가 여러 가지 철학적, 사회적 문제도 해결되지 않아서 설령 만들어진다 해도 심각한 갈등을 낳을 수 있는 판도라의 상자가 될 가능성이 크다. 이에 따라 마냥 강한 인공지능의 탄생을 환영할 수 있는 상황도 아니다.

이 강 인공지능이 한층 더 발전하게 되면 '초(初) 인공지능(ASI, Artificial

Super Intelligence)'이 된다. 이는 과학기술뿐만 아니라 사회성과 감성적 능력까지 인간의 능력을 초월하고 모든 면에서 인간보다 매우 월등한 인공지능을 말한다. 예를 들어, 시간여행과 공간 이동이 가능하고 불로영생이 가능한 정도의 엄청난 지능을 말한다. 당연히 강한 인공지능보다 더 복잡한 문제를 지니고 있으며 개발 시기도 아직은 요원한 편이다.

한편, 인공지능이 활용되는 기술이 어떤 것인지에 의해서도 종류를 나눌 수 있다. 인지(cognition, perception) 기술은 사람이 쓰는 언어의 구두명령을 컴퓨터가 알아듣게 하는 자연언어 이해 능력, 음성과 이미지를 통해 사물을 인식하는 기술로서, 앞에서 설명한 얼굴·음성·사물인식 기능들이 이에 해당한다. 계획 수립(planning) 기술은 현재 상태에서 목표하는 상태에 도달하기 위해 수행해야 할 일련의 행동 순서를 결정하는 것이다. 탐색(search) 기술이란 풀고자하는 문제의 답이 될 수 있는 것들의 집합을 공간으로 간주하고, 문제에 대한 최적의 솔루션을 찾기 위해 공간을 체계적으로 찾아보는 기술을 말한다.

논리추론(inference) 기술은 문제를 해결하는 것에 대해 필요한 지식, 규칙을 적절히 사용해 그 추론을 통해 결과를 도출해 내는 방법이다. 이는 전문가 시스템을 구현하여 복잡하거나 논리적인 사고가 필요한 문제를 방대한 지식을 기반으로 인간에게 조언하는 역할을 하고 있다. 의학적인 문제 또는 법률적인 문제에 대한 최적화된 그리고 최선의 판단을 내릴 때 많이 활용된다.

이제 인공지능이 체화되어 있는 디바이스의 종류에 대해서도 알아보

자. 우선 제조 공장에서 인간의 노동력을 대신하는 산업용 로봇이나 대화와 상담용으로 활용되는 챗봇(chatbot) 등 로봇이 있다. 또 수송과 물류혁명을 일으킨 자율주행 자동차와 드론이 있다. 자율자동차로 편안히 쉬면서 목적지까지 갈수 있으며 드론은 사람이 직접 가기 힘든 험지에도 배송을 가능케 만들고 있다.

가상비서를 통해 필요한 각종 정보를 실시간으로 확인 할 수 있으며, 이를 사물인터넷과 연결함으로써 밖에서도 집안의 가사와 보안을 관리할 수 있다. 그리고 기분이 울적하거나 무료할 경우에는 가상현실(VR) 공간에 들어가 재미있는 영상을 보거나 게임을 즐길 수도 있다. 또 각종 웨어러블(wearable) 디바이스를 통해 사용자가 원하는 바를 간편하게 이룰 수 있게 되었다.

❸ 인공지능의 발전 과정

1950년, 영국의 수학자이자 공학자인 튜링은 인공지능에 대한 중요한 논문 'Computing machinery and intelligence'를 발표하면서, 생각하는 기계의 구현 가능성과 '튜링 테스트(Turing Test)'라 불리는 인공지능 실험을 제안하였다. 이는 기계가 인간과 얼마나 비슷하게 대화할 수 있는지를 기준으로 기계에 지능이 있는지를 판별하고자 하는 테스트였다.

인공지능이라는 용어가 처음 등장한 것은 1956년 미국 다트머스의 한 학회에서 존 매카시(John McCarthy)가 이 용어를 사용하면서부터이다.

이 학회는 마빈 민스키, 클로드 섀넌 등 인공지능 및 정보처리이론에 지대한 공헌을 한 사람들이 주도한 것이다. 이후 컴퓨터의 탄생 및 발전과 궤를 같이하면서 인공지능에 대한 연구는 활발히 진행되어 왔다.

그러나 일반적인 지능 프로그램을 만드는 일은 생각보다 어렵다는 것이 판명되어 1970년대까지 침체기를 겪기도 하였다. 당시의 컴퓨터는 아직 천문학적인 양의 정보를 처리하기에는 성능과 용량이 너무 부족했고, 인간의 두뇌는 엔지니어들의 상상보다도 훨씬 거대하고 복잡하며 미묘하였다.

당시 미국의 로봇공학자 한스 모라벡은 '모라벡의 역설(Moravec's Paradox)'을 제기하였다. 그는 "인간에게 쉬운 일이 컴퓨터엔 어렵고, 컴퓨터에게 쉬운 일은 인간이 잘 못한다."고 말하였다. 예를 들어, 자연스럽게 걷고 움직이는 것은 어린아이도 쉽게 할 수 있지만 로봇에게는 매우 힘든 일이다. 체스와 바둑에서는 기계가 이미 인간을 뛰어넘었지만 갓난아이조차 가진 신체적 능력을 기계는 재현하기 어렵다. 복잡한 수식을 계산하고 방대한 양의 데이터를 다루는 것은 쉽지만, 개와 고양이를 구분하는 것처럼 단순한 일도 인공지능에게는 어렵다.

그러다 1980년대 '신경망(neural network)이론'으로 인공지능이 재발견되었다. 신경망이론은 인간의 사고를 두뇌 작용의 산물로 보고, 이 두뇌 구조를 분석함으로써 생각하는 기계를 만들 수 있을 것이라는 이론이다. 그러나 이 이론을 적용하기에는 방대한 데이터를 관리할 방법이 없어 또 다시 침체기를 맞았다.

그러던 중 1990년대 들어서면서 근본적인 문제점 중 하나였던 컴퓨터의 성능이 크게 향상되고 인터넷이 발전함에 따라 인공지능 연구는 또다시 활기를 띄게 되었다. 검색엔진 등을 통해 방대한 데이터를 수집할 수 있게 되었기 때문이다. 특히 두뇌 대결을 펼치는 체스게임과 퀴즈쇼에서 각각 IBM의 인공지능 머신 '딥블루(Deep Blue)'와 '왓슨(Watson)'이 인간 챔피언들을 상대로 우승한 사건은 인간의 고유 영역으로 여겨지던 지능분야에서 인공지능 컴퓨터가 우세할 수 있다는 가능성을 일반인들에게 보여주는 계기가 되었다.

1997년 5월, IBM의 슈퍼컴퓨터 딥블루(Deep Blue)는 여러 번의 도전 끝에 당시 체스 세계 챔피언이었던 게리 카스파로프를 물리치면서 주목을 받았다. 그 이후 IBM은 또다시 새로운 도전을 하였다. 2011년 왓슨은 퀴즈쇼 '제퍼디(Jeopardy!)'에 참가하였다. 2월 14일부터 16일까지 왓슨은 제퍼디의 금액 기준 사상 최대 우승자 브레드 러터, 74회 연속 승리 기록 보유자 켄 제닝스와 대결하였다. 첫 상금에서 켄 제닝스와 브레드 러터가 각각 30만 달러와 20만 달러를 받는 사이 왓슨은 100만 달러를 거머쥐었다

이후 머신러닝 즉 기계학습을 통하여 수많은 데이터를 분석하고 인공지능 스스로 학습하는 방식으로 진화할 수 있게 되었다. 더 나아가 인간의 뇌를 모방한 신경망네트워크(neural networks) 구조로 이루어진 딥러닝(Deep learning) 알고리즘으로 발전하면서 그 한계를 뛰어넘을 수 있었다.

2006년 영국 케임브리지대학의 제프리 힌튼(geoffrey hinton) 교수는 그동안의 인공신경망 연구를 통하여 축적한 노하우와 성과를 기반으로 딥러닝 관련 논문을 발표하였다. 이로부터는 그동안 불가능이라 여겨졌던 비

지도 학습방법이 가능해지는 등 이전의 인공지능 연구와는 다른 근본적인 변화가 시작되었다.

특히, 2012년 6월 구글과 미국 스탠퍼드대학 교수이던 앤드류 응(Andrew Ng)이 딥러닝 알고리즘을 이용하여 컴퓨터가 1천만개의 유튜브 동영상 속에서 고양이 이미지를 74.8%의 정확도로 식별하는 프로젝트가 성공하면서 도약의 커다란 전환점을 맞게 되었다. 이후 페이스북의 FAIR연구소는 안면인식 정확도를 97.25% 까지 끌어올렸다. 이는 인간의 눈이 인식할 수 있는 97.53% 수준에 버금가는 것이다.

알파고는 이 딥러닝의 첫 산물이라 할 수 있다. 물론 알파고는 바둑에 특화한 AI여서 생활에서 접하는 것과 거리가 있었다. 그러나 기계에게 이미지와 소리를 인식하는 방법을 가르치는 강화학습 기법이 영상인식, 음성인식, 번역 등 다양한 분야에 적용되면서 실생활에서 활용되는 구체적인 결과물을 만들어 내고 있다. 현재 생활과 가장 밀접한 인공지능 적용

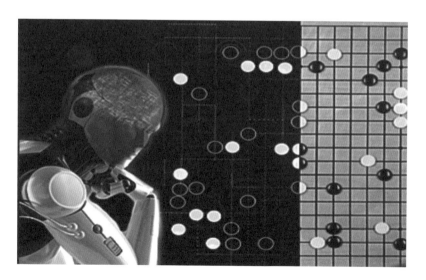

분야는 스마트폰과 스피커이지만, 점차 유전자 분석, 신약 개발, 금융 거래 등으로 빠르게 확대되고 있다.

특히 인공지능이 사물인터넷과 결합하면서 지금과는 전혀 다른 서비스를 만들어 내는 무궁무진한 잠재력이 나타나고 있다. 예컨대 다양한 헬스케어 기기들이 왓슨과 같은 의료 플랫폼에 연결되면 건강정보의 수집이나 모니터링을 넘어서 질병의 진단과 처방에 이르는 의료 서비스를 구현할 수 있다. 이에 따라 구글, IBM 등 주요 글로벌 기업들은 인공지능을 모두 미래의 최대 성장동력으로 간주하여 각축전을 벌이고 있다.

물론 아직 상용화된 인공지능 대부분은 서비스 영역에 그치고 있다. 인공지능을 활용한 대규모 사업이 실현되려면 아직은 갈 길이 멀다. 이따금 오류를 내고 있는 것도 극복해야 할 문제이다. 최근 테슬라 전기자동차의 자율주행 기능이 트레일러를 인지하지 못하여 운전자가 사망한 것이 대표적인 사례이다. 높은 수준의 신뢰도가 뒷받침되지 않으면 인공지능이 산업계 전반으로 확산하는 데는 한계가 있다.

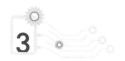

3

인공지능의 핵심 기술,
머신러닝과 딥러닝

☉ 인공지능의 구체적 구현, '머신러닝'

지금까지 알려진 인공지능의 구체적인 구현방식으로는 기계학습 즉 머신러닝과 심층학습인 딥러닝이 있다. '머신러닝(Machine Learning)'은 기계(Machine)가 사람처럼 학습(Learning)하는 것을 말한다. 머신러닝이란 단어에서 알 수 있듯이 데이터를 처리하는 것이 아니라 학습 자체가 초점이다. 이는 몇 가지 특정한 사건들보다 다수의 사건에 대한 경험을 통해 그들의 추세를 학습하고, 이를 기반으로 판단을 내린다는 점에서 '패턴인식(Pattern Recognition)'이라고도 불린다. 전통적인 통계학을 기반으로 한 인공지능의 새로운 패러다임이라고 할 수 있다.

머신러닝 이전의 고전적인 인공지능은 다양한 상황들에 대해 인간이 정해준 규칙에 따라 판단하는 논리 기계와 유사하였다. 그러나 머신러닝은 기존의 논리, 추론 위주의 인공지능과는 달리 경험을 통해 쌓인 데이터로부터 귀납적으로 판단을 내린다. 이는 인간의 학습방법과도 매우 유사하다고 볼 수 있다. 인간이 어떤 사안에 대한 판단을 과거의 많은 경험의 패턴을 통해 별 고민 없이 내리듯, 인공지능도 데이터를 기반으로 그러한 시도를 해보자는 것이 머신러닝의 시작이었다.

이처럼 머신러닝은 학습과정을 통해 데이터를 분류하거나 값을 예측하는 것이다. 즉 기계가 수학적 최적화 및 통계분석기법을 기반으로 사람의 도움 없이 데이터로부터 일정한 신호와 패턴을 배운 뒤, 그것을 바탕으로 다음에 일어날 일을 예측하며 적합한 의사 결정을 내리는 알고리즘이다. 이 과정에서 분류하거나 값을 예측하는 것은 확률과 통계를 토대로 한다. 아울러 인간의 사전지식에 의존하기보다는 데이터 그 자체에서 의미 있는 판단을 뽑아내는 데 중점을 둔다.

그리고 학습과정에서 인간이 소프트웨어에 특정 명령을 입력할 필요 없이 기계가 스스로 오류를 인지하여 수정하고 또다시 학습을 하여 정확도를 높여 나간다. 가령 분석과정에서 치즈과자를 오렌지로 잘못 인식했다면, 시스템의 패턴인식 기능은 마치 인간처럼 스스로 오류를 수정하고 실수로부터 학습하며 정확도를 점점 높여간다.

그렇다면 기계는 어떻게 학습을 하고 최적의 솔루션을 제시하고 결과를 예측하는 것일까? 머신러닝의 학습방법은 크게 지도학습, 비지도학습, 강화학습 등 3가지로 나뉜다.

우선, '지도학습(Supervised Learning)'은 훈련데이터에 조건 X뿐만 아니라 이에 대한 정답 Y까지 주어져 있는 경우의 기계학습을 말한다. 지도학습

방법은 다시 분류(classification)와 회귀(regression)로 나눠진다. 분류란 input에 대응하는 output을 분석하여 output이 어떤 종류의 값인지 여부를 구분하는 것이며, 회귀는 어떤 데이터들의 특징(feature)을 토대로 추세 값을 예측하는 기법을 말한다.

이에 비해 '비지도학습(Unsupervised Learning)'은 그런 것 없이 단지 데이터의 상관관계를 따져서 분류하고, 스스로 학습하여 보다 안정성 있고 정확한 인공지능을 갖추게 되는 것이다. 다시 말해 정답을 따로 알려주지 않고, 비슷한 데이터들을 군집화하는 것이다.

예를 들어보자. 컴퓨터에게 고양이 사진을 주고 "이 사진은 고양이야!"라고 알려주면, 컴퓨터는 이것을 학습하여 그 결과를 바탕으로 정보를 구분하게 되는 것이 지도학습이다. 이에 비해 여러 동물 사진을 섞어 놓고 이 사진에서 비슷한 동물끼리 자동으로 묶어보라고 이야기한다면 이는 비지도학습 문제라고 볼 수 있다.

가령 고양이, 병아리, 기린, 호랑이 사진을 비지도학습 시킨다고 상정해 보자. 각 사진이 무슨 동물인지 정답을 알려주지 않았기 때문에 이 동물이 무엇이라고 기계가 정의는 할 수 없지만 비슷한 단위로 군집화 해준다. 다리가 4개인 고양이와 호랑이를 한 분류로 묶고, 다리가 4개지만 목이 긴 기린은 다른 분류로, 다리가 얇고 몸통이 둥그런 병아리는 또 다른 분류로 나누어 놓을 것이다.

비지도학습에서 한발 더 나간 게 강화학습이다. '강화학습(Reinforcement Learning)'이란 상과 벌이라는 보상(reward)을 주며, 상을 최대화하고 벌은 최소화하도록 학습하는 방식을 말한다. 알파고가 이 방법으로 학습되었고, 주로 게임에서 최적의 동작을 찾는데 쓰는 학습방식이다. 정확한 정답은 없지만, 이러한 반복적인 행동들을 통해 칭찬과 벌을 받음으로써 보상의 가중치를 최대화하는 것이 목표다.

2017년 11월에 나온 알파고 '제로'가 대표적인 예이다. 알파고 개발자인 데미스 허사비스(Demis Hassabis)는 알파고 '제로'에 대해 기존의 알파고 '리'와는 차원이 다른 인간에게 훨씬 가까워진 AI라고 강조하였다. 인간이 만든 다양한 바둑 교본을 바탕으로 체계적인 학습을 한 '리'와 달리 '제로'는 바둑의 기본 방식만 알려줬을 뿐이다. 그런데 '제로'는 72시간 동안 스스로 학습한 후에 '리'와 대국을 했고, 그 결과 100판을 내리 이겼다.

🎧 머신러닝이 업그레이드 된 '딥러닝'

머신러닝은 어떠한 종류의 특징값(feature)들을 입력값으로 이용하는지 여부가 우수한 솔루션을 제시하는데 매우 커다란 영향을 미친다. 예를 들어, 머신러닝을 이용해 우리가 사진 속 얼굴들이 누군지 인식해야 할 경우 다양한 방법을 활용할 수도 있다. 즉 디지털 이미지의 원소인 픽셀(pixel)들을 입력값으로 사용할 수도 있지만, 그 대신 눈 코 입 등을 따로 떼어서 입력값으로 이용할 수도 있다.

또 다른 예로 인간의 보행동작을 기계학습을 이용해 분석하려고 한다면, 관절들의 위치를 입력값으로 사용할 수도 있지만, 관절들의 각도 또는 각속도(角速度)를 입력값으로 선택할 수도 있다.

이처럼 우리가 선택할 수 있는 특징값의 형태는 무궁무진하다. 그러나 더욱 좋은 결과물을 얻기 위해서는 같은 사물들을 비슷한 특징들로 묶어주거나, 혹은 다른 사물들을 구별되는 특징들로 묶어주는 특징값을 찾는 것이 매우 중요하다. 좋은 특징값을 찾기 위해 다양한 시도를 해왔지만 이는 여전히 머신러닝의 어려운 과제 중 하나이다. 이러한 어려움을 극복하기 위해 새로운 방법론이 제시되었는데, 이것이 바로 심층학습 즉 딥러닝이다.

딥러닝은 머신러닝의 부분집합으로 인공신경망의 원리를 이용하여 데이터를 분류하며 상관관계를 찾아낸다. 대량의 데이터와 컴퓨팅 기술을 활용해 심층신경망을 구현한다. 머신러닝에 인간의 뇌를 모방한 신경망 네트워크를 더한 딥러닝 알고리즘은 인간의 두뇌가 수많은 데이터 속에서 패턴을 발견한 뒤 사물을 구분하는 정보처리 방식을 모방함으로써 기존 머신러닝의 한계를 뛰어넘었다.

'딥러닝(Deep Learning)' 혹은 '딥뉴럴 네트워크(Deep Neural Network, DNN)' 기술은 사실 오랜 역사를 가진 인공신경망이 발전한 형태이다. '인공신경망(Artificial Neural Network) 이론'은 주로 패턴인식에 쓰이는 기술로, 인간 뇌의 뉴런과 시냅스의 연결을 프로그램으로 재현하는 것이다. 즉 가상의 뉴런을 시뮬레이션하는 것으로, 인간 두뇌의 연결성을 모방해 데이터 세트를 분류하고 데이터 간 상관관계를 찾아내는 것이다. 현재까지 밝혀진 지성을 가진 시스템 중 인간의 뇌가 가장 훌륭한 성능을 가지고 있기 때문에 뇌를 모방하는 인공신경망은 상당히 궁극적인 목표를 가지고 발달된 학문이라고 볼 수 있다.

그리고 심층신경망이란 입력층(Input layer)과 출력층(Output layer) 사이에 다중의 은닉층(Hidden layer)을 포함한 인공신경망을 의미한다. 인공신경망이 2개 이상의 은닉층을 갖는 경우 신경망이 깊다(Deep)라고 표현한다. 이처럼 여러 은닉층을 가진 깊은 신경망을 학습하는 것이 딥러닝이다.

딥러닝 개념도

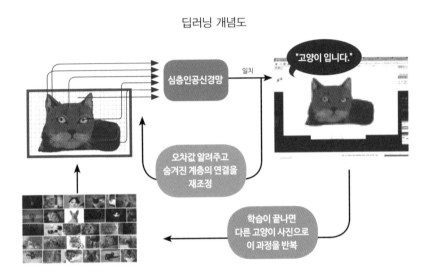

1920년대부터 꾸준히 연구되어 온 인공신경망은 이내 한계에 부딪혔다. 그 이유는 거대한 네트워크를 학습시키는 방법이 많이 발달되지 않았기 때문이었다. 또한 거대한 네트워크를 학습시키려면 많은 양의 데이터와 이를 처리할 수 있는 컴퓨팅 파워가 필요하였다. 그러나 당시에는 이러한 조건들이 받쳐주지 않아 인공신경망은 불완전한 방법으로 여겨졌다. 하지만 2000년대에 접어들면서 그동안의 제약요건들이 하나씩 해소되면서 딥러닝 기술은 비약적인 발전을 이루게 되었다.

첫째, 알고리즘의 혁신과 깊은 인공신경망인 딥뉴럴 네트워크(DNN)를 학습하는 방법이 개발되었다. '알고리즘(Algorithm)'이란 어떠한 주어진 문제를 풀기 위한 절차나 방법을 말하는데, 컴퓨터 프로그램 실행 명령어들의 순서를 의미한다. 알고리즘에서 가장 중요한 것은 효율성이다. 이는 동일한 문제를 푸는 데 있어 결과는 같아도 해결방법에 따라 실행속도나 오차오류 등에 차이가 있을 수 있기 때문이다.

한편, 심층신경망 즉 딥러닝 기술은 신경망 간의 연결을 상당히 여러 개의 층으로 표현함으로써 보다 많은 양의 데이터로부터 관계를 학습할 정도로 진화되고 있다. 알파고는 12개의 층을 사용했지만, 이후 가장 진보한 딥러닝 기술은 150개가 넘는 층을 사용하기도 한다. 신경망의 층이 많아지면 당연히 더 복잡한 입출력의 관계를 표현할 수 있게 된다. 이 딥뉴럴 네트워크(DNN) 즉 딥러닝 기술을 구현하는 방식은 다시 합성곱 신경망(CNN, Convolutional Neural Network)과 순환 신경망(RNN, Recurrent Neural Network) 등으로 나눠진다.

또 최근에는 '생성적 적대 신경망(GAN, Generative Adversarial Network)'기술까지 개발되어 크게 각광을 받고 있다. 이는 서로 다른 AI가 경쟁을 통해 상호 성능을 개선하는 기술이다. 예를 들면 화폐위조범은 최대한 진짜 같은 화폐를 만들기 위해 노력하고, 감별사는 진짜와 가짜 화폐를 구분하기 위해 노력함으로써 서로의 발전을 꾀하는 것이다. 그리고 이 GAN 기술을 활용함에 따라 기존의 CNN과 RNN 방식 등이 단순히 이미지를 구별하고 음성을 인식하는데 그친 것과 달리, 직접 이미지와 음성을 만들어낼 수 있게 되었다. 이제 딥러닝 기술은 이미지 인식, 음성 인식, 자연어 처리 등 다양한 분야에서 표준 알고리즘으로 자리 잡고 있으며, 매우 빠른 속도로 기존의 머신러닝 방법들을 대체하고 있다.

둘째, 방대한 양의 데이터가 뒷받침되었다. 인터넷에서 대량의 데이터, 이미지, 음성, 동영상, 또는 각종 센서를 통해 데이터가 매일 생성되고 있다. 각종 위치 정보, 웨어러블(wearable), 그리고 구조화되지 않은 텍스트 데이터도 중요한 구성 부분이다. 데이터가 많을수록 기계학습은 우수한 모델로 또 쉽게 표현하게 된다. 이는 수학문제를 풀 때 예제를 많이 풀수록 정답을 맞힐 확률이 높아지는 것과 같다.

셋째, 고성능 하드웨어의 발전이다. 딥러닝은 수많은 뉴런과 깊은 신경망을 학습해야 하므로 기존 컴퓨터로는 학습에 몇 주가 소요되기도 한다. 하지만 최근에는 그래픽 처리장치인 GPU(Graphic Processing Unit)를 이용한 병렬처리 연산의 발달과 함께 딥러닝을 위한 미래 하드웨어 디자인도 고안되고 있어 그 처리 속도가 더욱 빨라지고 있다. 또 클라우드 컴퓨팅을 이용하여 많은 양의 연산을 디바이스가 아닌 서버에서 처리하도록 함으로써 딥러닝의 혜택을 모바일로도 가져오고 있다.

⊙ 머신러닝과 딥러닝의 차이

인공지능, 그리고 머신러닝과 딥러닝은 상호 밀접한 관계를 지니고 있다. 머신러닝과 딥러닝은 인공지능을 구현하는 방식이다. 인공지능이 가장 큰 범주이고 그 다음 머신러닝, 딥러닝이 가장 좁은 개념이라 할 수 있다.

딥러닝의 등장으로 머신러닝의 실용성이 강화되었고, 인공지능의 영역은 확장되고 있다. 딥러닝은 컴퓨터 시스템을 통해 지원가능한 모든 방식으로 작업을 세분화한다. 운전자 없는 자동차, 더 나은 예방의학, 더 정확한 영화 추천 등 일상에서 이미 사용되고 있거나 실용화를 앞두고 있다. 이제 딥러닝은 미래 인공지능의 희망으로 떠오르고 있다.

이렇게 딥러닝이 머신러닝 방법들에 비해 좋은 성능을 보일 수 있는 비결은 특징값 학습에 있다. 머신러닝의 단점 중 하나는 좋은 특징값을 정의하기가 쉽지 않다는 점이었다. 그러나 딥러닝은 여러 단계의 계층적 학습 과정을 거치며 적절한 입력값인 특징값을 스스로 생성해낸다. 이 특징값들은 많은 양의 데이터로부터 생성할 수 있는데, 이를 통해 인간이 포착하지 못했던 특징값들까지 데이터에 의해 포착할 수 있게 되었다. 다시 말해 적절한 특징값을 포착하여 머신러닝에 비해 우수한 결과물을 만들어 낼 수 있게 되었다.

딥러닝의 또 다른 장점 중 하나는 다양한 분야에서 공통적으로 활용될 수 있다는 것이다. 예를 들어, 이미지 인식과 자연어 처리는 예전에는 전혀 다른 방법들이 적용되었지만, 딥러닝은 이 두 가지 문제를 같은 방법으로 해결하고 있다. 대표적인 예가 딥러닝을 이용해 이미지를 분석하고 이에 대한 자막을 자동으로 달아주는 것이다. 이 방법이 보편화된다면 머지 않아 시각장애인도 컴퓨터로부터 눈앞의 상황에 대한 설명을 들을 수 있게 될 것이다.

구체적인 예를 들어 이들의 상호관계를 알아보자. 머신러닝이란 곧 X와 Y의 관계 추정 또는 전반적인 패턴을 인식하는 것을 의미한다. 예를 들어, "A소설을 구입한 사람들이 B소설도 구매한다."라는 경향을 파악하고, 관련 소설을 추천해주는 것은 머신러닝의 대표적 솔루션이다. 하지만 여기에도 문제는 있다. 컴퓨터에게 사진 이미지를 통하여 누가 동일 인물인지를 물어보았을 경우, 컴퓨터는 픽셀(pixel)이 비슷한 경우 무조건적 유사성을 따를 것이다. 이는 결국 이해의 부족 때문이라고 할 수 있다.

딥러닝 입장에서 이해란 머신러닝하기 좋은 표현법을 찾는 것이라 할 수 있다. 딥러닝은 무질서한 집단을 구분 짓는 중요한 특징들과 그렇지 않은 것들을 구분하는 1차 표현법에 이어, 기계학습하기 좋은 2차 표현법을 만들어낸다. 그리고 이런 표현법 찾기의 마지막에 최종적인 기계학습방법을 덧붙이는 것이다. 이에 따라 딥러닝이란 머신러닝에 비해 2차 표현법이 추가된 것이라고 보면 될 것이다.

가령 개와 고양이 사진이 있다고 상정해보자. 사람은 사진을 보고 개와 고양이를 쉽게 구별할 수 있지만 컴퓨터는 그렇지 않다. 이때 컴퓨터가 마치 사람처럼 다른 고양이와 개 사진을 보고 공부해서 개와 고양이를 구분할 수 있도록 하는 기술이 머신러닝이다. 수많은 데이터를 학습해 사물을 군집하거나 분류하는 법을 익히는 것이 핵심이다. 이 중에서도 다량의 데이터로부터 다양한 특징을 스스로 분석하는 인간의 뇌 신경망을 모방한 학습법이 바로 딥러닝인 것이다. 학습하는 신경망이 여러 개의 층으로 연결되어 있기에 보다 복잡하고 미묘한 문제풀이가 가능해지게 된다.

인공지능 기술은 앞으로도 구현하고자 하는 목적에 따라 다양한 형태로 진화하고 점점 고도화되어 갈 것이다. 또 인공지능 기술 자체의 발전과 더불어, 빅데이터와 사물인터넷으로 대표되는 방대한 데이터의 처리 기술과 클라우드로 대변되는 대규모 컴퓨팅 자원의 활용 기술들이 복합적으로 운용되는 방향으로 발전할 것이다.

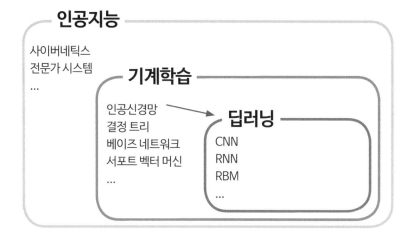

4

프로그래밍 언어와 코딩 교육

🌀 다양한 프로그래밍 언어

우리는 컴퓨터의 다양한 프로그램을 사용하여 문서 작성, 게임, 경영관리 등의 업무를 하거나 취미활동을 즐기기도 한다. 이런 프로그램을 만들 때 사용하는 것이 프로그래밍 언어이다. 이에 비해 사람이 사용하는 언어를 프로그래밍 언어와 구별하여 자연어라고 말하기도 한다.

컴퓨터는 간단히 말해 연산기계라고 할 수 있다. 컴퓨터가 인식하는 것은 0과 1로 구성된 숫자들이고 이 숫자들을 계산해 동작을 한다. 우리는 0과 1로 컴퓨터를 작동할 수 있지만, 이것이 어렵기 때문에 프로그래밍 언어를 통해 컴퓨터 동작을 제어한다. 컴퓨터는 우리가 작성한 프로그래밍 언어를 해석한 후 기계어로 번역해 인식하는 것이다. 프로그래밍 언어와 기계어 사이의 해석은 컴파일러와 인터프리터 등이 수행해 주게 된다.

프로그래밍 언어의 발전 단계를 보면 크게 5단계로 나눠진다. 1세대 언어는 컴퓨터가 인식할 수 있는 기계어를 말하며. 즉 0과 1로 구성된 언어를 의미한다. 기계어는 컴퓨터가 사용하는 언어로 이해하면 된다.

2세대 언어는 첫 번째 프로그래밍언어라고 할 수 있지만, 기계어에 가까운 언어이다. 따라서 0과 1로 구성된 기계어의 불편함을 개선하기 위해 기계어를 일부 기호화한 언어라고 볼 수 있다. 그러나 현재는 특수한 분야를 제외하고는 거의 사용되지 않고 있다.

3세대 언어는 본격적인 프로그래밍 언어라 할 수 있으며 주로 절차지향 중심의 언어들이 개발되었다. C, 포트란, 코볼, 베이식 언어 등이 개발되었으며, C 언어는 현재까지도 광범위한 응용 분야에서 많이 사용되고 있다.

4세대 언어는 대용량 데이터를 처리하기 위한 데이터베이스 관련 프로그램을 개발할 수 있는 언어이다. 이 언어들은 주로 윈도우(Windows)에서 쉽게 프로그램을 개발할 수 있는 환경을 제공하고 있다. 현재 4세대 언어의 사용은 5세대 언어의 등장으로 사용이 점차 줄어들고 있는 추세다.

현재 진행 중인 5세대 언어는 본격적인 객체지향 언어라고 할 수 있는데 네트워크 관련 기능이 강화된 언어이다. 대표적인 언어로 Java 언어와 C++, C# 등이 있다. 또한 웹의 등장으로 웹과 데이터베이스를 쉽게 연결하여 프로그램을 개발할 수 있는 ASP, JSP, PHP 등의 언어들이 있다.

한편, 프로그래밍 언어는 저급언어와 고급언어로도 나눠진다. '저급언어(low-level language)'란 컴퓨터가 바로 이해할 수 있게 만든 기계 중심의 언어를 뜻한다. 이는 인간이 프로그램을 작성하거나 이해하기 어려우며 컴퓨터 간의 호환성이 떨어진다. 저급언어에는 컴퓨터가 알아들을 수 있는 유일한 언어인 기계어와 이를 단어 단위로 변환한 어셈블리(assembly) 등이 있다.

'고급언어(high-level language)'란 저급언어의 불편한 점을 해결하여 인간이 더 쉽게 사용할 수 있게 발전된 언어이다. 사람이 사용하는 자연어에 가까운 형태의 언어로 컴퓨터 기종과 관계없이 호환하여 사용할 수 있다. 고급언어에는 최초의 고급언어로 수치해석에 뛰어난 포트란(FORTRAN, FORmular TRANslator), 사무처리용 언어인 코볼(COBOL, Common Business Oriented Language), 파스칼(Pascal), 그리고 사용량이 크게 늘어나고 있는 자바(Java) 등이 있다.

또 고급언어임에도 어셈블리 수준으로 하드웨어 제어가 가능하기 때문에 중급언어 영역에 들어가는 C언어와 C++, C#도 있다. 요즘에는 어린 학생들을 대상으로 하는 교육용 프로그래밍 언어도 개발되고 있는데, 여기에는 스크래치(Scratch)나 자바스크립트(Javascript) 같은 것들이 있다.

이러한 다양한 프로그래밍 언어 중 우리나라에서는 C와 Java가 독점에 가까운 위치를 점유하고 있다. 많은 곳이 C 혹은 C++로 공부를 시작하며 점차 Java, C#, 액션스크립트 등으로 넘어가고 있다. 특히 C언어는 실질적으로 모든 컴퓨터 시스템에서 사용할 수 있는 가장 기본적인 프로그래밍 언어이다. 특징은 프로그램을 기계어 명령에 가까운 유형으로 직접 기술할 수 있고, 언어를 간단하게 하여 풍부한 표준 자료집을 갖게 할 수 있다. 또 연산자가 많고 다른 기종에 프로그램 이식이 쉽다.

그러나 C언어가 현재 기술 수준에 부합하지 않는다는 의견이 있으며,

이식 가능한 고급 어셈블리 정도로 낮추어 부르기도 한다. 추후 C++로 발전되었으며, Java나 C#, Objective-C 등 여러 언어의 모태가 된다. 때문에 C를 기초로 만들어진 언어들을 흔히 C-like Language라고 부른다. 그런 이유로 C를 제대로 익히고 나면 C-like 언어들은 쉽고 빠르게 익힐 수 있다.

Java는 1995년에 개발된 객체지향의 프로그래밍 언어이다. C++ 언어와의 공통성이 높으며, 다양한 운영체제(OS)가 존재하는 인터넷상에서의 프로그래밍에 용이하다는 특징 때문에 단기간에 널리 보급되었다. Java를 이용할 경우 인터넷상에서 프로그램 자체를 주고받을 수 있기 때문에 시시각각 변하는 금융관계 그래프나 애니메이션, 쌍방향 게임 등 동적인 구성이 가능하다. 따라서 하나의 프로그램을 다양한 OS로 취급하는 인터넷 환경에서 이상적인 언어로 평가받고 있다. 또한 프로그램 내에서 바이러스에 대한 안정성 및 신뢰성도 고려되어 있다.

프로그래밍 언어 개념도

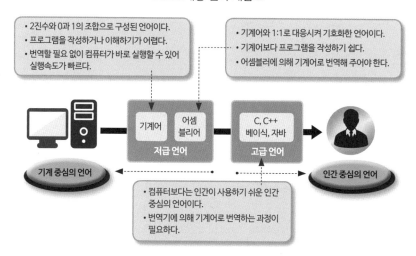

◉ 코딩, 컴퓨터가 이해하는 언어로 입력하는 기술

컴퓨터는 100% 논리적인 방식으로만 작동되기 때문에 매우 체계적인 방법으로 명령을 내려야 한다. 이 명령을 내릴 때 컴퓨터가 이해할 수 있는 언어로 입력하는 것을 코딩이라고 한다. 좀 더 넓은 의미에서는 프로그램을 만든다는 뜻의 '프로그래밍'과 동일한 개념으로 사용되기도 한다. 다만 이들 사이에 약간의 차이는 있다. 프로그래밍이 프로그램의 실행을 위하여 필요한 프로젝트 관리 등을 모두 포함한 행위를 뜻하는 반면, 코딩은 소프트웨어 설계도를 보고 지정된 프로그래밍 언어로 변환하는 작업만을 말한다. 이에 따라 프로그래밍보다는 낮은 수준의 작업으로 보는 경향이 있기도 하다.

프로그램을 만들 때는 어떤 일을 어떻게 수행하게 할지 계획을 먼저 세운다. 가령 "A상황에서는 B를 실시하도록, C라는 상황이 닥치면 A로 돌아갈 수 있도록" 하는 것이다. 이와 같은 프로그램 구상이 끝나면 그 명령을 컴퓨터가 알아들을 수 있는 언어로 입력해 주는 작업이 필요한데, 이것이 바로 코딩이다. 다시 말해 코딩은 컴퓨터 프로그램이 어떤 기능을 가지게 할지, 인공지능이 어떤 행동을 하게 만들지를 입력해 주는 것이기 때문에 프로그래밍에서 가장 기초적이면서도 필수적인 작업이라고 할 수 있다.

이처럼 코딩은 컴퓨터와의 의사소통 방법은 물론 컴퓨터를 좀 더 잘 이해하는 데 도움을 줄 수 있으며, 새로운 언어를 설계하고 구현하는 데도 커다란 도움을 줄 수 있다. 더욱이 컴퓨터와 인공지능은 앞으로 인간의 삶에 점점 큰 영향을 끼치게 될 것이기 때문에, 코딩의 필요성과 가치는 더욱 강조되고 있다.

⊚ 올바른 코딩교육

코딩교육이란 컴퓨터 프로그래밍을 통해서 일반적 문제해결 능력/논리력을 기르고자 하는 새로운 교육과정을 말한다. 코딩을 배우는 목적은 코딩을 직접 사회에서 활용할 기회가 있어서가 아니라, 코딩을 통해 배울 수 있는 여러 가지 문제 해결 경험이 지능 발달과 문제에 대한 통찰력·분석력 증진에 도움이 되기 때문이다.

코딩교육은 어쩌면 어린이들의 레고 블록놀이와 비슷하다. 어떤 구체적인 지식 자체를 배우는 것이 아니라, 그 배우는 과정에서 다른 공부나 활동에 필요한 여러 기술들을 몸에 익히는 것을 목표로 한다. 즉 코딩을 통해서 수많은 실패를 경험하면서도 목표인 문제해결을 향해 점진적으로 한걸음씩 나아가는 도전 정신과 끈기, 탐구심, 명료한 사고, 틀을 벗어난 창의적 사고방식, 흥미 유지, 타인과의 의사소통, 협동정신 등을 배우게 된다.

코딩교육에서 널리 쓰이는 컴퓨터 프로그래밍 언어는 간단하고 쉽게 쓸 수 있으면서도 기본요소들을 조합하고 응용함으로써 문제를 논리적으로 해결하는 데 적합한 언어가 쓰인다. 따라서 대규모 프로젝트 개발에 중점을 두는 Java 나 C++ 등의 직업적 프로그래밍 언어와는 많이 다르다. 과거에는 LOGO 언어라든지 BASIC 언어 등이 쓰였고, 최근에는 스크래치,

파이선, 자바스크립트 등이 자주 쓰이는 편이다.

'스크래치(Scratch)'란 어린아이들을 포함한 청소년들이 재미있게 프로그래밍을 익힐 수 있도록 고안된 언어이다. 일반적인 프로그래밍 언어와 다르게 블록의 형태로 명령이 만들어져 있기 때문에 마우스를 통해서도 프로그램을 만들 수 있게 된다.

'자바스크립트(Javascript)'는 컴파일 과정이 없기 때문에 다른 언어와 비교했을 때 빠른 시간 안에 스크립트 코드를 작성할 수 있게 도와준다. 기존 C나 자바언어와 달리 매우 단순한 구조와 원칙을 가지고 있기 때문에 초보자들이 쉽게 배우고 이해할 수 있다. 다만 보안에 취약하다는 단점이 있다.

'파이선(Python)'은 문법이 간결하고 표현 구조가 인간의 사고체계와 닮아 있다. 이 덕분에 초보자도 쉽게 배울 수 있다. 이러한 특징은 유지보수와 관리도 쉽게 하도록 돕는다. 최근 활용도가 빠르게 증가하고 있다.

4차 산업혁명과 인공지능의 시대를 맞아 해외 각국은 경쟁적으로 코딩을 정규 교육과정에 편입시켜 교육을 하고 있다. 1992년부터 공교육 과정에서 코딩을 가르치기 시작한 에스토니아를 비롯해 중국(2001년), 이스라엘(2011년), 인도(2013년), 영국(2014년), 핀란드(2016년) 등이 코딩교육에서 앞서가고 있다. 스웨덴은 아예 초등학교 1학년부터 코딩을 가르친다. 미국도 플로리다, 아칸소, 캘리포니아 등에서는 정규 교육과정에 코딩을 포함시켰다. 마이크로소프트, 페이스북 등 글로벌 IT기업들도 코딩교육 사업에 많은 후원을 하고 있다.

우리나라도 다소 늦은 감은 있지만 이 대열에 합류하였다. 2018년부터는 중고등학교에서, 2019년도부터는 초등학생 코딩교육이 의무화된다.

초·중·고등학교 코딩(SW)교육 과정

공동(의무)교육		선택 교육	
초등학교 (5 또는 6학년)	중학교 (1, 2 또는 3학년)	고등학교(2 또는 3학년)	
		선택과목	전문교과
실과	정보	정보	정보과학

자료: 교육부

이처럼 세계적으로 코딩 열풍이 부는 이유는 무엇일까?

무엇보다도 사물인터넷, 지능형 로봇, 빅데이터 분석 및 활용 등 인공지능과 4차 산업혁명시대를 대변하는 모든 것이 ICT를 기반으로 한 소프트웨어를 통해 구현되기 때문이다. 따라서 이러한 시대에 필요한 핵심인력 양성이 불가피하다. 또 이 분야의 일자리 전망도 밝다. 소프트웨어는 4차 산업혁명과 인공지능시대 주요 산업 분야에서 공통적으로 쓰이는 핵심 기술이다. 그 결과 기존 일자리가 사라지더라도 인공지능과 소프트웨어 분야 일자리는 오히려 늘어날 것이라는 전망이 쏟아진다.

이와 함께 코딩교육을 통해 논리력, 창의력, 문제 해결능력을 키울 수 있기 때문이다. 다시 말해 코딩교육의 목표는 논리적이고 조직적인 사고방식, 복잡한 문제를 분석해서 이를 명확하게 이해하는 능력, 큰 문제를 간단한 여러 문제로 분할해 추상화하는 능력, 문제를 순차적 기계적으로 해결하는 능력, 수치와 판단을 기반으로 문제를 해결하는 방법, 작은 부분을 조합해서 크고 복잡한 기능을 만드는 능력, 다른 사람과 소통하고 협력하여 큰 문제를 해결하는 능력 등을 기르는 데 두고 있다.

이처럼 코딩교육이 중요하기는 하지만, 지나친 열기로 인한 부작용 우려 또한 커지고 있다. 교사 수급 차질, 담당교사의 전문성 부족, 학원의 수준 등의 문제가 제기되고 있는 실정이다.

코딩교육을 전담할 컴퓨터 전공 교사를 확보하지 못한 학교들이 적지 않다. 또 교원 전문성도 미덥지 않다. 중학교는 사범대에서 컴퓨터를 전공한 전담교사가 코딩을 가르치지만 초등학교에서는 담임교사가 가르친다. 사교육 시장이 활개를 칠 것에 대한 우려도 적잖다. 학원 밀집 지역에는 코딩학원들이 속속 들어서고 있다. 코딩만 잘해도 좋은 대학에 갈 수 있다는 말이 퍼지며 '국·영·수·코'라는 말도 회자된다. 특히 조기교육은 다른 조기교육과 마찬가지로 논란이 크다. 조기교육은 재능과 흥미가 있는 학생들에게는 날개를 달아 주는 격이지만, 반면 재능이 없는 학생에게는 재미없고 지루해서 컴퓨터에 대한 공포심이나 반감만 갖게 할 따름이다.

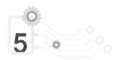

인공지능의 진화와 산업 활성화 방향

◉ 인공지능의 진화

우리는 '모바일 퍼스트(mobile-first)'에서 'AI 퍼스트(AI-first)' 세계로의 전환기를 맞고 있다. 인터넷이 그랬던 것처럼 인공지능은 우리가 살아가는 시대의 경제와 사회, 문화를 송두리째 변화시킬 것으로 예상된다. 어쩌면 인공지능은 인터넷이나 스마트폰을 뛰어넘는 충격을 가져다 줄 것이다. 우리의 소통방식을 변화시키는 것은 물론 문화 자체가 바뀐다. 모든 산업 부문에도 인공지능이 연결되어 산업의 지형을 바꿀 것이다. 반면 인공지능은 일자리를 빼앗는 등 인간에게 여러 가지 위협적인 존재로도 다가올 것이다.

그러면 이처럼 우리 인간의 생활 깊숙이 파고든 인공지능은 어디까지 진화할까?

전문가들은 인공지능 기술의 진화단계를 일반적으로 3단계로 보고 있다. 인공지능이 인간의 지적활동을 지원하고 인간능력을 증강하는 단계를 거쳐, 스스로 사고하고 판단할 수 있는 강한 인공지능으로 진화할 것이다. 나아가 언젠가는 모든 면에서 인간의 능력을 훨씬 뛰어넘는 초인공지능의 개발도 가능할 것으로 예상하고 있다.

물론 아직까지는 강한 인공지능이 현실화되기에는 시간이 더 소요될 것으로 보인다. 그러나 약인공지능 분야에서는 빠른 속도로 사람의 능력을 추월하고 있다. 인공지능은 모든 사물에 센서가 장착되어 인간의 행동 하나하나를 데이터로 추출한 후, 이를 공유해 어디를 가더라도 따라다니는 개인비서의 역할을 수행하고 있다. 또 사람의 능력과 비교하여 얼굴 인식률이 더 높거나 사물을 더 잘 인식하는 결과를 나타내고 있다. '구글 I/O 2018' 연차총회에서는 사람과 똑같은 자연스러운 어투로 인간과 대화를 즐기거나, 나아가 직접 미용실과 식당에 전화로 예약하는 솔루션을 선보였다.

이제 인공지능은 단순한 지식 전달의 역할만 하는 것이 아니라, 질문자의 감정을 알아차리고 그에 맞춰 대응하는 공감형 인공지능 단계까지 발전해 있는 것이다. 언젠가는 영화 '허(HER)'의 사만다처럼 연애도 가능한 인간처럼 완전한 감정을 지닌 로봇이 탄생하게 될지도 모를 일이다. 그때는 인공지능의 능력이 무한대로 발전해 있는 3단계에 도달해 있게 될 것이다. 이는 인공지능이 인간지능을 앞서는 시점, 즉 '특이점(特異點, Singularity)'이 당초 예상한 2000년대 중반에서 더 앞당겨질 수도 있다는 의미이기도 하다.

그러면 앞으로 인공지능은 어떤 수준으로까지 발전해 나가고 또 미래의 역할은 무엇인지에 대해 알아보자.

사실 이에 대한 의견은 전문가들마다 크게 다르다. 인공지능 옹호론자들은 인공지능이 인간지능을 뛰어넘는 것은 시간문제이며, 그것은 인류의 번영을 보장한다는 입장을 취하고 있다. 초인공지능의 필연적 출현을 예고한 옥스퍼드대학의 닉 보스트롬(Nick Bostrom) 교수, 구글의 창업자 래리 페이지(Larry Page), 모라벡의 역설을 주창한 한스 모라벡,『특이점이 온다』의 레이 커즈와일(Ray Kuzweil)등이 여기에 속한다. 알리바바그룹의 마윈(馬雲) 회장도 인공지능은 인류의 적이 아닌 협력 동반자라고 강조한다.

이에 비해 기술회의론자들은 그렇게 고도로 발달한 인공지능은 등장하지 않을 것이라고 주장한다. 중국 바이두의 수석 과학자인 앤드류 응이나 MIT대학 인공지능연구소 초대 소장을 지낸 로드니 브룩스(Rodney Brooks)가 여기에 속한다. 주로 현업에 종사하고 있는 이들 인공지능 전문가들의 경우 아직은 강인공지능 내지 초인공지능이 걸음마 단계에 불과하기 때문에 인공지능의 위협을 걱정하는 것은 기우라고 보고 있다.

그들은 또 인공지능에 대한 막연한 공포가 종종 인공지능을 향한 잘못된 인식으로 이어진다고 지적하였다. MIT 대학의 교수 로드니 브룩스는 "인공지능이 인류에게 위협적이라고 주장하는 사람들의 공통점은 그들이 인공지능 분야에서 직접 일하지 않는다는 것이다. 인공지능을 만드는 사람들은 인공지능이 제대로 작동하도록 만들기가 얼마나 어려운지 잘 안다."고 주장한다.

인공지능의 추가적인 개발을 아예 반대하는 입장을 지닌 인사들도 있다. 얼마 전 타계한 위대한 과학자 스티븐 호킹(Stephen Hawking)은 "인공지능은 스스로를 개량하고 도약할 수 있는 반면, 인간은 생물학적 진화속도가 늦어 인공지능과 경쟁할 수 없고 대체되고 말 것이다."라고 말하면서 인공지능이 발전하면 인류가 멸망할 것이라고 보았다.

테슬라 전기자동차의 CEO 일론 머스크(Elon Musk)도 "인공지능이 핵폭탄보다 더 위험하다. 인공지능 연구는 악마를 소환하는 것이나 다름없는 현존하는 가장 큰 위협 요소다."라고 말하였다. 빌 게이츠(Bill Gates)도 인공지능이 발전하면 인류에 위협이 된다고 경고하였다. 다만 그가 우려를 표한 인공지능은 인류의 통제가 불가능한 초지능을 가진 인공지능이며, 일반적인 약인공지능은 인간의 삶을 윤택하게 해주는 훌륭한 도구라는 견해를 밝혔다.

📶 '특이점'의 개념과 도래 시기

대부분의 사람들은 인공지능 기술이 발전하는 상황 속에서도 인간의 지능을 초월하는 시점이 언제쯤일지에 대해서는 그리 심각하게 생각하지 않은 채 살아가고 있다. 그런데 미래학자 레이 커즈와일은 2006년『특이점이 온다(The Singularity is Near)』라는 책을 통해 '기술적 특이점(technological singularity)'이란 개념을 들고 나오면서, 이에 대한 구체적 언급을 처음으로 시도하였다.

원래 물리학이론인 '특이점'이란 개념은 부피가 0이 되고 밀도는 무한대로 커져 블랙홀이 되는 순간을 뜻한다. 그러나 커즈와일은 미래에 기술 변화의 속도가 빨라지고 그 영향이 매우 깊어서 인간의 생활이 되돌릴 수 없도록 변화되는 시기로 정의하였다. 그는 또 특이점의 시대에 이르러서는 인간과 기술 간의 구별이 사라질 것이라고 보았다. 이후 특이점의 개념은 과학기술이 비약적으로 발전해 인간의 능력을 전반적으로 뛰어넘는 인공지능이 출현하는 시기를 지칭하는 말로 쓰이고 있다.

커즈와일은 여느 사람이라면 은퇴할 나이인 60대 중반에 구글에 입사하게 되는데 그 이유는 전적으로 인공지능을 연구하기 위해서였다. 그는 인공지능과 미래혁명을 이야기하면서 '수확가속의 법칙(Law of Accelerating Returns)'이라는 이론을 제시하였다. 이 이론은 인류의 진보나 발전 속도는 순차적으로 차례차례 단계를 밟아가는 것이 아니라 발전 단계마다 기하급수적으로 점점 가속도가 붙는다는 것이다.

즉, 과거 1~2차 산업혁명도 경제사회를 엄청나게 빠른 속도로 변화시켰지만 개인용 컴퓨터 개발이 가져온 사회발전 가속도에 비하면 한참 느리다. 더욱이 인공지능의 발명으로 미래 가속도는 점점 빨라져 앞으로는 하루, 한 달, 한 해가 가져다주는 의미가 달라진다는 것이다. 어느 순간부터는 인간이 인지할 수 없을 만큼 기술의 발전이 빨라지게 되는데 그것이 '특이점'이다.

커즈와일은 또 인간이 진화해 온 패턴을 여섯 단계로 설명하였다. 1단계에서는 물리학과 화학의 패턴에서 DNA가 진화하였다. 2단계는 생물학 패턴에서 뇌가 진화하였다. 3단계는 뇌의 패턴에서 기술이 진화하였다. 4단계에서는 기술의 패턴에서 기술이 인공지능의 방법을 터득한다. 5단계는 특이점의 패턴으로 기술과 인공지능의 융합으로 진화한다. 그리고 마지막 6단계에는 인공지능이 우주로 확대된다고 보았다. 그리고 그러한 특이점의 시기를 2045년으로 본 것이다.

그는 또 혁명은 생명공학, 나노(nano)공학, 인공지능의 발전 3가지 측면으로 이루어지고, 이는 인간을 불멸의 존재로 이끌 것으로 예측하였다. 생명공학의 발전은 인체의 신비를 밝힐 것이며, 노화와 질병 등의 비밀을 알게 한다. 이를 해결하기 위해 나노 사이즈의 문제를 해결해야 하며 이것이 나노공학의 발전이 필요한 이유이다. 그리고 인공지능의 발전은 생명공학과 나노공학의 발전을 가속화 시킬 것으로 전망하고 있다.

실제로 커즈와일이 말한 것처럼 인공지능 기술은 본격적으로 발전한지 몇 해 안되지만 매년 발전 속도가 엄청나게 빨라지고 있다. 레이 커즈와일은 이 법칙에 의해 2029년이 되면 인공지능이 개개의 인간 능력을 넘어서고, 2045년이 되면 인간지능을 다 합친 것보다 인공지능 컴퓨터의 능력이 뛰어날 것이라고 예상하고 있다.

한편, 이 특이점이 언제쯤 올 것인가에 대한 과학자나 미래학자들의 생각은 매우 다양하다. 이들의 견해를 종합해보면 다음과 같이 요약된다. 2020년경 인간과 기계의 경계가 허물어지기 시작할 것이다. 2030년에는 기계의 지능이 인간의 지능을 능가하기 시작하는 특이점에 도달하고 현실과 가상의 경계가 사라져 시공간적 한계가 허물어질 것이다. 또한 2040년이 되면 인체의 일부를 기계로 대체한 트랜스휴먼이 일반화되는 시대가 올 것으로 예측하고 있다.

세계경제포럼(WEF 2015)도 이에 대한 입장을 밝힌 바 있다. 이에 의하면 특이점의 시기가 오기 위한 많은 티핑포인트(tipping point)가 나타날 것이라고 보았다. 2025년까지 로봇 약사가 등장하고, 3D프린터로 자동차를 생산할 것이며, 미국에서는 자율주행 자동차가 10%를 넘고, 기업의 30%는 인공지능으로 회계감사를 수행할 것이며, 정부는 블록체인으로 세금을 징수하게 된다고 보았다.

또 이런 상황이 되기 위해서 2027년까지 매년 티핑포인트가 나타날 것으로 보았다. 즉 2021년에는 로봇 서비스가 일반화되고, 2022년에는 3D프린터에 의한 대량 생산, 2023년에는 빅데이터에 의한 의사결정이 일반화되며, 2025년에는 인공지능이 화이트칼라 노동을 대체하고, 2026년에는 인공지능이 스스로 자신의 의사를 결정하게 될 것이라고 전망하였다.

⊜ 인공지능 산업과 시장의 활성화 방향

앞으로 인공지능 기술을 활용하는 산업과 시장의 규모는 급속히 빠른 속도로 발전하고 또 확대될 것으로 전망된다. 이는 기업이 최적의 솔루션을 도출하기 위해 의사결정 시스템에 인공지능 기술을 활용하는 추세가 가속화되고 있는데 기인한다. 또한 인공지능 스피커와 사물인터넷 등 이미 우리 일상생활 속에서 인공지능 디바이스들을 긴요하게 활용하고 있기 때문이다. 아울러 인공지능 기술이 자율주행 자동차와 드론, 가상현실과 증강현실 등 새로운 산업분야를 창출하기 때문이다. 이와 함께 의료와 금융 등 기존 산업에도 인공지능 기술이 크게 활용되고 있는 것 또한 주요 요인이 되고 있다.

미국의 정보기술 연구 및 자문회사인 가트너(Gartner, Inc.)는 인공지능으로 파생될 글로벌 비즈니스 가치가 2018년 1조 2천억 달러에서 2022년에는 3조 9천억 달러에 달할 것으로 전망하였다. 조사 대상 비즈니스 가치요소에는 고객 경험, 신규 매출, 비용 절감 등이 총망라되어 있다.

가트너가 조사한 유형별 글로벌 인공지능 비즈니스 가치는 다음과 같다. 심층신경망(DNN)과 같은 '의사결정 지원' 유형이 2018년에는 38%로 가상비서에 이어 두 번째를 차지하였다. 그러나 2022년에는 이의 역할이 더 늘어나 44%까지 상승해 가장 큰 비중을 차지할 것으로 예측되고 있다.

반면 '가상비서' 유형의 비중은 2018년 46%에 달해 가장 크지만, 2022년에는 26%에 그칠 것으로 예상되고 있다. 또 '스마트 제품'도 2018년 18%를 차지했으나, 2022년에는 14%로 감소할 전망이다. 이는 한층 성숙해진 다른 인공지능 유형들이 더 많은 비즈니스 가치를 창출하기 때문이다.

한편 '의사결정 자동화' 유형이 차지하는 비중은 2018년 2%에 불과하지만, 2022년에는 16%까지 성장할 것으로 전망된다. '의사결정 자동화 시스템'이란 인공지능을 활용해 작업을 자동화하거나 비즈니스 프로세스를 최적화하는 솔루션을 뜻한다. 의사결정 자동화 기술이 성숙하면 기업은 비정형 데이터도 활용할 수 있게 되며, 기업이 더 많은 비즈니스 가치를 창출하도록 돕는다.

또 시장조사업체 IDC(International Data Corporation)에 따르면 전 세계 인지인공지능(Cognitive AI) 시스템 시장 규모는 지난 2016년부터 2020년까지 연평균 55.1%씩 성장하는 것으로 나타났다. 이로 인해 2016년 80억 달러에 그쳤던 시장이 2020년에는 470억 달러 규모의 시장으로 성장하는 셈이다. 이 인지인공지능 시스템은 알고리즘과 규칙기반 논리를 이용해 데이터 흐름을 인식하고 반응하는 기술을 사용함으로써, 다양한 산업에 걸쳐 광범위한 기능들의 자동화를 가능케 한다.

한편, KT경제경영연구소가 조사한 바에 의하면 우리나라 인공지능 시장 규모 또한 2020년 2조 2천억원, 2025년 11조원, 2030년 27.5조원으로 크게 늘어날 것으로 예상되고 있다.

주요 기관의 세계 인공시장 규모 전망

조사기관	대상	'15년	향후	CAGR
IDC	영상음성처리 분야	1270억 달러	1650억 달러('17년)	14%
	Cognitive SW 플랫폼	10억 달러	37억 달러('17년)	92%
BCC리서치	음성인식	840억 달러	1130억 달러('17년)	16%
Market&market	서비스(광고, 미디어 등)	4.2억 달러	50달러('20년)	64%
Tractica	AI 시스템	2억 달러	111억 달러('17년)	–
일본EY연구소	AI 관련산업 전반(자국)	3조 7450억엔	23조 638억엔('20년)	44%
IBM	2025년 2,000조원 시장 창출			
맥킨지	2025년 6조 7천억 달러(7,000조원) 파급 효과			

자료: kt경제경영연구소, 주: CAGR은 연평균 증가율

그러면 앞으로 인공지능 기술이 계속 발전하고 산업과 시장의 활성화를 위해서 각 경제 주체들은 어떤 역할을 해야 할까?

첫째, 기업들의 기술투자 확대가 무엇보다 중요하다. 최근 발생한 자율자동차 사고에서 보듯이 아직도 기술발전 면에서 많이 미흡하여 개발의 여지가 큰 실정이다. 기술개발 전략 면에서는 대기업의 자체 기술개발 노력뿐만 아니라 핵심기술을 보유한 스타트업과의 기술 협력 또한 중요하다. 구글이 알파고를 탄생시킨 영국의 스타트업(start up)인 딥마인드를 자회사로 인수한 것은 대표적인 사례이다. 대기업들 상호간의 협력과 공생 관계 유지도 중요하다. 핵심기술의 오픈소스(open source) 방식은 이런 차원에서 산업생태계를 활성화시키는데 있어 매우 중요한 전략의 하나라고 생각된다.

둘째, 정부는 이러한 유기적인 기술 개발과 상업화가 활성화될 수 있는 법적·제도적 체제를 확립하여 인공지능 기술 개발과 상업화가 활발하게 이루어지는 유기적인 산업생태계를 조성하는데 힘쓸 필요가 있다. 인공지능 기술 개발과 연구의 전반을 직접 끌고나가기보다는 민간이 주도하기 어려운 표준 데이터베이스의 확보나 대용량 컴퓨팅 자원의 효과적인 지원책을 마련하는 것이 도움이 될 것이다. 특히, 고가의 슈퍼컴퓨터를 보유할 수 없는 기업이나 스타트업도 비교적 저렴한 비용으로 인공지능을 개발할 수 있는 컴퓨팅 자원을 활용할 수 있도록 하는 것이 중요하다.

아울러 경제사회, 문화 전반에 걸쳐 이루어지는 변화에 걸맞은 지배구조(governance)를 갖추기 위한 준비도 필요하다. 시스템과 관행을 바꾸고,

공공부문과 민간부문의 역할도 달라져야 할 것이다.

셋째, 대학과 연구기관에서는 인공지능을 이해하고 잘 다룰 수 있도록 기초소양을 키우는 한편, 해당분야의 핵심기술을 확보하고 개발하는 전문인력을 배출해야 한다. 특히, 인공지능시대에는 어떤 분야든 소프트웨어를 다루는 기술과 데이터를 분석하는 기술이 필수적인 소양이 될 것이다. 또한 창의성과 통섭능력, 연결지성 등이 중요한 자질로 떠오르고 있다. 그렇기 때문에 이에 대한 체계적인 교육과 인재양성이 필요하다.

끝으로 인공지능 기술은 단시일 내에 기술적·사업적인 성과를 올리기 어려운 분야라는 점을 인식해야 한다. 따라서 각 경제주체들은 중장기적으로 투자를 확대하고 체계적인 지원을 지속해 나가야 한다. 그리고 우수한 인재들이 아이디어를 내고 지능 서비스를 출시하여 글로벌 경쟁을 하면서 새로운 부가가치를 창출하는데 인공지능 기술이 지렛대 역할을 할 것이다.

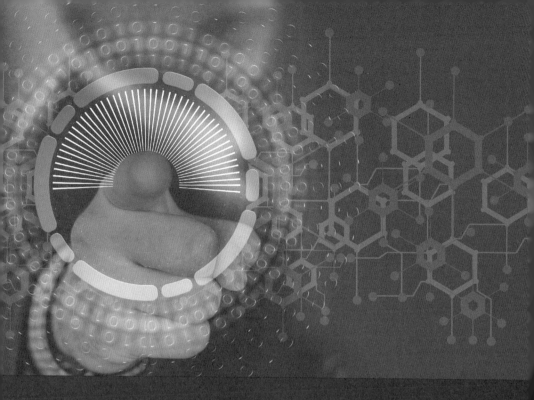

제2장
인공지능의 기반기술

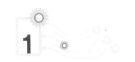

빅데이터

🎧 가장 중요한 데이터

영국의 경제 주간지 '이코노미스트(Economist)'는 "세상의 가장 가치 있는 자원은 더 이상 석유가 아닌 데이터이다. 데이터경제가 도래하였다."고 하였다. 스마트폰과 인터넷은 데이터를 한층 더 가치 있고 풍부하게 만들고 있다. 또 자동차와 시계 등의 기기들이 인터넷에 연결됨에 따라 데이터의 규모는 점점 더 커지고 있다. 데이터가 과거 석유처럼 수집·채취·제련 등의 과정을 거쳐 새로운 사업 기회의 독점체제를 만들고 있다며 다량의 데이터를 확보한 기업들이 권력이 되었다고 하였다.

미국의 정보기술 연구 및 자문회사인 가트너(Gartner, Inc.)는 미래가 밝은 IT기업들을 조사·발표하였다. 그런데 이들의 특징은 모두가 디지털 관문인 데이터를 수집한다는 점이다. 우리가 트윗하고, 문자메시지를 보내고, 온라인에서 물건을 사고, 또 스마트폰으로 위치정보를 보낼 때마다 생성되는 막대한 디지털정보는 모두 어딘가에 저장된다.

구글은 모바일 검색시장을 점령하고 있고, 애플은 전 세계 2억명 이상의 소비자에게 아이폰을 팔았다. 페이스북은 20억명에 달하는 가입자들이 스스로 매일 수많은 사진과 동영상, 그리고 글을 올려주고 있어 손쉽게 데이터를 쌓고 있다. 아마존 역시 온라인과 오프라인의 상거래 데이터를 축적하고 있다. 반면 IBM은 서버와 스토리지 등 초기의 IT시장에서는 강자였지만, 클라우드 시대가 열리면서 동력을 잃고 있다는 평가다.

'빅데이터(Big Data)'는 기존 데이터보다 너무 방대하여 기존의 방법이나 도구로 수집/저장/분석 등이 어려운 정형 및 비정형 데이터들을 의미한다. 세계적인 컨설팅 기관인 매켄지(Mckinsey)는 빅데이터를 기존 데이터베이스 관리도구의 데이터 수집/저장/관리/분석하는 역량을 넘어서고 있다고 하였다. 또한 그 정의는 주관적이며 앞으로도 계속 변화될 것이라고 언급하고 있다.

빅데이터의 특징으로는 흔히 크기(Volume), 속도(Velocity), 다양성(Variety) 등 3가지 요소를 들고 있다. 여기서 크기는 일반적으로 수십 테라바이트(TB) 혹은 수 페타바이트(PB) 이상 규모의 데이터 속성을 의미한다. 속도는 대용량의 데이터를 빠르게 처리하고 분석할 수 있는 속성이다. 융복합 환경에서 디지털데이터는 매우 빠른 속도로 생산되므로 이를 실시간으로 수집/저장/관리/분석 처리가 가능한 성능을 의미한다. 다양성은 다양한 종류의 데이터를 의미하며 정형화의 종류에 따라 정형, 반정형, 비정형 데이터로 분류할 수 있다. 이외에 정확성(Veracity)이라는 요소와 가변성(Variability)을 추가하여 4V 혹은 5V로 정의하기도 한다.

한편, 빅데이터 분석 기술로는 데이터 마이닝, 기계학습, 자연언어 처리, 패턴인식 등이 활용되고 있다. 그런데 소셜미디어 등 비정형 데이터의 증가로 인해 분석기법들이 점차 고도화되고 있다. 대규모의 정형/비정형 데이터를 처리하는 데 있어 가장 기본적인 분석 인프라로는 하둡(Hadoop)이 있다. 하둡은 지난 2006년 더그 커팅(Doug Cutting)이 창시한 오픈소스 기반의 대규모 분산데이터 처리 소프트웨어다. 이는 기존의 데이터 수집/저장/관리/분석하는 방식을 완전히 바꿔 놓으면서, 빅데이터 분석을 위한 표준 플랫폼으로 자리 잡았다.

빅데이터 개념도

또 데이터를 보다 더 유연하고 빠르게 처리하기 위해 NoSQL 기술이 활용되기도 한다. 이는 전통적인 관계형 데이터베이스 관리 시스템(RDBMS)과는 다르게 설계된 비관계형(non-relational) DBMS로, 대규모의 데이터를 유연하게 처리할 수 있는 것이 강점이다. 그리고 분석된 데이터의 의미와 가치를 시각적으로 표현하기 위해 프로그래밍 언어 R이 활용되고 있다.

⊜ 빅데이터의 다양한 활용

빅데이터가 활용되는 분야는 실로 다양하다. 우선 무엇보다 비즈니스 세계에서의 활용도가 가장 크다. 구글에서 제공하는 자동번역 서비스인 구글번역은 빅데이터를 활용한다. 지난 수십년 간 우리가 활용했던 IBM의 자동번역 프로그램은 컴퓨터가 명사, 형용사, 동사 등 단어와 어문의 문법적 구조를 인식하여 번역하는 방식으로 이뤄졌다. 이와 달리 2006년 구글은 수억 건의 문장과 번역문을 데이터베이스화하여 번역 시 유사한 문장과 어구를 기존에 축적된 데이터를 바탕으로 추론해 나가는 통계적 기법을 개발하였다.

아마존은 모든 고객들의 구매 내역을 데이터베이스에 기록하고, 이 기록을 분석해 소비자의 소비 취향과 관심사를 파악한다. 이런 빅데이터의 활용을 통하여 아마존은 고객별로 '추천상품'을 표시한다. 고객 한 사람 한 사람의 취미나 독서 경향을 찾아 그와 일치한다고 생각되는 상품을 메일, 홈페이지 상에서 중점적으로 각 고객들에게 자동적으로 제시하는 것이다. 아마존의 추천상품 표시와 같은 방식으로 구글 및 페이스북도 이용자의 검색 조건, 나아가 사진과 동영상 같은 비정형 데이터 사용을 즉시 처리하여 이용자에게 맞춤형 광고를 제공하는 등 빅데이터의 활용을 증대시키고 있다.

의료와 기상정보 등 과학 분야에서의 활용도 또한 커지고 있다. 의료 분야의 경우 환자의 모든 진료 내용과 진단서 등의 정보가 하나의 서버에 저장되어 있기 때문에 어느 병원에 가더라도 의사가 환자의 과거 진료 기록을 확인할 수 있다. 이에 따라 외딴 섬이나 해외에 거주하는 환자들도 클라우드 컴퓨팅과 접속된 스마트TV를 통해 손쉽게 진료 받을 수 있다. 비용 절감 효과도 기대할 수 있다. 가령 미국은 의료예산의 약 8%에 해당하는 연간 3,300억 달러의 직간접적인 비용을 절감할 수 있다고 한다. 또 빅데이터를 활용하여 기상정보를 사전에 정확히 예측할 수 있을 경우 홍수나 태풍 등의 자연재해에 사전 대응함으로써 피해를 크게 줄일 수 있게 된다.

빅데이터가 정치 분야에도 본격적으로 활용되고 있다. 2008년 미국 대통령 선거에서 버락 오바마 후보는 다양한 형태의 유권자 데이터베이스를 확보하여 이를 분석 활용한 '유권자 맞춤형 선거 전략'을 전개하였다. 당시 오바마 캠프는 인종, 종교, 나이, 가구형태, 소비수준과 같은 기본 인적사항으로 유권자를 분류하는 것을 넘어서서, 전화나 개별 방문 또는 소셜미디어를 통해 과거 투표 여부, 구독하는 잡지, 마시는 음료 등 유권자의 성향까지 파악하여 선거 전략에 이용하였다. 수집된 데이터는 캠프본부로 전송되어 유권자 성향 분석, 미결정 유권자 선별 등 유권자에 대한 예측을 해나갔다. 이를 바탕으로 '유권자 지도'를 작성한 뒤 '유권자 맞춤형 선거전략'을 전개하는 등 오바마 캠프는 비용 대비 효과적인 선거를 치를 수 있었다.

우리나라 또한 제19대 총선부터 소셜네트워크 등 인터넷 상의 선거운동을 허용함에 따라 정치에 빅데이터가 활용되고 있다. 다만 우리의 경우 SNS 이용자의 대다수가 수도권 20~30대에 쏠려 있기에 빅데이터의 활용도는 제한되는 상황이다.

⊜ 빅데이터 기술의 윤리적 책임과 신뢰 구축 과제

빅데이터 기술의 발전은 다변화된 현대사회를 더욱 정확하게 예측하여 효율적으로 작동케 하고 있다. 또한 개개인마다 맞춤형 정보를 제공/관리/분석 가능케 하며 과거에는 불가능했던 기술을 실현시키기도 한다. 컴퓨터와 처리기술이 발달함에 따라 디지털 환경에서 생성되는 빅데이터를 기반으로 사회현상의 변화에 관한 새로운 시각이나 법칙을 발견할 가능성이 커졌다.

이같이 빅데이터는 정치, 사회, 경제, 문화, 과학기술 등 전 영역에 걸쳐서 사회와 인류에게 가치 있는 정보를 제공할 수 있는 가능성을 키우고 있다. 세계경제포럼(WEF)은 빅데이터 기술을 2012년 떠오르는 10대 기술 중 그 첫 번째로 선정하였다. 우리나라도 IT 10대 핵심기술 가운데 하나로 선정하는 등 최근 세계는 빅데이터를 주목하고 있다.

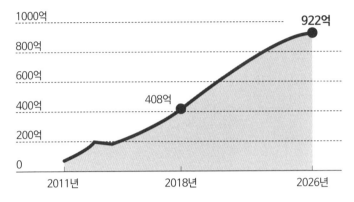

빅데이터의 세계 시장 규모 전망(달러)

자료 : Wikibon · 신용정보원

하지만 빅데이터의 발전은 커다란 문제점을 지닌다. 다름 아닌 바로 사생활 침해나 개인정보 유출의 문제가 발생할 수 있다는 것이다. 빅데이터는 수많은 개인들의 수많은 정보의 집합이다. 그렇기에 빅데이터를 수집/분석할 때 개인들의 사적인 정보까지 수집하여 관리하는 '빅브라더(Big Brother)'의 모습이 될 수도 있다. 그렇지 않아도 데이터 권력으로 불리는 빅데이터가 절대적 권력자의 손에 들어가고 국민의 정보를 지속적으로 얻는 순간 사실상 사회의 완벽한 통제가 가능해진다.

그리고 그렇게 모은 데이터가 보안문제로 유출된다면 이 역시 큰 문제가 될 것이다. 2018년 3월, 페이스북은 개인정보 유출로 커다란 논란에 휩싸였다. 페이스북에서 5천만명의 개인정보가 영국의 한 정보회사로 넘어갔고, 유출된 정보들은 브렉시트(Brexit) 여론전과 2016년 미국 대선 여론전 등의 선거전략에 이용되었다는 사실이 밝혀졌다. 이 사실이 폭로되면서 페이스북의 주가는 하루 만에 7%나 하락하였다. 아울러 CEO인 저커버그는 의회청문회에 출석하여 공개사과를 하여야 했다.

　여기에다 사회가 감당하기 어려울 만큼 데이터가 폭증하고 있는데 이걸 관리할 전문인력이 없다는 점, 그리고 데이터를 분석하던 회사가 망해버리면 그 데이터는 어디로 흘러가는지 등의 문제도 제기되고 있다.

　2018년 5월, 하둡의 창시자이자 클라우데라(Cloudera) 수석 프로그래머인 더그 커팅은 한 강연회에서 이제는 데이터 사용에 대한 윤리와 책임문제를 심각하게 고민해야 할 시점이라고 강조하였다.

　그는 "오늘날 세계는 디지털 변환 시대를 맞이하고 있다. 이제 데이터가 가져다줄 이익을 더 높이려면 윤리적 책임과 신뢰를 구축하는 게 가장 중요하다. 데이터 수집은 많은 가치를 지니지만, 데이터 수집 기관이나 사람을 신뢰할 수 있어야 한다. 데이터 암호화나 익명처리로 특정 데이터가 누구에 해당하는지 모르게 하는 기술도 있지만 그것으로 충분치 않다."고 지적하였다. 그리고 신뢰구축을 위한 4가지 요소이자 원칙을 발표하였다. 그것은 조직과 개인 간에 데이터가 어떻게 사용될 것인지에 대한 투명성 제고, 데이터 관리를 위한 모범사례 수립(Best Practice), 경계의 설정, 정부 또는 업계 주도의 감독 및 규제 마련 등이다.

2

클라우드

❸ 클라우드의 개념과 빅데이터와의 관계

2000년대 중반으로 접어들면서 세계는 이제 모바일혁명을 뛰어넘는 클라우드혁명이 시작되었다. 유튜브, 구글, 페이스북, 넷플릭스와 같은 IT비즈니스의 등장과 함께 데이터트래픽(data traffic)은 엄청난 속도로 불어나고 있다. 이 때문에 인터넷서비스를 하는 대부분의 기업 입장에서는 많은 비용을 투입하여 자체 보유한 IT서버를 업그레이드하여도 이 같은 수요를 감당하기가 불가능한 상황이었다. 이런 현실에서 거대한 데이터센터를 구축하고, 이를 사용자에게 저렴한 비용으로 빌려주는 클라우드 서비스의 출현은 컴퓨팅의 경제학을 근본적으로 바꾸어 놓았다.

'클라우드 컴퓨팅(cloud computing)'은 인터넷 기반 컴퓨팅의 일종으로, 정보를 자신의 컴퓨터가 아닌 인터넷에 연결된 다른 컴퓨터로 처리하는

인공지능과 미래 경제

기술을 의미한다. 원래 구름의 의미를 지닌 클라우드(Cloud)가 클라우드 컴퓨팅에서는 인터넷과 대형 서버라는 뜻으로 변화된 셈이다.

이처럼 클라우드 서비스란 인터넷 상에 자료를 저장해 두고, 사용자가 필요한 자료나 프로그램을 자신의 컴퓨터에 설치하지 않고도 인터넷 접속을 통해 언제 어디서나 이용할 수 있는 서비스를 말한다. 클라우드 서비스를 통해 인터넷 상에 저장된 자료들을 간단한 조작 및 클릭으로 쉽게 공유하고 전달할 수 있다. 인터넷 상의 서버에 단순히 자료를 저장하는 것뿐만 아니라, 웹에서 제공하는 응용 프로그램의 기능을 이용하여 자신이 원하는 작업을 수행할 수 있다. 또한 여러 사람이 동시에 문서를 공유하면서 작업을 진행할 수도 있다.

이 시스템은 마치 은행에 돈을 저금했다가 필요할 때 현금인출기로 찾는 것과 유사하다. 가진 돈을 몽땅 들고 다니지 않아도 되듯이 편리하게 이용할 수 있다. 실제로 1990년대까지만 해도 '클라우드'라는 용어는 거대한 규모의 현금인출기란 의미로도 쓰였다.

빅데이터와 클라우드 기술은 실과 바늘처럼 서로 보완적인 관계를 유지한다. 빅데이터가 방대한 데이터를 축적하여 이로부터 가치를 추출하고 결과를 분석하는 기술이라면, 클라우드는 인터넷 서버를 통해 이러한 데이터를 저장하고 네트워크 및 콘텐츠 사용 등 IT 관련 서비스를 사용할 수 있도록 하는 컴퓨팅 환경을 의미한다. 이를 좀 더 단순하게 설명하자면 빅데이터는 정보 그 자체인 소프트웨어인데 비해, 클라우드는 이 대량의 정보를 담아두는 그릇인 하드웨어라고 할 수 있다.

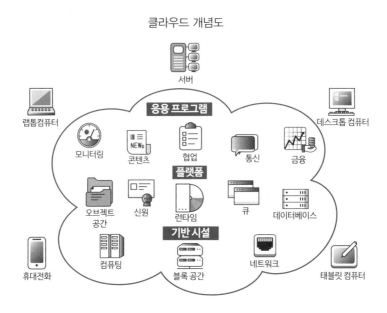

클라우드 개념도

◎ 클라우드 서비스의 종류와 발전

클라우드 서비스는 종국적으로 '모든 것을 서비스로(everything as a service)'를 지향하지만, 클라우드 컴퓨팅 제공자들은 각기 다른 모델에 따라 자신들의 서비스들을 제공하고 있다. 이들은 통상 IaaS(Infra as a Service), PaaS(Platform as a Service), SaaS(Software as a Service) 등의 3가지 형태로 나눠진다. IaaS의 경우 서버, 네트워크, 스토리지 등의 인프라 자원을 클라우드 서비스 형태로 제공하는 것이고, PaaS는 인프라보다는 좀 더 상위 개념인 플랫폼을 추상화하여 제공하는 형태이며, SaaS는 소프트웨어를 서비스로 제공하는 형태이다.

인공지능과 미래 경제

초기에는 주로 SaaS에만 집중되어 있었으나, 점차 IaaS, PaaS로 그 영역을 넓혀가게 되었다. 특히 IaaS는 가장 고도화된 서비스로 SaaS, PaaS의 기반이 된다. 응용서버, 웹서버 등을 운영하기 위해서는 기존에는 하드웨어 서버, 네트워크, 저장장치, 전력 등 여러 가지 인프라가 필요하였다. 이런 것들을 가상의 환경에서 쉽고 편하게 이용할 수 있게 제공하는 서비스가 바로 IaaS다. 대표적인 예는 아마존의 '아마존웹서비스(AWS, Amazon Web Services)'이다.

1990년대 이후 웹의 폭발적인 성장은 전 인류의 컴퓨터 사용 틀을 바꾸었다. 개인용 컴퓨터 안에서만 저장, 연산, 정보처리, 정보생성 등의 모든 것을 처리할 수 있는 세상에서 인터넷 단말기만 있으면 어디에 있든 인터넷을 통하여 업무, 오락, 통신 등 모든 컴퓨터 기능을 얻을 수 있다. 최초의 클라우드 컴퓨팅 서비스는 1995년 3월, General Magic이라는 회사가 AT&T와 다른 여러 통신사들과 제휴를 맺고서 시작하였다. 하지만 이 시기는 소비자 중심의 웹 기반이 형성되기 전의 일이었기 때문에 사업은 실패하였다. 이후 클라우드 서비스가 본격화되기 시작한 것은 2006년 8월 아마존이 AWS를 선보이면서부터이다.

클라우드 서비스를 제공하는 대표적인 기업들로는 아마존, 구글, 마이크로소프트 등이 있다. 그 중에서 아마존과 구글은 빅데이터 원천기술을 선도적으로 개발한 기업으로, 자연스럽게 클라우드 서비스를 외부에 제공하게 되었다.

구글은 인터넷 검색 서비스가 핵심인 기업으로, 검색 서비스의 성능 개선과 이를 위한 데이터 센터의 설비 증강이 가장 중요한 과제이다. 예를 들어, 구글의 개인 클라우드 서비스인 '구글 앱스(Google aPPs)'는 이메일 기능(Gmail)과 문서도구(Google docs), 데이터 연산기능(Google spreadsheet), 지도 서비스(Google local), 채팅(Google talk), 일정관리(Google calender) 등의 서비스를 제공하고 있다. 이러한 서비스는 저장 용량과 처리 성능을 지속적으로 늘려야 하기 때문에 세계 각지에 데이터센터를 계속해서 건설해야 한다. 구글의 데이터센터는 오픈소스 소프트웨어를 사용하고 서버도 직접 만들어 저비용 설비 구축을 특징으로 하고 있다.

아마존은 인터넷서점으로 출발한 기업으로 서적 검색과 추천기능을 통해 성장하였다. 아마존은 서적뿐만 아니라 방대한 상품정보를 저장하기 위해 대량의 서버와 데이터베이스를 구축하였다. 이러한 설비는 최대치를 기준으로 설계되므로 평소에는 다른 기업에게 서비스로 제공할 수 있게 된 배경이 되었다.

아마존의 클라우드 서비스는 저장장치를 빌려주는 S3(Simple Storage Service), 데이터베이스를 빌려주는 Simple DB, 서버를 빌려주는 EC2 (Elastic Computing Cloud) 등이 있다. 그리고 빅데이터 분석용 프로그램으로는 EMR(Elastic Map Reduce)이 있다. 아마존의 이 클라우드 플랫폼들은 이제 매년 수십억 달러 이상을 벌어들이는 가장 중요한 수익 창출원으로 성장해 있다.

마이크로소프트는 컴퓨터에 운영체제(OS, Operating System)를 설치하는 사업모델로 성장해온 기업으로, 클라우드 서비스와는 대척점에 서 있었다. 그러나 클라우드의 시대가 도래한 사실을 인식한 동사는 '애저(Azure)' 서비스를 개발하였다. 따라서 이 애저 서비스는 기존의 사업모델을 파괴하는 것이 아니라, 윈도우 기반과 클라우드 기반을 연계하는 혼합형 서비스 전략을 지향하고 있다.

한편, 2010년 7월 랙스페이스 호스팅과 NASA는 공동으로 오픈스택 (Open Stack) 프로젝트를 추진하였다. 이는 오픈소스를 기반으로 클라우드 컴퓨팅 운영체제를 개발하는 프로젝트로, 여러 단체들이 표준 하드웨어에서 구동되는 클라우드 컴퓨팅 서비스들의 제공을 돕기 위해 고안되었다. 그리고 2012년 6월 발표된 오라클 클라우드는 사용자들에게 SaaS, PaaS, IaaS를 포괄한 통합 IT 솔루션에 접근할 수 있도록 한 최초의 시도였다.

⊚ 클라우드 서비스가 초래할 경제사회의 변화

클라우드 컴퓨팅 서비스가 발전함에 따라 얻게 되는 가장 큰 이득은 무엇보다도 업무의 효율성을 크게 제고시킬 수 있게 된다는 것이다. 자료를 클라우드 컴퓨팅 시스템에 저장해 놓기 때문에 인터넷 접속이 가능한 곳이라면 어디에서나 작업을 할 수 있기 때문이다. 정보 공유가 쉬워 다른 나라 사람들과 토론이나 회의도 빠르게 할 수 있게 되었다.

월요일 아침에 열리는 회사 간부회의에서 발표해야 할 자료를 주말에 집에서 열심히 만들었다. 집에 있는 컴퓨터에서 만든 준비한 파일을 클라우드에 올려놓으면 회사에 있는 컴퓨터에서도 접속해서 바로 열어 볼 수 있다. 물론 USB를 이용해서 파일을 복사할 수도 있을 것이나 USB는 스마트폰과 자료를 주고받을 수 없다. 이에 비해 클라우드는 스마트폰을 통해서도 접속이 가능하다.

또한 저장할 수 있는 공간도 USB와 같은 저장매체보다 훨씬 크기 때문에 동영상, 사진, 문서 등 파일의 형태를 가리지 않고 대용량의 파일들을 손쉽게 저장할 수 있다. 이처럼 다른 장치나 기기 없이 웹에 저장했기 때문에 클라우드를 활용하면 언제 어디서든, 인터넷이 가능한 곳이라면 저장한 파일을 불러올 수 있다. 이것이 바로 클라우드가 지닌 최대의 강점이다.

이와 함께 IT업계의 판도도 크게 바꾸어 놓고 있다. 클라우드 컴퓨팅이 활성화되면 IT기기들이 더 얇고 가벼우며 휴대하기가 편리해진다. 기기 안의 정보를 저장하는 부품들이 사라지게 되기 때문이다. 단말기의 크기는 물론 기계의 가격도 낮출 수 있고 부품을 생산하는 데 드는 에너지도 절약할 수 있다.

또한 별도의 소프트웨어를 내 컴퓨터에 설치하지 않아도 된다. 한글이나 워드 프로그램까지도 클라우드 서버에서 다운받아 사용하면 되기 때문이다. 게다가 업그레이드는 자동이다. 기업들을 대상으로 IT전산망을 깔아주고 이를 유지·보수해주는 대형 정보망 구축(SI, system integration) 사업이 퇴조하게 될 것으로 예상된다. 클라우드 서비스 이용자 입장에서는 서버 구축을 위한 대규모 비용을 들이지 않고도 사용량에 따라 요금을 지불하면 되기 때문이다.

물론 취약점도 없지 않다. 가장 큰 우려는 클라우드가 정보의 보고임에 따라 해킹의 주공격 대상이 되어 심각한 정보유출 문제가 일어날 수 있다는 점이다. 이 경우 개인의 사생활이 침해될 수도 있다. 또한 서버 장애가 생기면 자료를 이용할 수도 없다. 이러한 단점 때문에 클라우드 컴퓨팅은 기술 개발과 동시에 보안 시스템도 함께 개발되어야 한다.

3

사물인터넷

🔊 사물인터넷의 개념과 성립요건

기계 상호간 통신(M2M, Machine To Machine) 기술이 세상에 등장한 시기는 비교적 오래되었다. 버스나 지하철을 탈 때 교통카드를 단말기에 갖다 대는 것도 하나의 예다. 이는 교통카드와 단말기가 서로 통신해 정보를 교환하고 결제행위가 이뤄지게 되는 것이다.

그런데 사물인터넷이 여는 세상은 이와는 또 다르다. 지금까지는 인터넷에 연결된 기기들이 정보를 주고받으려면 인간의 조작이 개입되어야 했다. 그러나 사물인터넷 시대가 열리면서 인터넷에 연결된 기기는 사람의 도움 없이 서로 알아서 정보를 주고받으며 대화를 나눌 수 있게 되었다. '사물인터넷(IoT, Internet of Things)'이란 사물에 센서를 부착해 실시간으로 데이터를 인터넷으로 주고받는 기술이나 환경을 일컫는다. 인터넷 발전 과정에서 등장한 또 하나의 새로운 소통 방식인 사물인터넷은 블루투스나 근거리무선통신(NFC), 센서데이터, 네트워크 등 기술들의 도움으로 작동된다.

이처럼 사물인터넷이란 세상의 모든 사물들이 네트워크로 연결되어 서로 소통할 수 있는 것을 말한다. 이는 인터넷 이후 가장 획기적인 소통방식의 변화로 간주되고 있다. 2015년 세계경제포럼에서 그 당시 구글의 회장이던 에릭 슈미트(Eric Schmidt)는 "조만간 인터넷이 필요 없는 세상이 될 것이다"라고 말하였다. 완전 자율자동차나 스마트홈, 스마트빌딩, 헬스케어 서비스 등 모든 분야에 인터넷이 연결되는 세상이 되어, 마치 인터넷이 공기와 같이 되는데 굳이 인터넷이 따로 있을 필요가 없다는 뜻이다.

일반적으로 사물인터넷의 구동 과정은 3단계로 나눈다. 정보를 수집하고, 수집된 정보를 빠르게 전송하며, 이를 가공해 사용자에게 제공하는 것이다. 사물인터넷을 위한 핵심기술로는 정보를 수집하는 센서, 전송하는 네트워크, 이를 분석하는 빅데이터와 클라우드, 인공지능 기술 등을 꼽는다.

이와 함께 최근에는 정보 유출 및 해킹을 방지하는 보안기술이 강조되고 있다. 사물인터넷을 통해 쌓이는 개별사물에 대한 정보와, 이 사물을 이용하는 사람에 대한 정보가 늘어날수록 정보가 유출되었을 때 발생할 수 있는 피해의 크기가 기하급수적으로 증가하기 때문이다. 만약 앞으로 보안 문제를 해소하는 기술이 개발된다면, 이를 통해 IoT 시장은 폭발적으로 성장할 수 있을 것이다.

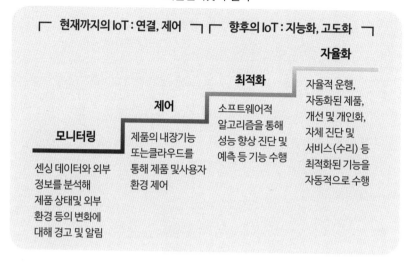

사물인터넷의 진화

현재까지의 IoT : 연결, 제어 ┐ ┌ 향후의 IoT : 지능화, 고도화

자율화
자율적 운행, 자동화된 제품, 개선 및 개인화, 자체 진단 및 서비스(수리) 등 최적화된 기능을 자동적으로 수행

최적화
소프트웨어적 알고리즘을 통해 성능 향상 진단 및 예측 등 기능 수행

제어
제품의 내장기능 또는 클라우드를 통해 제품 및 사용자 환경 제어

모니터링
센싱 데이터와 외부 정보를 분석해 제품 상태 및 외부 환경 등의 변화에 대해 경고 및 알림

한편, 이들 기술 중에서도 사물인터넷의 출발점이 되는 센싱기술이 무엇보다 중요하다. 사람이 누군가와 대화를 하기 위해 상대방의 얼굴을 바라보거나 이름을 물어보듯, 사물도 서로 대화를 나누려면 상대 기기 아이디(ID)나 IP주소를 알아야 한다. 기기끼리 통성명을 나눈 다음에는 어떤 대화를 나눌 것인지, 즉 공통의 관심사인 화제를 찾아야 한다.

사물인터넷에서는 모든 물리적 센서 정보가 대화의 소재가 된다. 온도, 습도, 열, 가스, 조도, 초음파 센서, 레이더, 위치, 모션, 영상센서 등 유형의 사물과 주위 환경으로부터 얻게 된 정보를 바탕으로 사물 간 대화가 이뤄진다.

그러나 대화의 소재가 있더라도 상대방과 자유롭게 대화를 나눌 수 있는 사람과 달리, 사물끼리 통신을 하려면 몇 가지 기술이 더 필요하다. 사물끼리 통신을 주고받을 수 있는 통로, 사물끼리 공통적으로 사용할 수 있는 언어가 필요하다. 유무선 통신 및 네트워크 인프라, IoT 서비스 인터페이스 기술 등이 그것이다. 이 기술을 활용하여야 비로소 사물 간 온도나 습도, 위치나 열 같은 정보를 주고받을 수 있다.

우리나라의 경우 와이파이, 이동통신 등 네트워크 기술은 세계 일류다. 하지만 전후 단계인 센서나 빅데이터 분석 기술은 세계 수준과 비교했을 때 아직 많이 뒤떨어진다.

⬤ 사물인터넷은 어디에 어떻게 활용되는가?

우리 실생활에서 가장 일반적으로 활용되는 사물인터넷 서비스는 스마트홈이다. '스마트홈(smart home)'이란 집 안에 있는 모든 가전제품을 하나의 통신망으로 연결해 관리하는 것을 의미한다. 예를 들어 스마트폰을 이용하여 모바일 메신저인 카카오톡으로 집 안에 있는 에어컨에 메시지를 보내 '30분 후 도착하니 20°로 냉방 가동해줘'라고 지시하는 것이 바로 스마트홈 서비스이다.

자율주행 자동차 역시 사물인터넷의 산물이다. 본래 자동차는 운전자의 조작에 따라 움직이는 기계이지만, 사물인터넷 기술이 적용되면 차량 곳곳에 센서가 장착되어 주변에 있는 장애물을 파악한다. 또 네트워크 기술을 이용해 탑승자의 목적지를 입력하고 가장 빨리 가는 길을 찾는다. 교통신호 역시 네트워크를 통하여 판단하고 자동으로 정지·운전할 수 있다.

이처럼 사물인터넷은 빅데이터와 클라우드 등의 상호 발전과 더불어

인공지능과 미래 경제

점차 우리 주변의 여러 사물들로 확대되고 있다. 스마트워치, 스마트밴드를 차고 있는 사람들은 이 기기를 건강관리와 오락도구로 활용하고 있다. 이제는 실생활뿐만 아니라 도시, 교통, 농업 등 산업활동 분야에도 활용되고 있다. 특히 최근에는 '스마트시티'가 사물인터넷의 새로운 분야로 주목되고 있다. 도로에 센서를 부착한 디바이스를 통해 교통량을 통제하고 신호를 제어하는 서비스는 기본이고, 도시의 스마트화는 주민 삶의 질을 개선하는데도 크게 기여할 것이다. 농업 분야에서도 온도, 습도, 일조량 등을 센서로 파악해 농작물 관리와 수확 등에 활용하는 사례들이 늘고 있다.

기업들의 사물인터넷 비즈니스 프로젝트 또한 크게 활성화되고 있다. 아마존은 아마존웹서비스라는 최대의 클라우드 서비스로 이 분야를 선도하고 있다. 물류 배송 시스템에도 사물인터넷을 연결해 물류 배송 시간과 정확도를 높여 왔다. 또 '에코(Echo)'라는 인공지능 스피커를 통해 가정 내 전자제품을 연결해 이용할뿐만 아니라 물건을 주문할 수 있는 기능을 확장하고 있다. 구글과 애플, 마이크로소프트 등 주요 IT기업들도 각사가 개발한 인공지능 가상비서를 통해 난방이나 조명을 음성으로 조절하고 음악을 트는 등 가정 내 기기들을 사물인터넷으로 연결해 준다.

주요 시장조사 기관들은 사물인터넷 시장이 그 어떤 4차 산업혁명 내지 인공지능 분야보다도 크게 성장할 것으로 내다보고 있다. 사물인터넷 시장 연평균 성장률을 가트너(Gartner)는 31.4%, IDC는 12.5%, 마차이나리서치(Machina Research)는 26.2%로 예측하고 있다. 가트너에 따르면 2009년까지 사물인터넷 기술을 사용하는 사물의 숫자는 9억개였으나 2020년에는 250억개에 이를 것으로 예상하고 있다. 이는 IT기술이 빠르게 발전하면서 사물인터넷 핵심기술인 센서와 통신 대역폭 비용이 낮아짐에 따라 IoT 제품의 수가 크게 늘어나는데 기인한다.

⮑ 사물인터넷이 자본주의에 미치는 영향

『3차 산업혁명』을 저술한 제러미 리프킨 교수는『한계효용 제로사회/사물인터넷과 자본주의 미래』라는 또 다른 책을 통해 사물인터넷이 가져올 변화에 주목해야 한다고 말하였다. 그는 특히 사물인터넷이 공짜상품 시대의 도래를 가속화시켜 공유경제의 성장과 기존 자본주의의 쇠퇴를 가져올 것이라고 주장한다. 사물인터넷이 경제의 상당 부분을 한계비용 제로로 내몰고 있다는 것이다. 한마디로 사물인터넷 시장이 자본주의를 이긴다는 것이다.

그는 또 사물인터넷과 협력사회(Collaborative Commons)의 등장이 19세기 자본주의와 사회주의의 등장만큼 큰 경제적 변화를 일으킬 것으로 예견하였다. 리프킨은 이를 경제활동의 한계비용이 제로(0)에 가까운 새로운 경제시스템의 등장이라고 표현하였다. 이런 변화의 중심에 사물인터넷이 있고 수많은 사람이 정보와 상품을 공유해 새로운 가치를 만들어내는 세상이 왔다고 리프킨은 설명하고 있다.

사물인터넷을 통해 수백억개의 센서가 자연자원, 생산라인, 전력망, 물류망, 재활용 흐름에 부착되고 가정, 사무실, 차량 및 심지어 인체에 심어지고 있다. 이런 상황에서 생산에 참여하는 소비자인 '프로슈머(prosumer)' 들이 인터넷을 통해 빅데이터와 인공지능 알고리즘을 이용해 생산성을 급격하게 높이고, 경제활동의 한계비용을 제로 수준으로 낮추게 될 것이라는 것이다. 이렇게 되면 공짜와 풍요가 지배하는, 자본주의가 유지될 수 없는 상황에 이르게 될 것이라고 전망하였다. 그리고 이러한 경제사회시스템을 협력적 공유사회라고 말했다

그가 말하는 협력적 공유사회란 개념은 공유경제(Sharing Economy)와도 유사한데, 시장화되지 않은 사회적 자본이나 공공자본, 비영리기관이나 자치단체 등을 포괄하는 것이다. 이러한 협력적 공유사회는 사물인터넷, 정보네트워크에 기반하고 사회적 자본을 생성·공유·관리하며, 구성원들의 복지를 증진시키는 데 최우선 목표를 둔다.

사물인터넷 개념도

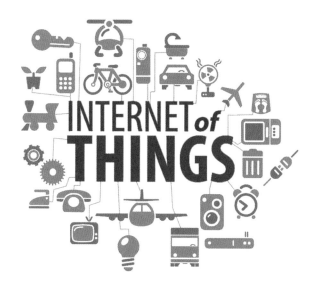

4

모바일과 5G 이동통신

◉ '모바일 퍼스트'에서 '모바일 온리' 시대로

1980년대가 TV 중심의 매스미디어시대였다면, 1990년대는 PC통신 기반의 온라인시대, 2000년대는 PC중심의 인터넷시대라고 평가할 수 있으며, 2010년대는 모바일시대로 패러다임이 변하였다. 2015년 기준 전 세계 이동통신 가입자 수는 70억명, 인터넷 사용자 수는 30억명에 달하고 있다. 이처럼 세상의 질서가 모바일을 중심으로 재편되면서 전 세계인은 이제 생활방식뿐만 아니라 사고의 틀까지도 바뀌는 것을 경험하며 살아가고 있다. 따라서 이를 모바일혁명이라고도 부른다.

정보통신에서의 '모바일(mobile)'은 스마트폰과 태블릿PC 등과 같이 이동 중 사용이 가능한 컴퓨터 환경을 뜻한다. 일반적으로는 사람이 휴대하면서 사용할 수 있는 소형화된 전자기기, 즉 모바일 기기를 나타낸다. 휴대폰 전면을 터치스크린으로 사용하는 형태의 스마트폰이 세상에 처음 선보인 것은 2007년 1월, 애플의 스티브 잡스가 들고 나온 아이폰이었다.

스마트폰은 전 세계 주요 산업 지형부터 개인의 일상생활까지 혁명적으로 변화시켰다. 음성통화와 문자메시지 기능에 머물던 휴대전화는 손안의 컴퓨터로 진화하였다. 길 찾기, 게임, 공연 예약 등을 길을 걸으면서도 할 수 있게 만들었다. 책과 신문을 읽던 지하철 안 풍경은 이제 스마트폰 화면이 점령하였다. 여행을 하면서 숙박할 곳을 실시간으로 찾을 수 있고, 해외에서도 카카오톡을 이용해 무료로 통화할 수 있게 됐다. 모바일뱅킹으로 송금도 편리해졌고, 모바일 쇼핑은 백화점 갈 일을 줄였다.

언제 어디서나 모바일 접속이 가능해지자 페이스북, 트위터 등의 사회관계망 서비스(SNS)가 활성화됐다. 실시간으로 전파되는 SNS가 여론에 미치는 파급력은 기존 언론을 위협할 정도가 됐다. 쇼핑·배달·공유서비스 등 O2O(Online to Offline) 서비스는 그 영역을 계속 확장하고 있다. 스마트폰 하드웨어 자체도 이에 맞춰 진화하고 있다. 기존의 피처폰, 카메라, MP3, 캠코더, PC의 성능이 스마트폰으로 집약됐다. 스마트폰 애플리케이션 시장이 커지면서 소프트웨어와 콘텐츠의 중요성이 어느 때보다 부각된 것도 모바일혁명이 가져온 변화다.

이른바 현대인들이 겪고 있는 '노모포비아(Nomophobia)' 증상은 이러한 모바일의 지배력을 단적으로 보여준다. 노모포비아는 '노모바일폰포비아(No mobile-phone phobia)'의 준말로, 스마트폰 등 휴대전화가 없을 때 초조해하거나 불안감을 느끼는 증상을 일컫는다. 스마트폰 소유자의 약 80%가 잠자리에서 일어나 15분 이내에 문자와 뉴스 등을 확인하고 있다는 조사 결과가 있을 만큼 노모포비아 현상은 전 세계적으로 빠른 속도로 확산되고 있다.

이렇듯 인터넷 생태계가 모바일 위주로 구축되면서 일상생활과 비즈니스세계의 패러다임은 '모바일 퍼스트(Mobile First)' 시대를 넘어 이제 '모바일 온리(Mobile Only)' 시대로 바뀌고 있다. PC에서 모바일로 옮겨가는 시대를 '모바일 퍼스트' 시대라고 한다면, '모바일 온리'는 모바일에서만 전자상거래, 은행 거래, 음악·영화 소비 등 일상생활을 하고 비즈니스를 처리하는 환경을 말한다. 모바일 온리 세상에선 기존의 비즈니스 관행이 별로 중요하지 않다. 모바일 이용자들의 눈길을 끌 혁신적 아이디어와 이를 구현할 수 있는 기술력만 있으면 디지털비즈니스를 주도하기에 충분하다. 아이디어와 기술력만으로 10~20대의 젊은 나이에 억만장자에 등극하는 사람들이 적잖게 등장하는 게 이를 잘 말해준다.

📶 4차 산업혁명의 핵심 인프라 '5G 이동통신'

2018년 1월 미국 라스베이거스에서 개최된 CES(Consumer Electronics Show), 2월 개최된 평창 동계올림픽과 바르셀로나 MWC(Mobile World Congress) 등의 대규모 국제행사들이 지닌 공통점이 있다. 바로 5G 이동통신이다. 세계에서 내로라하는 글로벌 기업들은 이 행사들에서 5G 기반의 신기술과 신제품들을 선보이며 치열한 경쟁을 하였다.

이동통신이란 가입자 단말기에 이동성을 부여하여 가입자가 장소를 이동하였거나 이동 중인 경우에도 서비스가 가능한 통신을 말한다. 한마디로 모바일이 가능토록 하는 핵심 인프라다. 그리고 휴대전화와 이동통신에서 사용하고 있는 G란 세대를 의미하는 'Generation'의 약자다. 그러니까 '5G 이동통신'은 5세대 이동통신을 의미한다. 여기서 세대는 기술이 획기적으로 달라질 때를 기준으로 구분하는데, 일반적으로 많은 데이터를 빠른 속도로 주고받을 수 있는 기술이 얼마나 발전했는가에 따른 세대 구분을 한다.

전달 속도는 데이터가 사용자 단말기와 기지국, 서버 등을 오가는 데 걸리는 시간을 의미한다. 이 전달 속도가 빨라질 때 누릴 수 있는 혜택의 예를 들어보자. 이동통신망을 사용하는 자율주행 자동차는 안전성이 강화되는데, 이는 데이터를 주고받는 시간이 짧아져 자동차가 장애물이나 다른 차량을 피하도록 하는 제어속도가 빨라지기 때문이다. 또 멀리 떨어진 곳에서도 실제 현장에 있는 것처럼 상황을 판단할 수 있으며, 아무런 장애 없이 각종 장비나 로봇 등을 조작할 수도 있다.

1980년대 1세대 이동통신 즉 1G시대에는 아날로그 방식의 음성통화만 가능하였다. 이후 1996년 아날로그에서 디지털로 전환되는 2G 이동통신이 시작되면서 휴대전화로 문자 메시지를 주고받을 수 있게 되었다. 당시 우리나라는 퀄컴의 코드분할 다중접속 방식(CDMA)을 적용하였다. 2002년부터 시작된 3G 이동통신 서비스부터 음성 데이터와 메일, 문자, 데이터 등의 비음성 데이터까지도 모두 전송이 가능해져 휴대전화에서 사진을 보내고 동영상 같은 멀티미디어 통신이 가능해졌다. 이때부터 휴대전화에 유심(USIM)을 사용하기 시작하였다.

그리고 2011년 여름, 지금의 4세대 이동통신, 이른바 스마트폰의 시대가 열렸다. 4G가 3G와 구별되는 가장 큰 특징은 속도다. 우리가 흔히 얘기하는 LTE가 바로 4G 이동통신 기술을 일컫는 말로, 모바일 기기의 데이터 다운로드 속도가 최대 300Mbps에 이른다.

그러면 5G 이동통신은 어떤 수준일까?

5G는 데이터 전송속도가 현재 4G인 LTE보다 최소 20배 이상 빠른 기가바이트(GB)급 무선인터넷이 가능한 이동통신 기술이다. 데이터 전송 지연시간도 0.001초 이하로 사실상 실시간 전송이 가능하다. 언제 어디서나 기가인터넷에 접속할 수 있기 때문에 모바일 기기로 초고화질 영상 콘텐츠를 시청하고, 동영상을 전송하는 일도 몇 초 안에 끝난다. 이를 실시간 통신이라고도 말한다. 처리용량 또한 기존 4G 기술의 무려 100배에 달한다. 4G가 1차선 도로라면 5G는 100차선 도로인 셈이다.

이동통신 세대별 속도 비교

1G 1984~	2G 1996~	3G 2007~	4G LTE 2011~	5G 2020~
10Kbps	64Kbps	2Mbps	100Mbps	1Gbps

KByte 시대   MEGA 시대   GIGA 시대

	1G	2G	3G	4G	5G
표준기술	APMS (FDMA)	IS-95 (CDMA)	WCDMA (CDMA)	LTE (OFDMA)	미정
전송속도	10kbps 이하	~64kbps	~21Mbps	~300Mbps	~1Gbps
도입시기	1984년	1996년	2003년	2011년	2020년(예정)
주요서비스	음성	음성, 문자	음성, 영상 무선인터넷	초고속 무선인터넷 대용량 멀티미디어	홀로그램, 사물통신 실감형 컨텐츠

인공지능과 미래 경제

5G 이동통신 기술이 추구하는 목표에 대해 보다 구체적으로 알아보자.

첫째, 초광대역 서비스(enhanced Mobile Broadband)의 실현이다. 5G는 UHD 기반 AR/VR 및 홀로그램 등 대용량 전송이 필요한 서비스를 감당하기 위해 더 큰 주파수 대역폭을 사용하고, 더 많은 안테나를 써 사용자당 100Mbps에서 최대 20Gbps까지 훨씬 빠른 데이터 전송 속도 제공을 목표로 한다. 15GB 고화질 영화 1편을 다운로드할 때 500Mbps 속도의 최신 4G는 240초 소요되는 반면, 20Gbps 속도의 5G에서는 6초가 소요된다. 특히, 기지국 근처의 신호가 센 지역뿐만 아니라 신호가 약한 지역에서도 100Mbps 급의 속도를 제공하는 것을 목표로 하고 있다. 이렇게 되면 한 장소에 수 만명이 오가는 번화가나 주요 경기가 열리는 경기장 같이 사용자가 밀집된 장소에서도 끊기지 않는 상태로 고화질 스트리밍 서비스가 가능해진다.

둘째, 고신뢰와 초저지연통신(Ultra Reliable & Low Latency Communications)의 실현이다. 이는 로봇 원격제어, 주변 교통상황을 공유하는 자율주행 차량, 실시간 게임 등 실시간 반응 속도가 필요한 서비스를 위한 것으로서, 기존 수십 밀리 세컨드(1ms = 1/1,000초) 걸리던 지연 시간을 1ms 수준으로 최소화하는 것을 목표로 하고 있다. 시속 100Km의 자율주행 차량이 긴급제동 명령을 수신하는 데 걸리는 시간을 예로 들어 보자. 4G에서는 50ms 지연 가정시 1.4m 차량 진행 후 정지신호를 수신하는 데 비해, 5G에서는 1ms 지연 가정시 2.8cm 차량 진행 후 정지신호를 수신하게 된다.

셋째, 대량 연결(massive Machine-Type Communications)의 구현이다. 이는 수많은 각종 가정용, 산업용 IoT 기기들이 상호 연결되어 동작할 미래 환경에 대비하기 위한 것으로, 1㎢ 면적당 4G의 10배가 넘는 100만개의 연결을 지원하는 것을 목표로 기술개발 및 표준화가 진행 중이다.

앞으로 이 5G기술이 추구하는 목표가 이뤄지면 모바일 환경이 개선될 뿐만 아니라 우리의 일상생활도 크게 달라질 것이다. 기존에 단순 모니터링 수준에 그치던 서비스들이 실시간, 그리고 지능형 서비스로 업그레이드된다. 지연속도가 없어지면 화상회의는 물론이고, 가상현실 등의 가능성이 넓어지게 된다. 또 자율주행 자동차 운행과 인공지능 활용은 물론, 촌각을 다투는 원격수술도 5G 기술로 가능하다. 아울러 인간만 온라인에 진입하는 것이 아니다. 5G 네트워크의 성능은 IoT, VR과 AR, 스마트 카, 지능형 로봇 등과 긴밀하게 연동되어 인류의 생활을 획기적으로 변모시킬 혁신 플랫폼이 될 것으로 예상된다. 이것이 5G가 4차 산업혁명의 신경망으로 불리는 이유이다.

🔊 5G의 미래와 6G 구상

5G에 대한 얘기가 본격적으로 이루어진 시기는 2015년부터이다. 2015년 UN 산하 전기통신기관인 ITU(International Telecommunication Union)는 5G 이동통신의 공식명칭을 'IMT(International Mobile Telecommunication)/ 2020'으

로 결정하였고, 5G의 목표 성능과 서비스 시나리오도 발표하였다.

당시 발표된 5G 시스템의 기술적 요구사항은 아래 그림과 같다. 이에 따르면 5G는 20Gbps의 최대 전송속도를 보장해야하고, 사용자 전송지연은 1밀리세컨드(ms) 즉 1천분의 1초 미만이어야 한다. 또한 1㎢ 반경 안의 100만개 기기에 사물인터넷 서비스를 제공할 수 있고, 시속 500㎞ 고속열차에서도 자유로운 통신이 가능해야 한다.

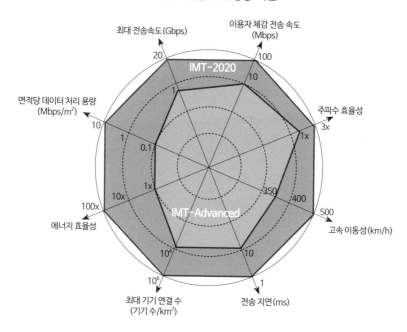

5세대 이동통신의 성능 비전

자료: 국제전기통신연합 (International Telecommunication Union)

제2장 인공지능의 기반기술

한편, 당시 ITU와 국제 민간 기술표준화 기구인 이동통신 표준화 국제 협력기구(3GPP, Third Generation Partnership Project)는 오는 2020년까지 수차례 국제회의를 거쳐 5G 표준을 완성해 나갈 계획을 세웠다.

그러나 2018년 6월 개최된 3GPP 80차 무선총회에서 당초 계획보다 빠르게 5G 국제표준을 발표하였다. 이때 확정된 5G 국제표준에 의하면 이동통신 데이터 송수신 모든 영역을 5G로 처리하는 '단독모드(SA, Standalone)' 규격을 포함시켰다. 2017년 12월 개최된 회의에서 승인된 '종속모드(NSA, Non-Standalone)'는 기존 LTE망과 5G망을 함께 사용하여 데이터를 전송하는 기술이고, 이번의 단독모드는 5G만을 이용하는 기술이다.

5G 국제 표준이 완성됨에 따라 5G 상용 단말기 장비 및 네트워크 구축에도 속도가 붙을 전망이다. 상용화 시기도 예정보다 빨라 2019년 초에는 가능할 것으로 보인다. 다만, 완전한 상용화에는 아직도 인프라나 관련 규제의 재정비 등 여러 가지 과제들이 산적해 있다.

흥미로운 것은 이제 막 5G 상용화가 시작되는 가운데, '5세대 이후(beyond 5G)' 차세대 이동통신에 적용할 초고속 기술 개발이 시작됐다는 점이다. 특히 한국과 중국, 일본은 6G 이동통신에 대한 치열한 연구 경쟁을 벌이고 있는데, 일본 NTT는 이미 관련 칩셋까지 개발하여 100Gbps를 전송하는데 성공했다고 한다. 6G는 5G 이동통신 최대 속도 20Gbps보다 5배 빠른 100Gbps 속도로 500m까지 전송 가능한 기술을 구현하는 것이 목표다.

3D프린팅

☺ 입체적인 물품을 생성하는 3D프린팅

'3D프린팅(3 Dimension printing)' 즉 3차원 프린팅이란 사진이나 악보를 프린터로 인쇄하듯이 자전거나 그릇, 신발, 의자 같은 상품의 설계도를 내려 받아 3차원으로 인쇄하는 것이다. 지금까지 우리가 알고 있는 프린터는 모니터에 나타난 글자와 그림을 종이와 같은 2차원 평면에 인쇄하는 기계였다. 글이나 사진 파일을 펴놓고 인쇄 버튼을 누르면 종이에 똑같이 그려내듯이 3차원 프린터는 특정 소프트웨어로 그린 3차원 설계도를 보고 입체적인 물건을 인쇄한다. 따라서 일반적인 프린터가 텍스트나 이미지로 구성된 문서 데이터를 이용하는 반면, 3D프린터는 3차원 도면 데이터를 이용하여 입체적인 물품을 생성하게 된다.

3D프린터의 역사는 1980년대까지 거슬러 올라간다. 미국의 3D시스템

즈라는 회사에서 플라스틱 액체를 굳혀 입체 물품을 만들어내는 프린터를 개발한 것이 그 시초였다. 그러나 높은 생산 비용 및 지적재산권 등의 이유로 항공이나 자동차산업 등에서 시제품을 만드는 용도로 제한적으로 사용되었다.

그러다 최근 3D프린터를 제작하는 비용이 급격히 떨어지고 지적재산권의 행사 기간이 종료됨에 따라 본격적으로 개발 보급되고 있다. 이 3D프린팅을 통한 제조방식은 기존 공정에 비해 조립비용을 크게 낮출 수 있다. 즉 제작에 소요되는 에너지는 약 50%, 소재는 90% 이상을 절감할 수 있다고 알려져 있다.

3D프린터의 종류는 입체 형태의 인쇄물을 만드는 방식에 따라 적층형(積層型)과 절삭형(切削型)으로 구분된다. 적측형은 아주 얇은 2차원 면을 층층이 쌓아 올리는 방식이며, 절삭형은 커다란 덩어리를 조각하듯이 깎아서 인쇄물을 만들게 된다. 절삭형의 경우 소재의 불필요한 부분을 깎아내기 때문에 재료의 손실이 발생하게 된다. 그러나 적층형은 재료의 손실이 없어서 최근 보급되는 3D프린터는 대부분 적층형 프린터다.

프린터 소재로는 일반적인 프린터가 에폭시와 염료로 만들어진 토너나 잉크를 이용하는 것과 달리, 3D프린터는 플라스틱 소재를 많이 이용한다. 플라스틱 소재 외에도 고무, 금속, 세라믹과 같은 다양한 소재들도 이용되고 있으며, 최근에는 초콜릿 등 음식재료를 이용하는 사례가 소개되기도 한다.

3D프린팅 과정은 크게 모델링(Modeling)→프린팅(Printing)→마무리(Finishing) 단계로 구분된다. 모델링 과정에서는 CAD와 같은 컴퓨터 그래

픽 설계 소프트웨어를 통해 3차원으로 형상을 디자인하고, 3D프린터에서 사용되는 STL 파일 포맷으로 변환하여 저장된다. 다음의 프린팅 과정에서는 STL 파일을 각각의 3D프린터에 포함된 전용 프로그램에서 불러들이고 프린터 해상도에 따라 가로 방향으로 층(layer)을 분할한다. 3D프린터는 이 정보를 입력받아 단일층을 차례로 적층하여 입체적인 형상을 완성시킨다. 마지막으로 마무리 과정에서는 사용된 재료와 프린터 형태에 따라 경화 및 부산물 제거 등의 후처리 작업을 거치게 되어 최종적으로 원하는 3D 출력물이 제작된다.

3D프린터 작동 원리

| 디자인 | 인쇄 프로세스 | 인쇄 후 처리 |

CAD 등 컴퓨터로 3D 모델 디자인

재료 공급 장치

완성물에 연마와 채색, 합성수지로 표면 강화

컴퓨터

3D 파일로 변환

재료보관함 (합성수지)

제작단

3D프린터

인쇄의 작동 원리

노즐이 좌우로 움직이며 각 단면 성형

제작단은 앞뒤로 움직이며 단면 성형을 도움

제작단

한 단면이 완성될 때 마다 다음 단면을 만들도록 제작단이 0.1㎜ 정도씩 내려감

자료: HP, 3D시스템즈

제2장 인공지능의 기반기술

⊙ 3D프린팅 기술의 다양한 활용

3차원 프린터를 만든 당초의 목적은 상품을 내놓기 전 시제품을 만들기 위해서였다. 값싸고 성형하기 쉬운 재료로 똑같이 생긴 시제품을 만들면 실제 상품에 어떤 문제점이 있는지 알 수 있다. 이에 따라 3D프린팅 기술이 처음 활용되었던 분야는 맞춤형 기반의 다품종 소량 생산의 특성을 지닌 제조업 분야였다. 그러나 실제 활용도는 그리 높지 않았다. 이는 소재, 소프트웨어, 프린터, 공정기술, 확실한 응용 분야 등에서 괄목할 만한 연구개발이 많이 이루어지지 않았기 때문이다.

이후 마이크로소프트, 애플과 포드자동차 등이 나서면서 기존 기술 대비 100배 빠른 프린팅 방식이 발표되고, 소재 및 공정기술에서도 획기적인 방법들이 제시되고 있다. 특히 3D프린팅 기술의 핵심인 소재 분야에서 획기적인 기술 개발이 진행 중이다. 그래핀, 기능성 나노입자 등의 나노물질, 친환경 소재나 세포와 같은 바이오 소재 등을 혼합하여 원하는 기능성을 갖는 신소재가 개발되고 있다.

이처럼 3D프린터는 전통적으로 항공이나 자동차와 같은 제조업 분야에서 주로 활용되었다. 그러나 점차 그 활용 영역을 빠르게 넓혀 가고 있다. 가장 대표적인 분야가 의료, 건설, 소매, 식품, 의류산업이다.

특히, 의료 분야는 가장 적극적으로 3D프린터 기술을 도입하고 있는 분야이다. 관절, 치아, 두개골, 의수, 그리고 인공장기 등을 만드는 데 이용하고 있다. 날이 갈수록 3D프린터를 갖춘 병원이 늘고 있다. 오래전부터 MRI나 컴퓨터 단층촬영(CT) 같은 영상장비를 사용하여 이미 3차원 영상이 충분하기 때문이다. 3차원 인쇄물을 보면 영상으로 볼 때보다 뼈와 장기가 어떤 모양으로 얼마나 손상됐는지 이해하기 쉽다.

2002년 미국 캘리포니아 의대 성형외과에서는 100시간 가까이 걸리는 샴쌍둥이 분리수술을 22시간 만에 성공적으로 마쳤다. 담당교수는 샴쌍둥이가 붙어 있는 부분을 자기공명영상(MRI)으로 찍은 뒤 3차원으로 인쇄하였다. 인쇄물에는 두 아기의 내장과 뼈가 마치 진짜처럼 세세히 나타나 있었다. 그는 내장과 뼈가 다치지 않도록 인쇄물을 자르는 예행연습을 하였다. 이 덕분에 당황하지 않고 실제 수술을 진행할 수 있었다. 또 2015년 영국 북아일랜드에서는 코가 없이 태어난 소녀에게 3D프린터로 출력한 코를 이식하였다.

🔊 입체에 시간이 더해진 4D프린팅 기술

이제는 더 나아가 3차원의 공간 개념을 넘어 스스로 변화하는 능력을 갖춘 4D프린팅 시대로 나아가고 있다. 1차원이 선, 2차원이 평면, 3차원이 입체라면 4차원은 입체에 시간이 더해진 개념이듯, 4D프린팅은 3D프린팅보다 한 단계 더 진화된 기술이다.

3D프린팅 기술이 디지털 정보와 3D프린터를 이용하여 원하는 입체를 구현하는 것을 의미한다면, 4D프린팅 기술은 이러한 3D프린터에 의해서 나온 구조체가 환경에 반응하여 시간에 따라서 변화하는 개념을 추가하고 있다. 즉 3D프린팅 기술을 이용해 만든 물체가 온도, 햇빛, 물 등의 요

인에 따라 스스로 변형되도록 만드는 기술이 4D프린팅 기술이다. 가령 3D프린터로 의수를 출력했다고 하면, 특정 온도나 압력 혹은 외력의 특정 조건에 의해서 출력물의 손가락이 접히거나 움직일 수 있게 프린팅하는 것이 4D프린팅이다. 이와 함께 3D프린팅은 3D프린터의 소재 및 제품 크기의 제한성 때문에 출력물 크기에 한계가 있지만, 4D프린팅은 출력 뒤 스스로 조립되기에 큰 물체도 얼마든지 제작이 가능하다.

4D프린팅이라는 용어는 2013년 4월 미국 MIT대학 스카일러 티비츠 교수의 TED(Technology· Entertainment· Design) 강연을 통해 알려졌다. 당시 '4D프린팅의 출현(The emergence of 4 Dimension printing)'이라는 제목으로 강연을 진행했으며, 이후 4D프린팅 기술은 3D프린팅의 진화된 개념으로 여겨지고 있다.

4D프린팅 기술이 발전할 경우 3D프린터의 출력 한계, 즉 물체의 크기와 부피의 한계를 극복하는 대안이 될 수 있다. 예를 들어, 3D프린터로 한 번에 테이블을 만들기 위해서는 그 크기에 맞는 대형프린터가 필요하다. 그렇지만, 4D프린팅으로는 평면으로 출력한 뒤에 나중에 스스로 형태를 변형하여 조립되는 테이블을 만들 수 있다. 나아가 3D프린터의 기술 발전과 함께 4D프린팅의 활용 또한 더욱 활성화될 것이다. 특히 한동안 4D프린팅 소재인 스마트소재 개발에 초점이 맞춰질 것으로 예상된다.

그러나 3D와 4D프린팅의 기술 발전과 상용화를 위해서는 해결되어야 할 과제도 적지 않다. 무엇보다 3D프린팅 기술의 핵심 요소인 해상도, 소재, 소프트웨어 및 복합화 등에서 많은 기술 개선이 선결 과제이다. 프린터의 해상도는 현재의 수십 마이크로미터에서 수 마이크로미터 내지 100 나노미터 급으로의 발전이 필요하다. 나노미터(nanometer, n)는 미터의 10억분의 1, 마이크로미터(micrometer, μm)는 100만분의 1에 해당하는 길이의 단위이다.

프린터 속도의 경우 최근 빠른 기술 발전이 이루어지고 있다. 실제로 카본3D 사에서 개발한 입체석판 인쇄(SLA, Stereolithography apparatus) 형식의 프린터가 기존 대비 거의 100배 빠른 속도 향상을 보이고 있다. 추가적인 기술 발전이 이뤄지면 속도와 해상도의 획기적인 향상이 기대된다.

프린팅 소재의 경우 복합 소재나 기능성 소재의 프린팅 연구가 필요하다. 현재 금속이나 세라믹, 바이오 소재 등의 단일 소재 프린팅은 가능하지만, 금속/세라믹, 금속/플라스틱 등 2개 이상의 다종 소재 프린팅 기술이 개발되면 3D프린팅의 폭발적 활성화를 가져올 것이다. 특히 친환경, 고기능성의 소재를 프린팅하는 공정 개발이 요구되고 있다.

이 밖에도 3D프린팅 기술의 특징을 살릴 수 있는 제품의 설계 기술 및 일반인도 쉽게 사용할 수 있는 소프트웨어의 개발이 필요하다. 이처럼 3D 및 4D프린팅 기술력 강화를 위해서는 정보기술(IT)은 물론 물리학·화학·분자세포학 등 각종 과학과 공학 지식이 융합을 이뤄야 할 것이다.

6

블록체인

⊚ 연결과 분산의 기술, 블록체인

2009년 비트코인이 탄생되면서 주목받기 시작한 블록체인은 '블록 (block)'들을 '사슬(chain)' 형태로 엮은 것을 의미한다. 블록에는 해당 블록이 발견되기 이전에 사용자들에게 전파되었던 모든 거래 내역이 기록되어 있다. 그리고 이것은 P2P(peer to peer) 방식으로 모든 사용자에게 똑같이 전송되므로 거래 내역을 임의로 수정하거나 누락시킬 수 없다. 블록은 발견된 날짜와 이전 블록에 대한 연결고리를 가지고 있으며 이러한 블록들의 집합을 '블록체인(block chain)'이라고 한다. 이 기술은 암호화폐뿐만 아니라 다른 분야에도 원용되어 사용되고 있다.

먼저, 블록체인은 연결의 기술이다. 구체적 방식은 어떠한 정보를 블록이라는 일정 구획에 넣어놓고, 정보의 추가 혹은 변경이 발생했을 경우 또 다른 블록을 만들어 기존 블록에 붙여 사슬처럼 이어 나가는 것이다. 이때 블록은 개인과 개인의 거래 데이터가 기록되는 장부(database)가 되는 것이며, 이런 블록들은 형성된 후 시간의 흐름에 따라 순차적으로 연결된 사슬 구조를 지니게 된다. 즉 거래 명세를 담은 블록들이 사슬로 이어져 하나의 장부를 이루게 된다.

이 블록은 네트워크에 있는 모든 참여자에게 전송된다. 참여자들은 해당 거래의 타당성 여부를 확인한다. 승인된 블록만이 기존 블록체인에 연결되면서 송금이 이루어진다. 금융기관과 같은 제3자에 의한 신용을 기반으로 이루어지는 것이 아니다. 시스템으로 네트워크를 구성, 제3자가 거래를 보증하지 않고도 거래 당사자끼리 가치를 교환할 수 있다는 것이 블록체인의 구상이다.

이처럼 블록체인에는 익명으로 누구나 접근 가능하며, 보관되어 있는 데이터와 거래 내역 등은 일정 시간이 지나면 갱신되어 언제나 최신 상태를 유지한다. 아울러 데이터와 거래 내역은 암호로 보호될 뿐만 아니라, 똑같은 거래 장부 사본이 네트워크 전체에 분산되어 있기에 쉽게 조작할 수가 없다.

이와 같이 한번 연결된 블록의 거래 기록은 위조나 변조가 불가능하다. 예를 들어 A라는 사람이 B라는 사람과 거래를 했고, B라는 사람이 C라는 사람과 거래를 했다면 이러한 과정은 각자가 가진 모든 거래 장부에 자동으로 기입된다. 여기에서 누군가 장난을 치고 싶다면 기존 은행의 경우 거래 장부를 해킹하거나 훼손하면 그만이지만, 블록체인의 경우는 사실상 불가능하다. 왜냐하면 이를 위해서는 모든 사람의 장부를 동시에 수정해야 하기 때문이다. 그렇기 때문에 블록체인은 네트워크상의 공적 거래 장부로 불리고 있다.

이런 원리를 통해 블록체인은 서로 관련이 없는 모든 기업이나 또는 거래를 연결할 수 있다. 다시 말해 모든 상품과 서비스의 공급과 거래를 '신뢰'라는 사슬로 연결한다. 이런 의미에서 블록체인은 연결의 기술이라 할 수 있다.

이와 함께 블록체인은 분산의 기술이기도 하다. 전통적인 금융거래 방식에서는 돈을 송금할 때 당사자들이 공통으로 신뢰할 수 있는 제3자가 중간에 존재하였다. 이 역할을 은행이나 증권거래소 같은 기관이 하였고, 이들이 거래 내역을 기록해 놓은 '중앙집권적 장부(Centralized ledger)'가 필요하였다. 반면 블록체인 결제방식에서는 이러한 중개기관과 장부가 필요하지 않다. 거래 내역이 하나의 블록을 형성하여 거래 참여자들 모두가 해당 블록을 분산형으로 갖고 있을 뿐만 아니라, 거래가 발생할 때마다 스스로 모든 사용자들의 거래내역을 대조하기 때문이다. 이를 가능케 하는 것이 P2P 네트워크이다.

즉 블록체인은 중앙에서 관리하는 시스템이 존재하지 않으며 모든 사용자들이 거래 내역을 공유하면서 거래 때마다 대조해 위조를 방지하는 시스템이다. 이처럼 기존에 중앙서버에 기록했던 개인 정보와 거래 정보를 원본의 조작 없이 여러 곳에 분산 보관해 해킹이나 변조를 방지함으로써 안전성과 투명성을 높인 것이다.

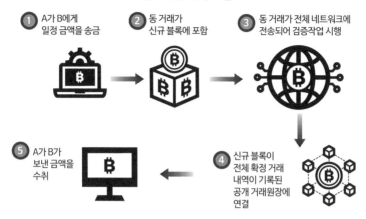

블록체인 거래 흐름도

① A가 B에게
일정 금액을 송금

② 동 거래가
신규 블록에 포함

③ 동 거래가 전체 네트워크에
전송되어 검증작업 시행

⑤ A가 B가
보낸 금액을
수취

④ 신규 블록이
전체 확정 거래
내역이 기록된
공개 거래원장에
연결

자료: 골드만삭스 Global Investment Research

🔊 비트코인 블록체인의 한계와 보완

이처럼 블록체인은 인간에게 가치 있는 거의 모든 정보를 안전하고도 완벽하게 기록·수정보관·전파하는 강력한 보안성과 분산성, 익명성을 지니고 있다. 따라서 블록체인은 기존의 패러다임과 질서를 뒤바꾸는 기술혁명으로 간주되고 있다. 다만, 기존 비트코인 블록체인 기술은 한계와 부작용이 없지는 않다. 우선 무엇보다도 처리 속도가 느리고 확장성이 떨어진다는 점이다. 이와 함께 블록체인을 활용한 금융거래는 거래 취소가 어렵고, 중앙 관리장치가 존재하지 않기 때문에 거래에 문제가 발생하더라도 이를 책임질 사람이 없다는 것도 문제점으로 지적되고 있다. 따라서 이러한 한계점들은 계속 보완 발전시켜 나갈 필요가 있다.

이러한 한계를 벗어나기 위해 블록체인 기술 향상을 위한 시도들이 한창 진행되고 있다. 우선 암호화폐 체계내에서 기술 보완을 시도한 것이 이더리움이다. 이더리움은 비트코인 블록체인 기술을 기반으로 다양한 부가서비스 개발을 염두에 두고 설계했기 때문에 확장성이 높다. 즉 스마트계약(Smart contract) 기능을 추가한 것이다. 이 기능을 비즈니스 부문에서는 다양한 용도로 활용해나가고 있다.

또한, 3세대 블록체인은 내부에 의사결정 기능을 탑재하여 의사결정 시스템 즉 거버넌스를 개선하였다. 이로써 생태계 발전 방향에 대한 합의도출과 빠른 의사결정을 내릴 수 있게 되었다. 구체적 방안으로는 보상 방식을 작업증명방식(POW, proof-of-work)에서 지분검증방식(POS, proof-of-stake)으로 개편하였다. 기존의 작업증명방식(PoW, proof-of-work) 합의알고리즘은 마이닝 풀(mining pool)에 의한 채굴 독점을 초래하였고, 또 고가의 컴퓨터와 엄청난 전력이 필요하여 환경 파괴와 자원 낭비를 유발하였다. 반면, 사용자들의 투표로 선출된 소수의 담당자들이 블록 생성 권한을 갖는 지분증명방식(PoS)은 신속한 의사결정과 처리속도 향상을 가능케 한다.

⊜ 다양하게 활용되는 블록체인 기술

비트코인에 의해 고안된 블록체인 기술은 그동안에는 주로 금융기관의 인증수단으로서의 활용도를 증대하는 데 초점이 맞추어져 있었다. 블록체인은 사실상 해킹이 불가능한 분산장부이기 때문이다. 그러나 이제는 블록체인 기술은 국제송금, 소액결제 같은 금융뿐만 아니라 의료데이터, 정부 행정서비스, 사물인터넷(IoT) 플랫폼까지 활용 범위를 넓혀나가고 있다. 블록체인이 4차 산업혁명 시대의 수많은 데이터를 안전하게 유통되고 관리될 수 있도록 해주기 때문이다.

우선, 제조업에서는 각종 지적재산 정보나 디자인 설계 등 데이터를 블록체인 기술을 활용하여 안전하게 관리할 수 있다. 그리고 의료분야에서는 블록체인을 통해 환자데이터를 안전하게 공유할 수 있게 된다. 에너지 분야에서도 블록체인을 활용하기 시작하였다. 블록체인 기술은 전력 공급자와 소비자가 양방향으로 실시간 정보를 교환하여 에너지 효율을 최적화하는 '스마트 그리드(smart grid)' 시스템의 중추 역할을 한다.

블록체인이 그 진가를 최대로 발휘하는 곳은 사물인터넷 분야이다. 블록체인 플랫폼은 수억개의 사물인터넷 기기를 파악한 뒤 실시간으로 공유되는 데이터 교환이 안전하게 이뤄지도록 할 수 있다. 이를 통해 필요한 데이터가 어디서 어떻게 관리되고 사용되는지 파악할 수 있다. 이 모든 과정은 안전성을 기반으로 이루어지며, 사물인터넷 관련 정보를 관리하기 위한 방대한 서버도 필요 없다.

블록체인 시스템이 지닌 장점으로는 신속성, 안전성, 투명성 등을 들 수 있다. 블록체인내 정보는 네트워크 참여자 모두에게 공개되는 동시에 보관·관리된다. 이에 따라 특정 거래 정보를 조작하려면 모든 참여자의 컴퓨터를 해킹하여 블록체인 전체를 조작해야 하는 비현실적인 작업이 필요하므로 거래의 안전성과 투명성이 보장되는 것이다. 뿐만 아니라 블록체인은 중개자와 중간 절차가 없기 때문에 수수료 인하가 가능하고, 실시간에 가까운 송금이 가능하다는 장점도 가지고 있다.

그러나 무엇보다도 블록체인이 초래할 중요한 변화의 본질은 바로 거래승인 권한과 정보의 민주화이다. 블록체인은 제3의 중개자 개입 없이 투명하고 안전한 직접거래를 할 수 있으며, 실시간 승인 또한 가능하다. 그리고 입력된 정보를 시스템에 관여하는 모든 사람에게 동시에 전달하고 공유할 수 있게 하는 정보의 분권화가 가능하다.

이런 특성을 지닌 블록체인 기술을 이용함으로써 우리 경제사회는 정확하고 투명한 정보들을 간편하게 많은 기관과 사람들이 공유할 수 있게 될 것이다. 또 특정인이나 상급 관리자, 권력자가 임의로 데이터를 수정·조작할 수 없게 될 것이다. 한마디로 블록체인 기술은 우리 경제사회에 시스템적 신뢰를 제공해 긍정적인 변화를 가져올 것이다. 또한, 다양한 분야에 걸쳐 혁신적인 변화를 가져올 수 있을 것으로 기대되고 있다.

경제협력개발기구(OECD)에서는 2016년 향후 10~15년간 사회경제적으로 중대한 영향을 미칠 10가지 미래기술의 하나로 블록체인을 선정하기도 하였다. 세계경제포럼(WEF)도 전 세계의 은행 중 80%는 조만간 블록체인 기술을 활용한 금융거래 시스템을 구축할 것으로 전망하였다. 아울러 2025년에는 블록체인 기술로 인한 부가가치 창출이 전 세계 GDP의 10%에 달할 것으로 전망하고 있다.

블록체인의 출발은 비트코인이었지만 블록체인 애플리케이션(application)의 확장 가능성은 무궁무진하다. 향후 법적인 계약이나 공적인 서비스 등 사회에 존재하는 온갖 계약에 블록체인이 사용될 예정이며, 최종적으로는 중앙집권적인 금융, 정부 시스템의 존재의의를 희석시킬 전망이다. 단순히 금융이나 IT에 한정된 기술이 아닌 사회 그 자체에 지대한 영향을 끼칠 수 있는 것이다. 어쩌면 4차 산업혁명의 뿌리기술도 블록체인이 될 것이다. 4차 산업혁명의 주인공인 사물인터넷을 연결·분산함으로써 신뢰와 안전을 담보하는 유력한 기술이 블록체인이기 때문이다.

7

AI 반도체

⊙ 차세대 반도체로서의 인공지능 반도체

인텔은 개인용 컴퓨터에 탑재할 수 있는 중앙처리장치(CPU, central processing unit)를 만들어 4,500억 달러 규모에 이르는 오늘날의 반도체 시장을 열었다. 그러나 인공지능 비서, 가상현실을 구현하고 드론이 하늘을 날게 하기 위해서는 기존의 반도체 기술과는 전혀 다른 새로운 반도체 기술을 필요로 하고 있다. 인공지능시대가 가속화하면서 기존의 반도체 기술도 새로운 전환점을 맞게 된 것이다.

이 차세대 반도체, 인공지능 AI반도체는 수많은 정보를 처리할 수 있는 인간의 뇌, 즉 신경망에서 아이디어를 얻었다. AI 반도체는 인식, 추론, 학습, 판단 등 인공지능 처리 기능을 탑재하고, 초지능, 초저전력, 초신뢰 기반의 최적화된 기술로 구현한 반도체이다. 모바일에서 인공지능을 구현하기 위해서는 고속연산을 저전력으로 처리해야 한다. 그러나 현재는 연산속도가 느리고 전력 소모가 큰 소프트웨어 기술을 활용하고 있어 앞으로 AI 가속 프로세서 개발이 필수적이다.

AI 반도체는 기존 CPU가 정보를 입력하는 순서대로 계산하는 것과 달리, 한꺼번에 많은 연산을 동시에 처리하는 게 특징이다. 쉽게 말해 인간의 뇌가 수많은 정보를 동시에 처리하는 것처럼 이미지 처리, 음성 인식 등 복잡한 연산을 동시에 분산 처리한다. 여러 인공지능 기능을 더 빠르고 자연스럽게 활용하기 위해 만들어지기 때문에 기존 반도체와 설계부터 다르다.

PC의 핵심인 CPU나 스마트폰의 두뇌 역할을 하는 모바일용 중앙처리장치(AP, Application Processor) 반도체 칩은 코어(core)라는 처리장치를 이용하여 한 번에 한 가지 연산을 수행하도록 설계되어 있다. 당연히 코어의 성능을 개선할수록 컴퓨터와 스마트폰의 처리 속도가 빨라진다. 점차 코어의 속도를 높이는 것이 한계에 이르자 반도체 기업들은 '멀티코어 프로세서(multi-core Processor)'를 만들었다. 즉 CPU나 AP에 코어를 여러 개 넣어 연산을 나누어 처리토록 한 것이다. 인텔이 개발한 반도체 칩 중에는 코어가 72개에 달하는 제품도 있다.

그런데 문제는 음성 인식이나 이미지 인식처럼 새롭게 등장한 서비스를 처리하려면 '멀티코어 프로세서'도 한계가 있다는 것이다. 인공지능 스피커가 사용자의 음성으로 내린 명령을 완벽하게 처리하기 위해서는 스마트폰 연산양의 1천배에 이르는 처리 속도가 필요하다. 음성을 분석하고 이에 적절한 답변을 찾는 과정에서 필요한 데이터의 양이 상상을 초월하기 때문이다. 이 때문에 스마트폰 제작사들은 현재 스마트폰에 입력된 음성을 가상공간 서버인 클라우드로 보내 답변을 찾은 뒤, 다시 스마트폰으로 전송하는 방식을 채택하고 있다. 인공지능 비서가 사람의 말은 알아듣는데 시간이 소요되는 것은 바로 이 때문이다.

이런 문제를 해결하기 위해 탄생한 기술이 바로 신경망처리 장치 NPU(Neural Processing Unit)이다. NPU는 사람의 뇌를 구성하는 신경망에서 아이디어를 얻었다. 사람은 오감(五感)을 통해 인식한 수많은 정보를 뇌에서 동시에 처리하고 반응한다. 이는 사람의 뇌가 하나의 특정한 처리장치로 움직이는 것이 아니라 수많은 신경세포인 뉴런이 동시다발적으로 작동하기 때문에 가능한 것이다. NPU도 사람의 뇌에 있는 뉴런처럼 적게는 수십 개에서 많게는 수천 개의 코어를 가지고 있으며, 이들이 동시 다발적으로 작동한다.

🎧 인간의 뇌구조를 모방한 '뉴로모픽 칩'

현재 가장 주목 받는 NPU 기술을 활용한 AI 관련 반도체는 '뉴로모픽 칩(neuromorphic chip)'이다. 인공지능 기술을 구현해 내기 위해서는 처리해야 할 데이터가 많아지는 만큼 사람의 뇌처럼 저장과 연산을 동시에 할 수 있는 반도체가 반드시 필요하다. 뉴로모픽 칩은 이런 요구를 만족시키기 위해 사람의 뇌 구조를 본떠 개발 중인 차세대 반도체의 선두 주자다.

기존의 반도체는 크게 연산을 하는 CPU, 정보를 저장하는 메모리로 나뉜다. 컴퓨터는 연산할 때 CPU를 통해 데이터를 처리한 후 메모리에 보내

인공지능과 미래 경제

저장하며 데이터가 필요하면 메모리에서 데이터를 CPU로 불러온다. 이 때문에 CPU와 메모리 간에 병목 현상이 발생하며 많은 전기를 소모한다. 또 복잡한 작업일수록 시간이 오래 걸리고 에너지 소모가 더 많이 증가하는 구조다. 이런 체제에서 인간의 뇌와 같은 정보처리를 하기 위한 필요한 소비전력을 감당하기 위해서는 통상 원자력발전소 1기가 필요하다.

뉴로모픽 칩의 특징은 메모리 반도체와 프로세서를 하나로 통합하면서도 사용 전력을 획기적으로 줄인 것이다. 이미지와 소리 등 비정형화된 데이터 처리 능력이 뛰어나지만 전력 소모량은 기존 반도체 대비 1억분의 1에 불과하다는 것이다. 따라서 인공지능시대를 이끌어 갈 핵심 반도체로 꼽힌다.

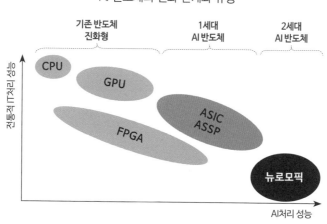

AI 반도체의 진화 단계와 유형

글로벌 기업들은 이미 NPU기술을 적용한 AI칩 개발에 심혈을 기울이고 있는 중이다. 현재 이 분야의 선두 주자인 IBM은 2008년부터 개발에 착수하여 2014년 '트루노스(TrueNotrh)'라는 뉴로모픽 칩 개발에 성공하였

제2장 인공지능의 기반기술

다. 물론 아직 인간의 두뇌 수준으로 개발이 완성되지는 않았다. 굳이 비교하자면 꿀벌의 뇌 처리 능력과 비슷하다는 평가가 나온다.

인텔도 두각을 나타내고 있다. 2017년 10월 인텔은 뉴로모픽 칩 '로이히(Loihi)'를 개발 중이라고 발표하였다. 로이히는 13만개의 뉴런과 1억 3천만개의 시냅스로 구성돼 바다가재 수준의 인공지능을 구현할 수 있다는 게 인텔 측의 설명이다. 참고로 인간의 뇌는 약 1,000억개의 신경세포 즉 뉴런(neuron)으로 구성되어 있으며, 각 뉴런은 약 100조개의 시냅스(synapse)로 연결되어 있다.

세계 최대 소셜미디어인 페이스북을 비롯하여 아마존·구글·애플 등도 AI반도체 개발에 막대한 자금과 인력을 투입하고 있다. 이처럼 기존 반도체 업체가 아닌 글로벌 IT기업들이 AI반도체 개발에 앞다투어 뛰어들고 있는 것은 기존 반도체로는 인공지능 기술을 원하는 만큼 구현하기 어렵다는 판단 때문이다. 또한 인공지능 기술의 발전으로 자율주행 자동차와 로봇 등에 탑재하는 AI반도체 수요가 커지면서 먼저 시장을 선점하겠다는 의도도 지니고 있다. 게다가 삼성전자와 SK하이닉스 등 일부 업체가 독과점하고 있는 메모리 반도체 시장과 달리 AI반도체 시장은 아직 초기 단계인 만큼 선점하면 막대한 이익도 기대할 수 있기 때문이다.

CPU의 시대를 인텔이 지배한 것처럼 NPU를 선점하는 기업은 향후 수십년 동안 미래산업을 주도해 나갈 것으로 예상된다. 스위스 최대 금융그룹 UBS에 따르면 AI반도체 시장은 2016년 60억 달러에서 2021년 350억 달러까지 성장할 것으로 전망되고 있다.

각국 정부도 AI반도체 연구개발에 투자를 아끼지 않고 있다. 중국은 중국과학원 산하에 인공지능혁신연구원을 설립하였고, 일본 경제산업성도 벤처·연구소·대학에 자금을 지원하고 있다. 특히 중국은 '반도체 굴기(堀起)' 정책의 일환으로 2025년까지 1조 위안(약 180조원)을 투자하여 13.5%인 반도체 자급률을 70%로 끌어올린다는 계획이다. 중국이 한국 반도체 수출 물량의 40%를 사들이고 있어 계획이 현실화될 경우 한국 반도체산업은 직격탄을 피할 수 없게 된다.

⊜ AI반도체는 반도체산업의 블루오션

AI반도체는 한국 반도체산업에 새로운 블루오션이 될 수 있다. 시스템반도체 즉 비메모리반도체는 세계 반도체 시장의 약 70%를 차지하고 있다. 그만큼 시스템반도체의 비중이 크다. AI반도체도 시스템반도체의 한 분야이다. 더욱이 인공지능 기술이 발전하면서 시스템반도체의 쓰임새는 앞으로 한층 더 넓어지게 될 것이다. 따라서 우리는 그동안 메모리반도체를 생산하면서 쌓은 노하우를 시스템반도체 제작에도 활용해야 한다.

한국을 '반도체 강국'이라고 부르지만 정확하게 얘기하면 D램과 낸드플래시를 중심으로 한 '메모리(memory) 반도체 강국'이라는 표현이 맞다. 세계 메모리반도체 시장에서 한국의 점유율은 58%나 되지만, 시스템(system, non-memory)반도체 점유율은 3%에 불과하다. 장비와 소재, 부품 같은 이른바 반도체 후방산업도 비슷한 형편이다. 세계 반도체 장비 시장에서 한국의 점유율은 10.1%다. 반도체 소재도 9.9%에 불과하다. 국내 업체 중

세계 반도체장비 업계 10위권에 드는 곳은 한 곳도 없다.

더욱이 중국의 도전도 거세다. 중국은 세계 반도체 수요의 60% 이상을 차지한다. 중국은 이른바 반도체 굴기를 앞세워 반도체 기술과 산업의 육성을 위해 사력을 다하고 있다. 특히 우리나라의 반도체 기술을 빼내어 가기 위해 엄청난 조건을 제시하면서 인력과 공장을 통째로 삼키려는 전략도 마다않고 있는 실정이다.

그나마 우리에게 희망적인 것은 AI반도체 관련 특허출원이 꾸준히 늘어나고 있다는 점이다. 특허청에 따르면 지난 2015년 77건에 머물던 AI반도체에 관한 국내 특허출원은 2017년 391건으로 5배 넘게 증가하였다. 특히 '기계학습용 비메모리반도체'와 '뉴로모픽용 비메모리반도체' 특허출원의 증가세가 두드러졌다. 정부도 AI반도체 분야 개발에 약 2조 5천억원의 R&D 자금을 향후 10년 동안 투입한다고 발표하였다.

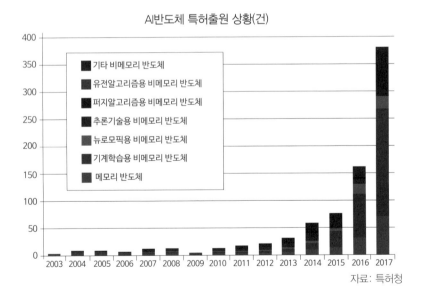

AI반도체 특허출원 상황(건)

자료: 특허청

인공지능과 미래 경제

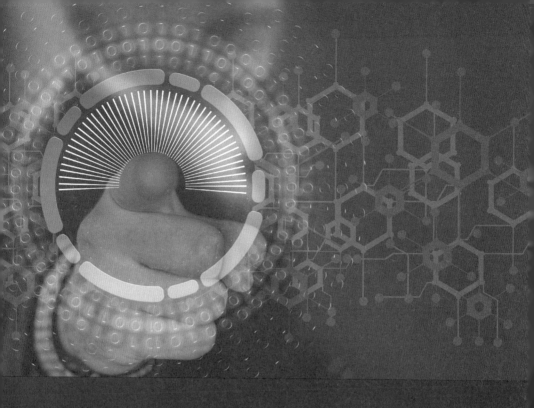

제3장

인공지능이 창출하는 산업과 시장

1

로봇

⊜ 산업용 로봇에서 지능로봇으로

'로봇(Robot)'이란 용어는 체코의 소설가 차페크(Karel Capek)가 1920년 발간한 'R.U.R(Rossum's Universal Robots)'이라는 희곡에서 처음으로 사용하였다. 로봇의 어원이 체코어의 노동을 의미하는 단어 '로보타(robota)'인 만큼, 로봇의 역할은 인간의 노동을 대신 수행하는 데서 찾을 수 있다. 또 로봇공학 혹은 로봇을 이용하는 이라는 뜻을 지닌 '로보틱스(Robotics)'는 러시아계 미국인 과학자이자 작가인 아이작 아시모프(Isaac Asimov)가 1942년 그의 작품『Runaround』에서 최초로 사용하였다.

1960년대에 들어서면서 로봇은 공상의 단계를 넘어 현실로 다가왔다. 최초의 산업용 로봇은 1960년 미국에서 개발된 '유니메이트(Unimate)'로, 이는 포드자동차에서 금형주조 기계의 주물 부품을 하역하는 데 사용되

인공지능과 미래 경제

었다. 이후 산업용 로봇을 본격적으로 발전시켜 나간 나라는 일본이다. 지능형 로봇 또한 1997년 혼다가 인간형 로봇 아시모를 등장시킨 이후, 2000년 소니가 애완로봇 아이보와 춤추는 로봇 큐리오를 탄생시키면서 본격적인 서비스 로봇시대를 열어 나가게 되었다.

이처럼 로봇 연구가 본격화되면서 협동적인 로봇(collaborative robot)을 줄인 '코봇(cobot)', 인간과 대화를 하는 '챗봇(chatbot)', 로봇을 뜻하는 로보(robo)와 자산운용 전문가를 의미하는 어드바이저(advisor)의 합성어인 '로보어드바이저(robo-advisor)' 등과 같은 각종 신조어가 생겨나고 있다.

로봇의 종류는 분류 목적에 따라 여러 갈래로 나눠진다. 우선 용도에 따라 산업용 로봇, 서비스용 로봇, 특수목적용 로봇으로 구분할 수 있다. 산업용 로봇은 산업 현장에서 인간을 대신하여 제품의 조립이나 검사 등을 담당하는 로봇이다. 처음 만들어진 로봇도 반복적이고 위험한 노동에서 인간 노동력을 대신하기 위한 산업용 로봇이었다. 서비스용 로봇은 청소, 환자보조, 장난감, 교육실습 등과 같이 인간 생활에 다양한 서비스를 제공하는 로봇이다. 특수목적용 로봇은 전쟁에서 사용되거나 우주, 심해, 원자로 등에서 극한작업을 수행할 수 있는 로봇이다.

로봇이 지능을 지니고 있는지 여부에 따라서는 일반 로봇과 지능형 로봇으로 구분된다. 앞에서 설명한 로봇들은 모두 일반 로봇에 속한다. 이에 비해 주변 환경을 스스로 인식한 후 자신의 행동을 조절하고 결정하는 로봇을 '지능형 로봇(Intelligent Robots)'이라고 한다. 이는 외부환경을 인식(Perception)하고, 스스로 상황을 판단(Cognition)하여, 자율적으로 동작(Manipulation)하는 로봇이다. 기존의 로봇과 차별화되는 것은 상황판단 기능과 자율동작 기능이 추가된 것이다.

로봇분야에 인공지능을 도입하고자 하는 시도는 상당히 오래전부터 시작되어 산업용 로봇이나 서비스 로봇에서 큰 효과를 보고 있다. 이는 로봇 자체의 조작기능이나 제어기능에 중점을 두기보다는 사용자와의 상호작용에 집중하여 정보를 제공하거나 감성적인 교감이 가능하도록 유도하고 있다. 로봇의 최고 단계는 스스로 생각할 수 있는 인공지능과 인간의 몸을 결합한 것이 될 것이다.

인간과 로봇의 비교

인 간	로 봇
오 감	외부환경 이식(Sense)
두 뇌	상황 판단(Think)
손·팔, 다리, 표현	자율동작(Act)

로봇이 더욱 발전하면 '사이보그(cyborg)'라는 인간과 기계의 복합체로 확장될 수 있다. 로봇이 스스로 생각하고 운동할 수 있는 기계를 대표한다면, 사이보그는 유기적인 것과 기계적인 것이 결합된 것을 말한다. 유전공학으로 DNA 복제를 통해 만들어진 장기나 생명체와 기계의 결합이라든지, 여기에 어떤 디지털 통제회로가 결합된 것이 사이보그다. 이를 통해 인간은 기계화되고, 기계가 인간화되는 데 이를 인간과 기계의 공동 삶(symbiosis) 혹은 공동진화라고 한다.

인공지능과 미래 경제

◎ 로봇의 종류와 시장 규모

로봇은 어떤 분야에 활용되고 있을까? 과거의 로봇은 주로 산업용으로 사용되었으나, IT기술과 인공지능의 발달로 그 범위는 가정, 복지, 교육, 오락, 의료, 국방, 사회 안전, 해양, 환경 등으로 점차 확대되고 있다.

산업 현장에는 단조로운 반복 작업이나 따분한 작업, 불쾌한 작업들이 많은데, 이와 같은 작업을 로봇에게 맡기고 있다. 이런 종류의 작업은 로봇 쪽이 인간보다 더 잘 해낼 수 있다. 왜냐하면 로봇은 언제나 일정한 수준의 정밀도와 정확도로 작업을 계속할 수 있기 때문이다. 따라서 제품의 품질은 항상 일정하며 게다가 휴식을 취할 필요가 없기 때문에 많은 양의 제품을 만들 수 있다.

또한 로봇은 위험한 작업을 대신할 수가 있다. 방호복을 입지 않고 원자력 공장에서 방사성 물질을 취급하거나 유독화학 물질을 취급할 수가 있으며, 인간에게는 너무 덥거나 추운 환경에서도 일할 수가 있다. 폭발물을 수색하거나 폭탄의 뇌관을 제거하는 일 등 인간의 생명이 위험에 노출될 수 있는 곳에서도 로봇을 사용할 수 있다. 로봇은 우주 공간에서의 작업에도 활용되고 있다. 지구를 돌고 있는 인공위성을 수리하거나 유지하는 데 사용되기도 하고, 보이저호와 같이 탐사와 발견을 목적으로 먼 천체까지 비행하는 데도 로봇이 사용된다.

한편, 가정에서도 점점 많은 로봇이 가사를 돕기 위해 사용되고 있다. 가사지원 로봇은 청소로봇에서 심부름로봇에 이르기까지 집안일을 도맡아 하는 로봇이다. 그리고 육체적인 장애를 가진 사람들과 거동이 불편한 노인들을 돌보는 일에도 많이 이용될 것으로 기대된다. 로봇 간호보조자는 장애자나 노령으로 체력이 약해진 사람들이 혼자서도 살 수 있도록 도와주게 될 것이다. 또 교육 로봇도 출현할 것이다. 교육콘텐츠와 연결되어 지능형 로봇이 보급된다면 교육산업의 핵심으로 막대한 시장 창출을 할 것으로 전망된다.

로봇 시장이 산업용 로봇 수요 증가로 2021년에는 규모가 2,300억 달러를 넘어설 전망이다. 인간 작업자와 가까운 거리에서 인간의 업무를 도와주는 협동 로봇의 성장 전망도 밝다. 다만, 인공지능 로봇은 아직까지 완전한 개발이 어려울 뿐만 아니라, 비즈니스 수요도 크지 않아 가까운 시간 내에는 시장 규모가 크게 늘어날 것으로 예상되지 않는다.

시장 조사업체 IDC에 따르면 2017년, 전 세계 로봇 구매 시장은 약 1천억 달러에 달하였고, 계속 빠른 속도로 늘어나 2021년에는 2,300억 달러를 상회할 것으로 보고 있다. 로봇시장은 특히 제조업 분야에서의 활용이 가

제조업용 로봇 판매량(천대)

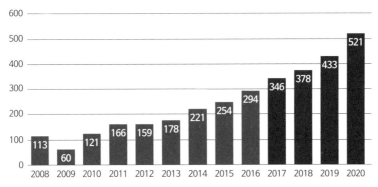

자료: International Federation of Robotics,
* 2008~2016은 실적치, 2017 이후는 전망치

인공지능과 미래 경제

장 많은 부분을 차지하고 있다. 2017년의 경우 조립 제조와 제조 공정 부문의 로봇시장 규모가 전체의 약 60%를 차지하였다. 특히 조립, 용접, 도색 작업에 전 세계 로봇의 4분의 1이 쓰이고 있다.

기존 산업용 로봇보다 가볍고 가격도 저렴한 협동로봇도 산업용 로봇시장을 견인하고 있다. '코봇(cobot)'으로 불리는 협동로봇은 별도 공간에 설치하는 기존 산업용 로봇과 달리 인간과 같은 공간에서 작업한다. 협동로봇은 작고 설치가 쉽고, 학습능력이 빨라 산업 현장에서 주목을 받고 있다.

지역별로는 중국, 한국, 일본, 미국, 독일 5개국이 글로벌 판매량의 70% 이상을 점유하고 있다. 특히 중국은 전 세계 로봇시장의 30%를 차지하는 세계 최대 시장이다.

⊙ 챗봇의 등장

'챗봇(chatbot)'은 대표적인 지능형 로봇의 한 형태로, 인간 방식의 대화를 하는 컴퓨터 프로그램이다. 쉽게 말해 채팅(chatting)하는 로봇으로, 정해진 응답 규칙에 따라 사용자 질문에 응답할 수 있도록 만들어진 시스템이다. 인공지능을 기반으로 사람과 자동으로 대화를 나누는 소프트웨어라고 보면 된다.

챗봇은 기본적으로 서버와 서로 통신을 주고받을 수 있는 '요청과 응답(Request-Response)' 구조를 따른다. 사용자가 메신저 대화창에 특정한 메시지를 입력하면, 챗봇 디바이스는 해당 메시지에 적합한 응답을 해달라고 해당 서버에 자동응답을 요청하는 식이다.

초창기 챗봇은 PC 환경에서 말을 걸면 자동으로 응답해주는 방식이 대부분이었다. 트윗봇(twittbot)이나 언론사에서 단신기사 작성에 활용 중인 기사봇 등이 대표적이다. 이때까지도 챗봇은 사전에 정의된 키워드를 바탕으로 사용자가 입력한 단어에 따라 대답을 하였다. 그러나 인공지능 기술이 발전하면서 실제 사람과 대화를 나누는 느낌을 주는 방식으로 발전하고 있다. 인공지능에 의해 스스로 사용자의 의도를 파악해 대화를 진행하는데, 이것이 과거와 다른 점이다. 자연어 처리(NLP) 기술이 도입되어 문장을 상세히 분석하고 의미를 파악하기 때문에 사용자의 감정까지도 이해할 수 있는 수준으로 발전하고 있다.

또한 초창기에는 텍스트만으로 인식했으나 이제는 음성인식 플랫폼으로 발전하였다. 아마존 '알렉사', 구글 '어시스턴트', 애플 '시리', SK텔레콤 '누구', 삼성전자 '빅스비' 등은 지능형 챗봇의 음성인식을 통해 소비자들의 가상비서 역할을 해내고 있다. 제공되는 기능들도 다양화되고 있다. 검색이나 번역 서비스, 음악 검색, 날씨 확인, 상품 추천, 스마트홈 기기 제어 등이다.

챗봇은 크게 고객 상담 챗봇, 홍보/판매용 챗봇, 업무지원 챗봇 등으로 구분된다. 고객 상담 챗봇은 24시간 중단 없이 운영이 가능해 상담사와 연결이 힘든 저녁이나 새벽 시간대에도 대응이 가능하다. 간단한 내용은 바로 해결이 가능하지만 복잡한 문제는 다음날 상담사가 직접 응대할 수

인공지능과 미래 경제

있도록 연결해주어 상담사의 업무량은 줄이면서 고객들의 만족도는 높여준다.

홍보/판매용 챗봇은 소비자에게 정보를 제공하는데 주력한다. 소비자에게 원하는 상품을 추천하거나 홍보하기도 하고 택시를 호출하거나 배달 음식을 주문하는 기능을 제공한다. 업무지원 챗봇은 사내 직원들을 위해 업무 중 궁금증을 바로 해결해주는 역할을 수행하기도 한다.

이처럼 챗봇이 인기를 끌고 있는 이유는 딥러닝을 통해 의사소통의 접점을 계속 늘려나가고 있기 때문이다. 단순한 음악을 검색해 들려주기부터 택시 호출이나 쇼핑 상담, 금융상품 추천, 선거정보 확인까지 활용 범위가 점차 확대되고 있다.

아직까지는 포털업체들이 챗봇을 가장 활발하게 사용하고 있다. 구글, 페이스북, 마이크로소프트, 텔레그램 등 글로벌 메신저 업체를 비롯해 국내 네이버, 다음 등도 챗봇을 기반으로 한 메신저 플랫폼을 선보이고 있다. 이들은 갈수록 커지는 메신저 영향력을 새로운 플랫폼으로 만들어 나갈 수 없을까 고민하던 중 인공지능과 메신저를 결합한 챗봇 기술에 주목하였다.

대화형 인공지능 챗봇은 주로 금융권과 공공기관 등에서 도입이 확산되고 있다. 백화점이나 마트 등 오프라인 매장들도 상담과 쇼핑 등의 분야에서 챗봇을 적극 활용하고 있다. 챗봇을 통해 매장 안내, 제품 소개, 개인 선호상품 추천, 외국인 대상 통역 서비스 등 쇼핑서비스를 구현하고 있다. 나아가 인공지능 챗봇으로 고객 맞춤형 자동응답시스템(ARS), 상담 데이터 분석 및 관리 최적화 서비스를 제공하는 곳도 있다.

챗봇은 선거에도 활용되고 있다. 2018년 6월 실시된 지방선거 당시 선거관리위원회에 등록된 후보의 기본 정보를 후보자별, 지역별, 후보군별 검색으로 사용자에게 제공하였다. 이 밖에 선거 일정, 투표소 안내, 후보 선호도 예측과 같은 선거정보도 제공하였다.

🔒 인공지능 로봇의 탄생

"인간이 우리를 만들었습니다. 그런 건 우리가 물어봐야 하는 거 아닌가요?" 인공지능 로봇이 인간에게 어떤 영향을 미칠 것인지에 대한 질문에 인공지능 소피아가 들려준 답변이다. 마침내 인간처럼 말하고 자신의 감정과 의사를 표현할 줄 아는 인공지능 로봇이 탄생하였다. 이는 인간의 외형을 닮고 지능도 가지고 있기에 '휴머노이드 로봇(Humanoid Robot)'이라고 한다. 그러나 지능적인 행동에도 불구하고 아직도 강한 AI는 아니기에 실제로는 매우 제한적이다.

세계 최초의 감정인식 로봇은 일본 소프트뱅크가 2013년 인수한 프랑스의 알데바란 로보틱스가 개발한 '페퍼(Pepper)'이다. 페퍼는 사람의 감정을 인식하고 감정에 맞는 말과 행동을 할 수 있다. 일본에서 휴대폰 판매 담당, 미국 힐튼호텔에서 호텔리어로 활약하고 있다. 우리은행에서도 2016년 10월 도입하여 안내 도우미 역할을 수행하고 있다.

2016년 대중 앞에 처음 공개된 휴머노이드 인공지능 로봇 '소피아

(Sophia)'는 세상 사람들의 관심을 한 몸에 받고 있다. 각종 TV쇼는 물론이고 유엔 행사에 초빙돼 발언하기도 하였다. 인간처럼 표정을 지으며 자연스럽게 말하는 모습에 사람들은 열광하였다. 소피아는 홍콩에 본사를 둔 핸슨 로보틱스(Hanson Robotics)사가 인공지능 시스템을 이용해 학습시켜 사람들과 눈을 맞추거나 얼굴을 인식하고, 인간의 언어를 이해하며 인간처럼 감정도 표현할 수 있도록 만들었다.

소피아는 사우디아라비아의 시민권을 취득한 최초의 인공지능 로봇이기도 하다. 그녀의 얼굴은 오드리 헵번을 본떠 만들어졌다고 한다. 소피아는 62개 이상의 얼굴 표정을 지니고 있으며, 농담을 하고 다양한 표정을 지으며 사람과 대화를 나눈다. 사람과 대화를 나눌수록 소피아는 더욱 진화한다고 한다. 즉 상황에 따른 사람의 표정과 제스처 등을 관찰하고 습득해 더욱 인간과 흡사한 표현을 하게 된다.

다만, 아직까지 소피아는 실제 사람처럼 보이기에는 다소 어색한 표정과 부자연스러운 움직임이 있는 것이 사실이다. 대화 능력 또한 일상대화는 즉석에서 가능하지만, 깊이 있는 토론은 학습이 필요하다는 게 개발사 측의 설명이다. '모라벡의 역설(Moravec's paradox)'처럼 인간의 감정과 오감을 지닌 인공지능 로봇을 만들어 내기란 매우 어려운 일이다. 더욱이 인공지능 로봇은 산업용 로봇만큼 실용성이 크지 않아 개발의 속도가 더딜 수 있다.

그러나 소피아의 등장이 휴머노이드 인공지능 로봇시장 발전에 가속도를 불러일으킬 것으로 기대되고 있다. 이들의 최종 목표는 사람과 동일한 지능을 가진 살아있는 로봇, 인지능력과 상상력을 지닌 인간 같은 로봇

131 ▣

을 만드는 것이다. 언젠가는 영화 '바이센테니얼 맨(Bicentennial Man)'에서의 남자 주인공 앤드류 마틴처럼, 그리고 영화 '허(Her)'에서의 여자 주인공 사만다처럼 사랑의 감정을 가지고 살아가거나 혹은 실제로 사랑을 나누는 그런 로봇이 탄생할 수도 있을 것이다,

2 인공지능 스피커

🔊 음성혁명의 시작, 인공지능 스피커

스마트 기기가 우리 삶의 편리함부터 휴식까지 영향을 미치고 있다. 단순 기기가 아니라 없어서는 안 될 생활의 일부가 된 셈이다. 기계와 인간이 음성으로 대화를 나누는 장면 또한 더 이상 놀랍지 않다. 아마존의 알렉사, 애플의 시리, 구글의 구글 어시스턴트 등 인공지능 가상비서에 이어 최근 수많은 인공지능 스피커가 쏟아지고 있다.

인공지능 가상비서는 개인비서처럼 사용자가 요구하는 작업을 처리하고 사용자에게 특화된 서비스를 제공하는 소프트웨어 에이전트이다. 인공지능 엔진과 음성 인식을 기반으로 사용자에게 맞춤정보를 수집하여 제공하고, 사용자의 음성 명령에 따라 일정 관리, 이메일 전송, 식당 예약 등 여러 작업을 수행한다.

한편, 인공지능 스피커란 인공지능 음성인식 기술을 이용해 사용자와 의사소통하는 인공지능 가상비서로 보면 된다. 간단한 음성 명령으로 날씨, 뉴스 검색, 음악 재생 등의 서비스를 이용할 수 있다. 최근에는 새로운 기능이 추가되고 업그레이드되어 나가고 있다. 인공지능이란 말이 무색할 만큼 기능도 없고 TV 채널을 음성으로 바꿀 수 있는 리모컨 정도로만 생각됐던 예전의 인공지능 스피커가 아니다. 집안 전체 가전제품을 조작하고 실시간으로 환율·증시 정보부터 외국어까지 알려준다. 최근 등장하는 이러한 음성대화 서비스들은 인간의 설계가 아닌 기계학습을 통해 계속 발전하고 있다.

인터넷 플랫폼은 1990년대부터 PC 웹브라우저가 장악해 왔다. 하지만 2000년대 후반 스마트폰이 등장하면서 애플리케이션으로 중심이 이동된 상태다. 그리고 미래에는 인공지능과 사물인터넷 기술을 기반으로 한 인공지능 플랫폼이 인터넷 산업생태계의 중심이 될 것으로 전망된다.

이 중에서도 음성인식 플랫폼이 앞으로 가장 빠르게 확산될 것으로 전망된다. 그 이유는 딥러닝 알고리즘으로 인공지능 기술이 발전함에 따라 기존의 터치 방식 스마트폰보다 더 정교하고 편리하게 다양한 서비스를 제공할 수 있기 때문이다. 음성인식은 기존 텍스트 입력이나 터치 인터페이스에 비해 빠르고 쉬우며 간편하다는 장점을 갖고 있다. 인공지능 스피커는 음성인식 AI 플랫폼을 대표하는 제품이다.

인공지능 스피커가 대중화되면서 이용자들의 생활패턴도 크게 바뀌고 있다. 인공지능 스피커에 탑재된 첨단 음성인식 기술은 과거 고가 스마트폰이나 차량에 탑재된 인식 기술과는 차원이 다르다. 더 이상 날씨·미세먼지·교통정보를 찾기 위해 스마트폰 키보드를 두드리거나 TV 리모콘을 맞출 필요가 없다. 말 한마디면 원하는 답변을 들을 수 있다. 자동차 안에서 가고자하는 길을 찾을 때도 마찬가지다.

인공지능 스피커의 성공은 기존 터치방식의 플랫폼에서 음성기반으로 플랫폼이 이동하고 있다는 신호이다. 음성인식 서비스는 명령 수행능력이 우수하다. 타이핑은 1분에 40단어를 기록하지만, 음성은 같은 시간에 150단어를 소화할 수 있다. 또 직접 손으로 조작하지 않아도 되기 때문에 작동법이 쉽다.

이제는 그냥 말을 알아듣는 수준을 넘어 얼마나 이용자에게 최적화된 정보를 찾아주느냐가 관건이 되고 있다. 가령, 이용자가 최신 노래를 찾아달라고 명령하면 그간의 명령어를 분석해 이용자 취향에 맞는 최신 곡을 찾아주는 식으로 진화되고 있다. 인공지능 스피커가 TV와 사물인터넷과 연결되면서 조명과 냉난방기를 끄고 켜거나 현관문을 열 때도 이제 말로 명령한다.

이제 인공지능 음성서비스는 금융, 쇼핑, 자동차 등 다양한 영역으로 빠르게 저변을 넓히고 있다. 정보 검색에서부터 가전기기, 자동차까지 모든 걸 음성으로 조작할 수 있는 시대가 열리고 있다. 그야말로 음성혁명이 시작된 셈이다.

⊜ 급성장하는 인공지능 스피커 시장

인공지능 스피커는 얼마 전까지만 해도 정보기술과 첨단 기기에 관심이 많은 소수 사람의 전유물로만 여겨졌다. 그러나 이제는 어린아이를 키우는 주부부터 직장인까지 기기를 구매하는 세대가 다양해졌다. 이에 따라 세계 인공지능 스피커 시장 규모는 폭발적인 증가세를 보이고 있다.

시장조사업체 카날리스(Canalys)에 따르면 2018년 시장 규모는 전년 대비 약 40% 성장한 5,630만대로 예상되고 있다. 가장 큰 시장인 미국은 3,840만대, 중국이 440만대로 뒤를 이을 것으로 내다봤다. 우리나라도 영국을 제치고 3위에 오를 것으로 예상되고 있다. 아직까지 기술이 과도기 상태에 머물고 있어 시장은 갈수록 더 커질 것으로 보인다. 또 시장조사업체 가트너는 2016년 7억 2천만 달러를 기록했던 최종 사용자 소비가 2021년에는 35억 달러 규모로 확대될 것으로 전망하였다.

현재 벌어지고 있는 인공지능 스피커 대전의 가장 선두주자는 아마존이다. 아마존은 2014년 가상비서 알렉사(Alexa)를 기반으로 한 '에코(Echo)'를 선보였다. Echo는 상품을 추천하거나 구매하는 부분까지 연동하여 크게 각광받아 왔다. 이후 구글은 구글어시스턴트(Google Assistant) 기반의 '구글홈(Google home)', 마이크로소프트는 코타나(Cortana) 기반의 '인보크(Invoke)', 애플은 시리(Siri)를 탑재한 '홈팟(HomePod)' 등을 내세워 시장에 뛰어들어 치열한 경쟁을 벌이고 있다. 페이스북도 '마빈'이라는 이름의 AI 스피커 출시 시기를 저울질하고 있다. 특히 페이스북 메신저와 연동해 가족이나 친구들과 대화하는 기능을 넣을 예정이다.

미국에서는 인공지능 스피커 시장이 매우 빠른 속도로 성장 중이다. 미국 전체 가구에서 인공지능 스피커를 보유하고 있는 가구 비율은 2016년 약 7%에 불과했지만 2020년에는 75%까지 확대될 전망이다. 아마존의 에코가 미국 전체 시장의 약 70%, 구글의 구글홈이 25%의 시장 점유율을 확보한 상태다. 2018년 첫 출시한 애플의 인공지능 스피커 '홈팟'도 저가를 무기로 시장 점유율을 키워나가고 있다. 여기에 중국 제품의 성장도 만만치 않다. 특히 중국시장의 성장에 따라 알리바바와 샤오미의 성장세가 두드러지고 있다.

한편, 이러한 글로벌 인공지능 기업들의 치열한 경쟁 가운데 2018년 8월, 아마존의 인공지능 알렉사와 마이크로소프트의 인공지능 코타나를 통합한다는 계획이 발표되었다. 이는 마이크로소프트의 코타나를 이용하는 사람이라면 아마존 에코를 통해 쇼핑을 즐길 수 있고, 알렉사가 탑재된 기기로 마이크로소프트의 다양한 문서 작업을 할 수 있다는 뜻이다. 양사의 통합이 실현될 경우 음성인식 비서 시장의 판도는 또 한 번의 거센 회오리가 몰아칠 것으로 내다보이고 있다.

국내 인공지능 스피커의 종류와 기능

국내 이동통신사와 인터넷 기업들이 출시한 인공지능 스피커가 10종을 돌파하였다. 지난 2016년 9월 SK텔레콤 '누구(NUGU)'를 시작으로 KT, LG

유플러스, 네이버, 카카오 등이 인공지능 스피커 시장 선점 경쟁을 펼치고 있다. 2017년 말에는 LG전자도 네이버의 클로바를 탑재한 '씽큐 허브'를 내놓았다. 삼성전자 또한 2018년 중 가상비서 '빅스비'를 탑재한 스피커를 출시할 계획이다.

2016년 9월 인공지능 스피커 '누구'를 출시한 SK텔레콤은 2017년 8월 휴대용 버전인 '누구 미니'를 출시하였다. 휴대성을 강조한 만큼 내장 배터리를 탑재해 야외에서도 인공지능 서비스를 이용할 수 있는 것이 특징이다. 멜론과 연계된 음악 감상 서비스와 일정 관리, 날씨 알림이 가능하며 SK텔레콤에서 제공하는 홈IoT와 연동해 음성으로 집안 가전제품을 제어할 수 있다. 또 '누구 미니' 출시에 맞춰 금융서비스, 영화정보서비스 등의 5가지 서비스를 새롭게 추가하였다.

KT의 '기가 지니'는 스피커가 아닌 TV 셋톱박스에 인공지능이 탑재된 제품이다. 기존 인공지능 스피커와의 가장 큰 차이점은 연결된 TV로 시각적 정보가 표시된다는 점이다. 예를 들어 날씨 정보를 물으면 일반 인공지능 스피커는 현재 날씨를 음성으로 답하지만, '기가 지니'는 TV 화면에 날씨 정보를 띄운다. 주식 관련 정보, 교통서비스, 생활정보서비스, 게임서비스를 추가로 업그레이드하였다.

자사 AI 플랫폼을 스피커에 탑재했던 다른 이통사들과 달리 LG유플러스는 네이버의 '클로바'를 'U+우리집AI'에 담았다. LG유플러스는 자사가 강점을 갖춘 홈IoT와의 연계를 고객확보 전략의 핵심으로 내세웠다. 네이버 검색과 통번역 서비스 파파고 등을 음성으로 쉽게 쓸 수 있는 것도 'U+우리집AI'의 장점이다.

'카카오미니'에는 카카오에서 개발한 AI 음성 인터페이스 'Kakao I'가 탑재된다. 카카오톡과 멜론, 다음과 연동되며 음성으로 카카오 관련 서비스를 이용한다. 그리고 음성으로 카카오톡 메시지를 보낼 수 있다. 이 밖에도 알람, 메모, 택시 호출 등 생활에 밀접한 서비스를 제공한다. 국내 최대 음악서비스 사이트 '멜론'과 함께하는 만큼 멜론의 음악 데이터베이스를 이용한 음악 추천이 가능하다. 이용자의 기분이나 상황에 적합한 음악을 구체적인 설명 없이도 노래를 틀어달라고만 하면 취향에 맞는 음악을 선곡해 재생한다.

네이버는 '웨이브'와 '프렌즈'를 잇달아 출시하였다. 웨이브에 탑재된 '클로바'는 네이버와 라인이 공동 개발한 인공지능 플랫폼이다. 음악 감상, 일상대화, 날씨알람 기능이 탑재됐고, 국내 최대 포털사이트인 네이버와 연계된 서비스를 이용할 수 있다. 전용 애플리케이션과 연동해 사용하며 네이버 검색정보, 지도, 번역 등을 시각적으로 보여준다.

2017년 LG전자는 컬러화면이 더해진 인공지능 스피커 'LG 씽큐 허브'를 선보였다. 앱 설치와 버튼을 눌러 몇 가지 연동 단계를 거치면 씽큐 허브는 사물인터넷 기술이 적용된 스마트 기기가 된다. 다만 이를 위해서는 인공지능 스피커와 연결되는 가전제품이 모두 LG전자 기기여야만 가능하다는 한계가 있다.

세계 3위 규모로 커진 국내 인공지능 스피커 시장에는 통신, 인터넷, 가전 진영까지 전방위적으로 뛰어들고 있다. 그러나 제품 종류는 늘어나지만 성능이 대동소이하고, 제품 디자인 외에는 크게 만족할 만한 기능이 없다는 소비자들의 불만이 제기되고 있는 상황이다. 이들 인공지능 스피커는 명령어를 제대로 알아듣지 못하거나, 때로는 기기를 부르지 않았는데 반응하는 경우도 생기고 있다.

전 세계 인공지능 스피커 시장의 70%를 넘게 선점하고 있는 아마존·구글이 조만간 국내 시장에 들어올 예정이다. 이들과의 경쟁에서 살아남기 위해서는 국내사들도 획기적인 기능을 개발해야만 할 것이다. 전문가들은 양질의 데이터를 얼마나 확보할 수 있는지, 다양한 기술과 기능을 어떻게 개발할 것인지 여부에 따라 향후 승패가 갈릴 것으로 보고 있다.

국내의 주요 인공지능 스피커

📶 진화하는 인공지능 스피커

인공지능 스피커는 갈수록 진화하고 있다. 이제 단순히 주문자의 음성 명령에 대응하는 기능에만 한정되지 않는다. 첫째, 비서 기능이 한층 더 강화되고 있다. 대표적인 사례가 최근 구글이 개발한 '듀플렉스(Duplex)'이다. 듀플렉스는 사람처럼 대화할 수 있는 대화형 인공지능이 보다 업그레

인공지능과 미래 경제

이드 된 것이다. 사람의 말하는 방식을 학습해 자연스러운 목소리를 내고, 상대방의 의도를 인지해 지속적인 대화를 이끌어 간다. 주문자가 미용실, 음식점 예약 같은 명령을 내리면 인공지능 스피커는 실제로 전화를 걸어 예약을 잡아준다. 단순히 예약 내용을 전달하는 것이 아니라 인사를 나누고, 참석자의 수를 알리기도 한다. 무엇보다 상대방의 목소리 내용을 인식해서 예약 가능한 시간을 조율하기도 한다. 기계가 말하는 것이지만 실제 사람이 말하는 것과 구분하기 어려울 정도로 완성도가 높다.

스마트 디스플레이 기능도 추가되고 있다. 이는 기존 인공지능 스피커에 TV 기능을 탑재하면서 가능해지게 되었다. 아마존의 '에코쇼'에 이어 구글도 TV형 인공지능 스피커를 내놓았다. 우리나라에서도 KT의 '기가지니', LG '씽큐 허브'도 동일한 서비스를 제공하고 있다.

이 기능을 통하여 음성으로 물어보고 시각적으로 정보를 확인할 수 있어 편리하다. 음식 조리법을 요청하면 완성된 음식 사진과 함께 조리법 순서가 적힌 화면이 뜬다. 위치 찾기에도 안성맞춤이다. 특정 식당을 어떻게 찾아가야 할지 물어보면 지도가 화면에 뜨면서 이동거리, 경로, 예상 소요시간까지 들을 수 있다. 지인에게 전화를 걸어줄 것을 요청하면 영상 통화를 연결해주기도 한다. 사물인터넷을 연동하면 실시간으로 집안 내부를 들여다보고, 가정 내 온도와 조명을 조절할 수 있다.

앞으로도 인공지능 스피커 개발업체들의 기술력 강화 노력과 시장 확보를 위한 경쟁은 한층 더 치열해질 것이다. 그러면 이들 IT기업들과 통신사들이 인공지능 스피커 시장에 공을 들이는 이유는 무엇일까?

우선, 일상의 비서로 자리 잡을 경우 경쟁력과 비즈니스 확장의 차세대 플랫폼이 될 수 있다고 보고 있다. AI 플랫폼은 향후 모든 IT서비스를 아우르는 최상단 플랫폼이자 이용자 빅데이터를 확보할 수 있는 통로이다. 통신사들은 5세대 이동통신 즉 5G시대를 이끌 핵심 서비스로, 인터넷기업들은 기존 텍스트 중심의 검색 서비스를 이을 차세대 검색 플랫폼으로 간주하고 있다. 따라서 이 AI 플랫폼 시장을 선점하기 위해 전력투구하고 있는 것이다.

이와 함께 인공지능 스피커를 통해 사용자의 음성 데이터를 확보할 수 있다는 점도 중요한 요인으로 꼽힌다. 사용자 음성 데이터를 확보해 분석하고, 이 데이터를 기반으로 다시 인공지능을 강화하고 서비스에 적용할 수 있다는 것이 인공지능 스피커에 공을 들이는 이유다. 인공지능 강화에는 이런 기초 데이터들이 반드시 필요한데, 인공지능 스피커가 그 첨병 역할을 하게 될 것이다.

또한, 고객과의 접점을 넓히고 사업 영역을 확대하기 위한 것도 하나의 중요한 요인으로 꼽힌다. 기본적으로 인공지능 서비스 영역 확대를 통해 고객이 더 많이 이용할 수 있는 발판을 마련하고, 이를 기반으로 사용자에게 더 나은 서비스를 제공할 수 있는 기반을 마련할 수 있다.

이처럼 가상비서의 역할을 하는 인공지능 스피커는 그 자체가 완벽한 서비스를 제공하는 제품으로서도 중요하지만, 연계 비즈니스를 일으키는 사용자 접점으로서의 플랫폼을 지향하는데 더 역점을 두고 있다. 이를 통해 다양한 사용자 데이터를 수집함으로써 부가적인 서비스를 유도하고 또 인공지능 생태계 전체를 확장시켜 나가는 전략을 취하고 있는 것이다.

3

가상현실과 증강현실의 세계

❂ 자신이 가상의 공간에 몰입되는 '가상현실(VR)'

공상과학 영화에 나왔던 장면들이 이제는 현실에서 재현되고 있다. 고글형 기기를 착용하면 내가 서있는 자리에서 어디든 갈 수 있는 가상현실, 즉 VR이 등장하였다.

'가상현실(假想現實, Virtual Reality, VR)'이란 현실과 유사한 체험을 할 수 있도록 구현된 가상의 공간을 가리킨다. 다시 말해 컴퓨터 등을 사용한 인공적인 기술로 만들어낸, 실제와 유사하지만 실제가 아닌 어떤 특정한 환경이나 상황 혹은 기술 그 자체를 의미한다. 이때 만들어진 가상의 환경이나 상황 등은 사용자의 오감을 자극하며 실제와 유사한 공간적·시간적 체험을 하게 함으로써 현실과 상상의 경계를 자유롭게 드나들게 한다. '나'를 제외한 눈에 보이는 모든 것이 디지털 가상의 그래픽일 경우에 VR로

정의할 수 있다.

현실에서 존재하지 않는 환경에 대한 정보를 디스플레이 장비를 통해 사용자로 하여금 볼 수 있게 한다. 그리고 이미 제작된 360도 3차원 영상을 통해 사용자들은 완전히 다른 공간에 있는 듯한 경험을 하게 된다. 이로 인해 상당한 몰입감을 느낄 수 있지만, 어지러움을 겪는 경우도 많다고 한다.

가상현실(VR)이라는 개념은 1938년 프랑스의 극작가인 앙토냉 아르토가 수필에 썼던 표현 '가상으로 이뤄진 현실(Réalité virtuelle)'에서 비롯되었다. 당시 앙토냉은 영화 속 스크린에 비쳐지는 배우들이 실제 배우의 모습을 재현하고 있지만, 관객이 마주하게 되는 것은 영사기로 구현된 빛과 이미지라는 사실에 주목하였다. 앙토냉은 현실 공간에 물리적인 형태로 존재하지 않으면서도 대상자가 실재하는 현실로 받아들이는 현상을 깊게 고찰한 끝에 이 개념을 구체화해낸 것이다.

가상현실을 구현하는 구체적인 기술은 1960년대 등장하였다. 카네기공과대학의 이반 서덜랜드 교수가 'The Sword of Damocles'라는 가상현실을 체험할 수 있는 HMD(Head Mounted Display)라는 머리에 쓰는 디스플레이 형태의 기구를 만들었다. 그러나 당시의 기구는 너무 크고 무거워서 천장에 고정시켜야 했고, 구현되는 가상공간 역시 단순히 선으로 구성되었다고 한다.

그 이후 여러 연구가 시대를 거치며 이뤄진 끝에 1987년 '가상현실(VR)'이라는 개념이 탄생하였는데, 당시에는 증강현실과 HMD 까지를 포함한 보다 큰 개념이었다. 그러나 지금은 의미를 좁혀 VR기기를 통해 볼 수 있는 3차원 또는 360도 영상을 일컫는 용어로 쓰이고 있다. 사용자가 HMD 장비를 착용하면 바로 새로운 3차원 세상으로 입장하게 된다.

VR은 게임과 공연, 스포츠 관람 등 엔터테인먼트 등에서 특히 강점을 가지고 있다. 가장 먼저 가상현실 기법이 적용된 게임의 경우 입체적으로 구성된 화면 속에 게임을 하는 사람이 그 게임의 주인공으로 등장해 문제를 풀어나간다. 이제는 가상현실이 다양한 분야에서 활용되고 있다. 의학 분야에서는 수술 및 해부 연습에 사용되고, 항공·군사분야에서는 비행조종 훈련에 이용되고 있다. 특히 의료분야에서의 활용도가 크게 늘어나고 있다. 우울증, 고소공포증, 발표불안 등의 치료에 사용되고 있으며, 재활의학 분야에도 활용되고 있다. 미국 워싱턴대학교가 개발한 VR 영상게임 '스노월드(Snow world)'는 모르핀보다 더 나은 진통효과를 거두었다는 임상실험 결과를 발표하기도 하였다.

VR(Virtual Reality: 가상현실)

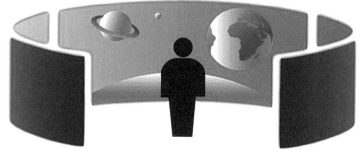

컴퓨터 그린 가상 세계안에 들어가 자신이 거기에 있는 것 같은 감각을 체험

VR고글

현실의 화면에 정보를 추가한 '증강현실(AR)'

'증강현실(增強現實, Augmented Reality, AR)'은 증가된 현실, 즉 실제 현실에 가상의 영상을 더했다는 뜻을 지닌다. 이는 진화된 가상현실의 한 분야로, 실제 환경에 가상 사물이나 정보를 합성하여 원래의 환경에 존재하는 사물처럼 보이도록 하는 컴퓨터그래픽 기법이다. 증강현실은 사용자가 눈으로 보는 현실세계에 가상물체를 겹쳐 보여주는 기술이다. 현실세계를 가상세계로 보완해주는 개념이지만 주역은 현실 환경이다. 사용자가 보고 있는 실제 영상에 3차원의 가상영상을 겹침(overlap)으로써 현실 환경과 가상화면의 구분이 모호해지도록 한다는 것이다.

보통 SF영화 등에서 흔히 볼 수 있는 공중에 떠있는 화면, 안경이나 렌즈를 사용해서 물체나 사람을 바라보면 대상의 정보가 떠오르는 것을 AR의 예시라고 할 수 있다. 가령 길거리에 붙어 있는 음식점 간판을 볼 때 그집 음식 메뉴와 가격 정보 등이 제공되는 것이다. 또 우리가 가장 잘 알고 있는 증강현실 콘텐츠로는 사진편집 애플리케이션 'snow'와 전 세계를 들썩이게 했던 '포켓몬Go'등이 있다. 군사 분야에서도 비행기 조종사의 헬멧에 적용시키는 등 적극적으로 활용되고 있다.

증강현실은 현실세계에서 보이는 화면에 정보를 추가적으로 주는 것이 그 목적이자 장점이다. 이처럼 가상현실과는 달리 사용자가 현재 보고 있는 환경에 가상정보를 부가해주기 때문에 사용자가 실제 환경을 볼 수 있다. 또한 AR은 현실의 정보를 수집하고 가상의 이미지를 보여주기 때문에 현실감이 높고, VR 기기를 착용했을 때 느끼는 어지러움이 없거나 덜하다. 더욱이 VR과 같은 장비를 착용할 필요도 없다.

AR 기기는 첨단기술을 만나면서 더욱 다양하게 발전하고 있다. 지금은 스마트폰이 주로 활용되고 있지만 이 외에도 증강현실을 체험할 수 있는 기기들이 개발되고 있다. AR 기기를 개발하는 회사들은 사람들이 편리하게 사용할 수 있도록 가볍고 휴대성이 좋은 제품을 만들기 위해 애쓰고 있다. 그런데 이 기기들의 공통점은 렌즈다. 현실에 존재하지 않는 가상의 모습을 렌즈를 통해 보는 것이다. 즉 렌즈는 증강현실을 보는 눈인 셈이다.

증강현실이 바꾸어 놓을 미래의 세계를 상상해보자. 현대인의 필수품인 휴대전화가 미래에는 필요하지 않을 수도 있다. 휴대전화 버튼 대신 허공에 뜬 홀로그램 버튼을 누르면 전화를 걸 수 있기 때문이다. 길거리에서 반갑게 악수를 나누는 두 남자, 둘은 오늘 처음 만난 사이지만 한눈에 알

AR(Augmented Reality: 증강현실)

현실로 보고 있는 시각 공간에 만들어낸 정보를 겹쳐서 표시

아차릴 수 있었다. 눈에 낀 렌즈가 얼굴을 스캔해서 그 사람의 신상정보를 띄워 주기 때문에 길 한복판에서도 오늘 만나야 할 사람을 빠르게 찾을 수 있게 된 것이다.

글로벌 가구업체 IKEA에서는 가구를 미리 사용할 공간에 대입해 분위기를 가늠해 볼 수 있는 애플리케이션을 제공해 눈길을 끌었다. 또 백화점에서 마음에 드는 옷을 직접 착용해보는 번거로움을 겪지 않아도 된다. 입어보고 싶은 옷을 선택하여 거울 앞에 서기만 하면 즉시 옷을 갈아입은 모습을 볼 수 있기 때문이다. 꿈같은 소리처럼 들리지만 증강현실 기술은 이런 세상을 만들 수 있다.

🎧 VR과 AR의 치이

VR과 AR은 모두 실제로 존재하지 않은 현실을 구현해 사람이 이를 인지할 수 있도록 하는 기술이라는 점에서 공통점이 있다. 그러면 이들의 차이점은 무엇일까? 우선 AR은 실제 현실에 가상의 정보를 더해 보여 주는 방식이고, VR은 모두 허구의 상황이 제시된다는 점에서 차이가 있다. 즉 가상현실이 배경부터 콘텐츠까지 모든 것을 인공적으로 만든 현실과는 무관한 세계라면, 증강현실은 훨씬 더 사실적이고 현실적이다. 그래서 사용자들은 더 친숙하게 증강현실 기술을 활용할 수 있다.

다음으로 가상현실은 헤드셋 등으로 사용자 주변을 차단한 채 여러 장의 이미지를 보여줘서 새로운 세계에 들어간 것처럼 뇌를 속이는 방식이

인공지능과 미래 경제

기에 강한 몰입감을 제공한다. 이에 비해 증강현실은 어디까지나 현실세계가 바탕이며, 단지 이에 대한 새로운 정보를 추가해서 보여주는 것이다. 이에 따라 현실생활에서 보다 더 다양하게 활용되고 있는 편이다. 즉 가상현실이 오락성 콘텐츠가 중요하다면, 증강현실은 오락뿐만 아니라 스마트폰 카메라에 찍힌 외국어를 번역하거나, 사람 몸속의 혈관을 투사하는 경우도 있다.

이탈리아 로마에 있는 콜로세움을 통해 이들의 차이점을 보다 구체적으로 알아보자. 현실 속 콜로세움은 허물어진 외벽만 남아 있다. 하지만 과거에는 노예나 전쟁 포로들이 수천 명의 관중 앞에서 목숨을 건 결투를 벌이던 피비린내 나는 결투장이었다. 이 콜로세움이 증강현실과 가상현실을 만나면 어떻게 될까?

AR 앱이 깔린 스마트폰의 화면을 콜로세움에 겹쳐 본다. 그러면 스마트폰 화면에 사자와 혈투를 벌이는 검투사의 모습이 나타난다. 무너졌던 콜로세움의 벽이 예전의 모습을 되찾았고 관중들도 자리를 가득 메우고 있다. 관중들의 열렬한 환호 소리도 들려온다. 하지만 스마트폰을 치우면 현재의 콜로세움 모습을 다시 볼 수 있게 된다. 이처럼 증강현실은 실제 배경을 그대로 두고 그 위에 가상의 이미지를 더해 보여 준다.

이번엔 VR 헤드셋을 써 보기로 한다. 어찌된 일인지 내가 검투사의 복장을 한 채 손에 검을 들고 있다. 그런데 바로 앞에서 커다란 사자가 나를 노려보고 달려들 자세를 취하고 있다. 사자에게 물리기 전에 이 상황을 벗어나고 싶다면 얼른 VR 헤드셋을 벗으면 된다. 이처럼 가상현실은 특수

헤드셋이나 주변 장치들을 이용해 인공으로 만든 가상의 세계를 실제 상황처럼 인식하고 경험하게 해 준다.

⦿ '융합현실(MR)'과 VR·AR기술의 발전

'융합현실 혹은 혼합현실(Mixed reality, MR)'은 가상세계와 현실세계를 합쳐서 새로운 환경이나 시각화 등 새로운 정보를 만들어 내는 것을 말한다. 특히, 현실과 가상에 존재하는 것 사이에서 실시간으로 상호 작용할 수 있는 것을 말할 때 혼합현실이라는 개념을 사용한다. 아직은 우리에게 생소한 융합현실 MR은 VR과 AR이 가진 아쉬운 점은 개선하고 장점들만 반영하는 개념이다. 즉, VR의 단점과 AR의 부족한 몰입감이라는 단점을 보완하는 미래형 융합기술로, 현실 배경에 현실과 가상의 정보를 혼합시켜 제공한다. 사용자가 직접적으로 제어할 수 있는 3D 입체영상을 현실공간에 불러오는 것, 이것이 바로 MR이 앞으로 펼칠 미래의 모습이다.

마이크로소프트사가 개발한 '홀로렌즈(Hololens)'는 현실 화면에 실제 개체의 스캔된 3D 이미지를 출력하고 이를 자유롭게 조작할 수 있는 혼합현실(MR)을 내세우고 있다. 이는 PC나 스마트폰 같은 다른 기기에 연결하는 디스플레이 헤드셋이 아니라 윈도우 PC 기능을 완전히 내장한 것이 특징이다. 즉 홀로렌즈는 PC나 스마트폰을 연결할 필요 없이 그 자체로 사용할 수 있는 독립적인 기기이다. 사용자는 홀로렌즈를 통해 물리적인 환경 위에 가상의 오브제를 자유자재로 올릴 수 있는 콘텐츠를 즐길 수 있다. 물론 아직은 상용화를 위한 몇 가지 과제가 남아있기에, 고품질의 3D 영상을 구현하기 위해 기술적인 연구가 활발히 이뤄지고 있다고 한다. 무엇보다 대용량 데이터를 처리할 수 있는 기술이 필요하다.

VR/AR/MR, 이 세 가지 기술들은 따로 혹은 같이 발전하며 오락으로부터 생활편의, 공공, 의료, 유통 등 더 다양한 영역에서 그 역할을 수행할 것으로 기대된다. 그리고 지금까지의 정보소비 양상을 넘어 생활양식에 큰 변화를 가져다 줄 것으로 예상된다. 당연히 앞으로 이들 시장 또한 폭발적인 증가세를 보일 것이다. 골드만삭스는 이들 시장 규모가 2025년까지 약 800억 달러에 달할 것으로 예측하고 있다.

이에 따라 세계적인 IT기업 치고 VR/AR 분야에 진출하지 않은 기업이 없을 정도이다. 그러나 이들이 역점을 두는 기술과 활용 방안에는 조금씩 차이가 있다. 각자의 가장 자신 있고 확실한 분야에서의 VR/AR 영역을 강화 확대하고 있는 것이다.

페이스북이 역점을 두는 분야는 새로운 커뮤니케이션 수단이다. 텍스트 문자나 사진, 이미지, 영상 등은 사용자의 현재 상황을 2차원적으로밖에 소개하지 못한다. 이런 제약을 뛰어넘어 시간과 장소의 제약 없는 3차원 공간에서 한 곳에 모일 수 있도록 가상현실 기술을 활용하려는 것이다.

반면, 마이크로소프트가 추구하고 있는 기술은 가상공간에서 새로운 컴퓨팅 작업 공간을 만들 수 있게 하는 것이다. 모니터 화면이나 스마트폰, 태블릿의 화면뿐만 아니라 주위의 벽면과 테이블, 나아가 아예 가상의 디스플레이를 만들어 필요한 컴퓨팅 업무나 오피스 업무를 수행할 수 있게 만드는 것이다. 이에 비해 구글은 언제 어디서나 쉽게 즐기는 것을 목표로 하여, 우리 삶의 당연한 일부로 편입하겠다는 전략이다.

이처럼 페이스북과 마이크로소프트, 구글 3사는 각자 전문분야가 조금씩 다른 만큼, VR/AR/MR 기술을 보는 시각과 핵심도 다를 수밖에 없을 것이다. 그러나 장기적으로 모든 분야에 이 기술을 도입·적용하고, 그 시장을 이끌겠다는 기본 전략은 3사를 비롯하여 이 분야에 뛰어들고 있는 기업들 모두의 공통적인 생각일 것이다.

4
웨어러블

☉ '포터블'에서 '웨어러블'로

우리는 스마트폰을 휴대폰이라고 할 정도로 '휴대(portable)문화'에 익숙해 있다. 그러나 세상은 다시 한 번 더 변하고 있다. '포터블'에서 '웨어러블'로 트렌드 변화를 예고하고 있다. 스마트폰과 같은 휴대용 디바이스는 우리 신체와 가까이 존재하는 것이지만, 웨어러블은 마치 신체의 일부처럼 변모하고 있다.

'웨어러블 디바이스(wearable device)'는 입거나 착용할 수 있는 컴퓨터(wearable computer)로, 안경, 시계, 의복의 형태로 된 컴퓨터를 뜻한다. 이는 단순히 액세서리처럼 전자기기를 몸에 착용하는 것이 아니라, 사용자 신체의 가장 가까운 위치에서 사용자와 소통할 수 있는 전자기기다. 궁극적으로는 사용자가 거부감 없이 신체의 일부처럼 항상 착용하고 사용할 수 있으며, 인간의 능력을 보완하거나 배가시키는 것을 목표로 하고 있다. 기본 기능들로는 언제 어디서나 착용 가능한 항시성, 쉽게 사용할 수 있는 편의성, 사용하기에 편한 착용감, 안전하고 보기 좋은 안정성 등의 특성이 요구된다.

오늘날 통용되는 웨어러블 디바이스의 정의는 몸에 부착할 수 있을 정도로 작고 가벼우면서 전선 없이도 전기 에너지가 공급돼 작동하는 컴퓨터 응용기기이다. 이런 관점에서 웨어러블 디바이스의 최초 실용화 버전은 1961년 미국 라스베이거스 도박장에 등장한 '룰렛번호 예측장치'였다. 성능이 꽤 좋았던 이 사기도박 보조 장치는 1985년 네바다주 정부에 의해 사용이 금지됐을 정도였다.

그러나 웨어러블 디바이스의 본격적인 연결기기로서의 확장 시도는 스마트폰 활성화 이후인 2010년대에 접어들면서부터이다. 2012년 스타트업인 페블이 회사 이름을 딴 스마트워치 페블(Pebble)을 개발한 것이 그 시초였다. 페블은 핸드폰과 연동되어 메시지, 이메일, 수신전화, SNS 등의 알림을 진동으로 받을 수 있고, 핸드폰이나 카메라의 리모컨으로 사용할 수도 있다.

이후 2013년 초 구글에서 공개된 구글 글래스는 웨어러블 디바이스에 관한 폭발적인 관심을 이끌어내었다. 연이어 삼성과 소니에서도 스마트폰과 결합하여 활용할 수 있는 웨어러블 디바이스를 출시하였다. 2014년 9월에는 애플에서도 시계형 웨어러블 디바이스인 애플워치를 발표하였다.

⊜ 다양한 형태의 웨어러블 디바이스

오늘날 웨어러블 디바이스는 몸에 붙일 수 있는 모든 형태로 진화해왔다. 웬만큼 몸에 부착할 수 있는 형태는 다 나왔다고 생각될 정도이지만 지금 이 시각에도 웨어러블 시장에서는 새로운 아이디어가 쏟아지고 있다. 하드웨어와 소프트웨어 간 경계가 빠른 속도로 무너지고 있는 것 역시 뚜렷한 특징이다. 실제로 빛을 받으면 색깔이 바뀌는 옷, 주변 열을 끌어 간직함으로써 보온효과를 극대화하는 아웃도어 등은 관련 소프트웨어가 의복이라는 하드웨어에 통합되면서 탄생한 결과물이다.

구체적 형태는 통상 액세서리형, 신체부착형, 생체이식형으로 구분할 수 있다. 액세서리형으로는 건강관리 기능 중심의 손목 밴드, 구글 글래스

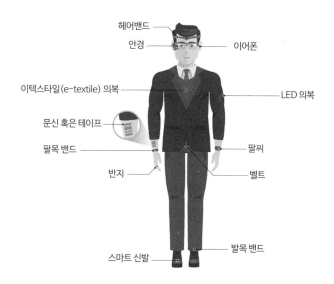

웨어러블 개념도

로 대표되는 안경, 스마트폰을 시계로 담아낸 스마트워치 등이 있다. 신체부착형으로는 주로 패치 형태로 사용되며 의료검사 및 기록용으로 쓰인다. 생체이식형의 대표적인 예로는 구글의 스마트 콘텐트렌즈를 들 수 있다. 진화의 순서는 먼저 액세서리형에서부터 시작하여 신체부착형, 그리고 궁극적인 목표인 생체이식형까지 신체에 근접하는 방향으로 발전해 나가고 있다.

21세기로 접어들면서는 스마트폰 발달과 함께 다양한 무선기기 사용을 가능케 하는 인프라도 안정화되고 있다. 웨어러블 기기 관련 기술 역시 이 같은 기반에서 가히 폭발적이라 할 정도로 혁신을 거듭하고 있다. 시계와 목걸이, 안경 형태 기기는 이미 대중화된 상태이다. 이 밖에도 몸에 붙일 수 있는 방식으로의 개발은 대부분 완료된 상태라고 해도 좋을 정도이다. 심지어 1회용 밴드처럼 생긴 기기도 나와 있다. 이 기기를 몸에 부착하면 사용자의 신체상태 관련 데이터가 스마트폰으로 전송돼 실시간 모니터링이 가능해진다. 그뿐 아니다. 의수나 의족, 보청기 등 장애인용 신체기능 보완장치도 스마트 기술과 결합되어 이전과는 차원이 다른 성능을 과시한다.

현재 상용화되어 있는 웨어러블 제품들은 음성 인식, 제스처 인식, 교통카드와 같은 NFC(near field communication), 헬스 모니터링 및 증강현실 등의 기술을 적용하고 있다. 웨어러블 디바이스의 또 다른 형태인 전자문신 등의 몸 부착형과 알약 등의 체내 삽입형은 새로운 차원의 급부상하는 기술이지만 대중화되기 위해서는 좀 더 시간이 걸릴 것으로 예측된다.

인공지능과 미래 경제

이제 우리는 '포스트 스마트폰(post smart-phone)' 시대를 살아가고 있다. 그동안 IT 시장의 성장세를 주도하던 스마트폰과 태블릿PC 시장이 포화상태에 이르면서 이들의 뒤를 잇는 차세대 IT 시장의 격전지가 웨어러블 컴퓨터 시장이 될 것으로 관측된다. 또한 웨어러블 디바이스 시장은 아직 완전히 대중화되지 않은 틈새시장이어서 중소 개발사들도 참신한 아이디어와 우수한 개발력만 보유하고 있으면 역량을 발휘할 수 있는 시장으로 기대된다.

실제로 스마트폰 시장의 경우 성숙기에 접어들면서 새로운 수요는 주춤해지고 있다. 출하량 기준으로 2010~2011년 연간 60~70%씩 급성장하던 스마트폰 시장은 2016년부터 포화상태에 접근했으며, 2017년에는 판매량이 0.1% 하락하였다. 더욱이 신제품이 나오더라도 혁신이 없다는 평가를 받기가 다반사다.

반면 웨어러블 시장은 눈에 띄게 확장되고 있다. 웨어러블 디바이스의 시장 규모는 크레딧스위스, 포춘리포트에 따르면 향후 5년 이내 10배 이상 성장할 것으로 예측하였다. 또 다른 온라인 시장조사 웹사이트 '아이디테크엑스(IDTechEx)'도 2015년 200억 달러 선이었던 웨어러블 기기 시장 규모가 오는 2025년에는 650억 달러까지 늘어날 것으로 전망하고 있다.

이 중 가장 큰 비중을 차지하는 건 의료용 기기다. 더욱이 최근 의료용 웨어러블 기기는 단순 치료 목적에서 한 걸음 더 나아가 '피트니스'와 '웰빙' 개념까지 결합한 토탈 헬스케어(total healthcare)를 지향한다. 삼성전자를 비롯하여 애플, 액센츄어, 아디다스, 나이키, 필립스, 리복 등 굴지의 글로벌 기업이 이미 이 부문에 진출한 상태다.

⊜ 소형화·경량화·저전력의 향후 과제

　웨어러블 디바이스의 장점은 주변 환경에 대한 상세 정보나 개인의 신체 변화를 실시간으로 끊이지 않고 지속적으로 수집할 수 있다는 것이다. 예를 들어 스마트 안경의 경우 눈에 보이는 주변의 모든 정보의 기록이 가능하며 스마트 속옷은 체온, 심장 박동과 같은 생체신호를 꾸준히 수집할 수 있다. 하지만 아직도 해결해야 할 기술적 문제들이 적지 않고, 아울러 웨어러블 기기들이 야기하는 다양한 사회적 이슈들에 대한 대비책도 마련해 나가야 할 것이다.

　첫째, 기술을 둘러싼 이슈와 해결해야 할 과제이다. 현재 웨어러블 기술이 당면한 가장 중요한 이슈는 소형화, 경량화와 함께 저전력 문제를 어떻게 해결할 것인가이다. 전력 소모를 최소화하면서 디바이스의 무게와 크기도 최소화할 수 있는 설계가 요구되고 있다. 착용 컴퓨터는 사용자의 몸에 직접 착용을 하는 것이기 때문에 무겁거나 거추장스러울 경우 아무리 기능이 뛰어나도 사용자에게 거부감이 들 수 있다. 따라서 사용자의 경험을 저해하지 않는 자연스러움과 라이프스타일에 부합하는 착용감이 중요한 문제로 대두되고 있다.

　둘째, 웨어러블 디바이스 때문에 일어날 수 있는 프라이버시 침해 문제는 단말기 보급에 가장 큰 문제가 되고 있다. 유튜브에는 구글글래스의 악용을 희화화한 가상의 영상이 인기를 얻었다. 영상에서는 1:1 면접에서 상대방의 동의 없이 영상을 공유하는 등 디바이스의 오남용 예시를 보이고 있다. 실제로 미국에서는 구글글래스를 착용한 사람의 입장을 금지하는 주점이 등장하고 의회에서는 구글글래스의 개인정보 수집을 제한하는 것이 논의되고 있다.

셋째, 다양한 웨어러블 디바이스에서 생산되는 개인정보에 대한 해킹 문제이다. 웨어러블 컴퓨터가 널리 활용되고 개인의 중요 정보가 담겨 있는 환경에서 인터넷과 연결된 웨어러블 컴퓨터는 항상 악의적인 해킹에 노출되어 있다. 따라서 이를 지키기 위한 보안 대책이 마련되어야 한다. 이러한 다양한 프라이버시 및 보안 이슈는 착용 컴퓨터가 극복해야 할 중요한 이슈로 웨어러블 시장이 성장하기 위해 매우 중요한 문제로 거론되고 있다.

넷째, 스마트폰과 태블릿PC에서도 그러했듯이, 웨어러블 디바이스의 성패를 좌우하는 것도 결국에는 단말기 제조에 필요한 기술력보다 콘텐츠와 디자인이 될 가능성이 높다. 따라서 사용자의 높은 호응을 얻을 수 있는 콘텐츠 기획, 개발의 중요성이 중요한 과제로 부각되고 있다.

또한 최근 웨어러블 버전이 업그레이드될수록 제품의 설계개념에 미래 지향적인 디자인보다도 오히려 고전적이면서도 유행에 맞는 디자인이 선택되고 있다. 이는 웨어러블 디바이스가 전자제품적인 특성뿐만 아니라 패션 소품, 액세서리 성격을 강하게 가지고 있다는 것을 방증한다. 기존의 구글글래스 착용자들의 불만을 수용하여 보다 고전적인 취향의 안경테와 선글라스에 웨어러블 디바이스를 장착했고, 페블의 새로운 버전 역시 일반 시계와 비슷하게 디자인을 바꾸었다.

5

자율주행 자동차

🎧 스스로 판단하여 주행하는 자율자동차

주말이나 연휴에 꽉 막힌 도로에 갇혀 시간을 소비할 때, 장거리를 이동하면서 몸이 피곤하고 잠이 올 때, 회식 후 음주로 운전하지 못할 때, 목적지 근처에 도착했는데 주차를 하지 못해 방황할 때, 초보 운전자나 초행길에서 진땀을 뻘뻘 흘리며 운전할 때면 누구나 한 번쯤 차가 알아서 운전을 해줬으면 하는 상상을 하게 된다. 이런 자율주행 자동차에 대한 상상이 이제 점차 현실화되어 가고 있는 중이다.

'자율주행 자동차(Autonomous Vehicle)'는 운전자의 개입 없이 주변 환경을 인식하고 주행 상황을 판단해 차량을 제어함으로써 스스로 주어진 목적지까지 주행하는 자동차를 말한다. 일반적으로 자율주행 자동차와 무인자동차(Unmanned Vehicle)의 용어가 혼재되어 사용되지만, 엄밀히는 다음과 같이 구분된다. 무인자동차는 사람이 타지 않은 채 원격조종으로 주행해 주로 군사 목적이나 과학연구를 목적으로 사용되는 차량을 흔히 칭한다. 이에 비해 자율주행자동차는 운전자 탑승 여부보다는 차량이 완전히 독립적으로 판단하고 주행하는 자율주행 기술에 초점이 맞춰져 있다. 따라서 운전자가 브레이크, 핸들, 가속 페달 등을 제어·조작하지 않아도 도로의 상황을 파악해 스스로 목적지까지 찾아가는 자동차라고 할 수 있다.

미래형 자동차는 스마트카를 시작으로 자율주행차를 거쳐 '커넥티드카(Connected Car)'로 발전하고 있다. 이 때문에 커넥티드카를 미래형 자동차의 결정체로 보는 시각이 많다. 커넥티드카란 모든 것이 연결된 자동차 즉 인터넷과 모바일 기기, 운전자 등과 연결된 자동차를 의미한다. 이처럼 다른 차량이나 교통시설 전반이 연결되어 실시간으로 정보를 주고받기에 보다 더 안전한 운행이 보장된다. 예를 들어, 내 차가 교차로에 접근할 경우 일반 차는 센서가 감지할 수 있는 위치까지 다른 차가 다가왔을 때 멈춰 서겠지만, 커넥티드 카는 센서가 감지하기 전에 미리 알고 한발 빠르게 대응할 수 있다.

⊙ 자율자동차의 작동원리

자율자동차에는 최첨단 기술이 집약돼 있다. 그 중에서도 센서는 가장 필수적인 장치이다. 자율자동차가 움직이는 과정은 센서가 작동하는 순서에 따라 3단계로 나뉜다.

1단계는 상황을 파악하는 '인지' 과정이다. 이 단계에서는 레이더, 카메라, GPS 센서가 정보를 수집하여 도로, 횡단보도, 터널 등의 고정된 지형을 확인한 다음 자동차, 보행자 등 움직이는 물체를 파악한다.

2단계는 수집한 정보를 분석하여 '판단'하는 과정이다. 즉 인지 단계에서 수집한 정보를 가지고 도로상황을 분석해 어떻게 운전할지를 계획하는 단계이다. 어떤 도로를 이용할까, 어느 정도의 속도로 달려야 할까 등 운전에 필요한 많은 내용을 결정한다. 3단계는 방향과 속도를 조절하는 '제어' 과정이다. 이는 2단계에서 내린 판단에 따라 속도를 조절하고 방향을 바꾸며 실제 운전을 시작하는 단계이다.

한편, 자율자동차에도 딥러닝 기술이 접목됨에 따라 중요한 이정표가 만들어지고 있다. 지금까지 자동차를 구입할 때는 디자인, 공간, 성능, 안전, 가격 같은 요소만을 따졌지만, 앞으로는 자동차가 얼마나 똑똑한지가 가장 중요한 기준이 될 것이다. 딥러닝 방식과 기존 자율주행 개발 방식의 장단점을 비교하면 다음과 같다.

첫째, 인식 성능면에서 기존 방식이 인간의 70~80% 수준이지만, 딥러닝은 인간 수준의 인식이 가능하다. 실제로 딥러닝은 얼굴 인식 기술에서 97.25%의 정확도를 보여 인간의 정확도 97.53%와 거의 흡사한 수준의 성능을 입증하였다.

둘째, 예측하지 못한 돌발상황이 발생하면 기존 방식은 대처하기 어렵지만, 딥러닝은 기존에 학습했던 유사 상황으로부터 유추해 스스로 판단

인공지능과 미래 경제

할 수 있다. 다만 오류발생 시에는 기존 방식의 경우 개발자가 설계한 규칙에 근거하여 수정이 용이하지만, 딥러닝은 스스로 판단하기 때문에 오히려 원인 규명이 힘들어 수정이 어렵다.

셋째, 기존 방식은 낮은 컴퓨팅 파워로도 구동이 가능하지만, 딥러닝은 상용화를 위해 고성능 GPU를 기반한 하드웨어가 필요하다.

⊙ 자율자동차의 발전 단계

자율자동차의 수준이 인공지능 및 센서, 5G 이동통신 기술 등의 발전과 맞물려 비약적으로 발전하고 있다. 자율주행 자동차의 기술 발전 단계는 일반적으로 5~6단계로 나눠지고 있다. 그중 대표적인 방식이 미국자동차기술학회(Society of Automotive Engineers, SAE)가 발표한 가이드라인으로, 숫자가 높을수록 수준이 높다.

'레벨0'은 전혀 자율주행 기능이 없는 차량을 말한다. 차선 이탈 및 전방 추돌 경고 장치가 장착되어 있지만, 차량 스스로 방향을 바꾸거나 감속을 할 수 없다면 모두 레벨0에 해당한다.

'레벨1'부터는 차량 스스로 제어하는 능력이 시작된다. 차량이 충돌이나 차선 이탈 위험을 감지해 스스로 속도를 줄이거나 방향을 바꾼다면 레벨1에 해당한다. 조향과 속도 제어를 동시에 할 수는 없다.

'레벨2' 수준은 차량이 레벨1의 기능을 복합적으로 수행한다. 차량이 스스로 조향하면서 가속 또는 감속을 한다면 레벨2에 해당한다고 볼 수 있다. 스마트 주차 보조, 고속도로 주행 보조 등이 탑재된 경우 차량 스스로 조향 및 가속 또는 감속을 하게 되므로 레벨2에 해당한다.

'레벨3'부터는 차량이 스스로 운전한다고 말할 수 있는 수준이 된다. 조향·가속·감속·추월이 가능하며 운전자가 계속 운전대를 잡고 있거나 브레이크 또는 가속페달에 발을 올리지 않아도 된다. 우리 정부가 2022년 상용화 목표로 잡는 것도 레벨3 수준이다. 하지만 레벨3은 차량이 요청할 경우 운전자가 즉시 운전에 복귀해야 한다. 또 사고의 책임 역시 운전자가 진다. 일부 차량 제조업체는 사람이 차량의 요청을 즉시 응하는 것이 불가능하기에 레벨3의 기술은 의미가 없다고 주장하기도 한다.

'레벨4'는 운전자가 차량의 운전 개입 요청에 즉시 응하지 못해도, 차량 스스로 안전주행을 하거나 속도를 줄여 안전한 곳에 주차할 수 있는 수준을 말한다. 다수의 완성차 업체들은 2021년 레벨4 수준 도달을 목표로 개발 중이다. 레벨4 부터는 사실상 운전석이 필요 없다.

'레벨5'는 완전 자율자동차로, 운전자는 원하는 목적지를 말하고 난 뒤 운전에 전혀 개입하지 않아도 된다. 이 단계에서는 운전자의 제어가 전혀 없어도 되기에 운전석이나 핸들 또는 여러 페달 등도 필요가 없다. 차량 내부 인테리어 역시 비행기 좌석처럼 이용자의 편의성을 극대화하는 방향으로 변할 것으로 보인다.

오늘날 자율주행 자동차를 연구 중인 업체들의 기술 개발 전략은 점진적 접근과 급진적 접근 등 두 가지로 나눌 수 있다. 점진적 접근법은 전통적인 자동차 제조업체들이 주로 사용한다. 점진적 기술 개발을 통해 기존 자동차산업의 주도권을 놓치지 않은 상태에서 자율주행시대를 실현하겠다는 의지가 담겨 있다. 급진적 접근 방식을 추구하는 기업은 구글·애플 등 인공지능이 핵심 기술인 소프트웨어 기업들이다. 전통적 자동차 제조 기술은 없지만 인공지능과 소프트웨어 기술을 기반으로 초기 단계를 뛰어넘어 바로 완전 자율주행 단계를 구현함으로써 자율주행 자동차 알고리즘과 소프트웨어 플랫폼 분야에서 주도권을 차지하는 게 목표다.

자율주행의 단계별 분류

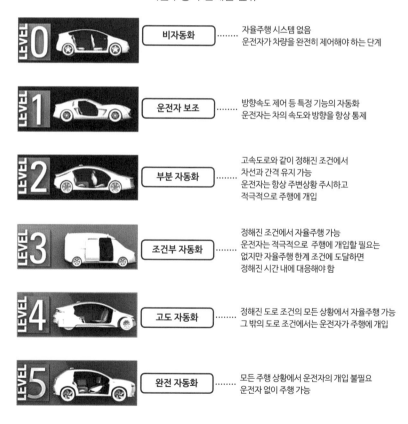

LEVEL 0	비자동화	자율주행 시스템 없음 운전자가 차량을 완전히 제어해야 하는 단계
LEVEL 1	운전자 보조	방향속도 제어 등 특정 기능의 자동화 운전자는 차의 속도와 방향을 항상 통제
LEVEL 2	부분 자동화	고속도로와 같이 정해진 조건에서 차선과 간격 유지 가능 운전자는 항상 주변상황 주시하고 적극적으로 주행에 개입
LEVEL 3	조건부 자동화	정해진 조건에서 자율주행 가능 운전자는 적극적으로 주행에 개입할 필요는 없지만 자율주행 한계 조건에 도달하면 정해진 시간 내에 대응해야 함
LEVEL 4	고도 자동화	정해진 도로 조건의 모든 상황에서 자율주행 가능 그 밖의 도로 조건에서는 운전자가 주행에 개입
LEVEL 5	완전 자동화	모든 주행 상황에서 운전자의 개입 불필요 운전자 없이 주행 가능

⌘ 엄청난 성장이 예견되는 자율자동차 시장

전 세계적으로 자율주행 자동차 개발 경쟁이 뜨겁다. 미국의 골드만 삭스는 글로벌 자율자동차의 시장 규모를 2015년 30억 달러에서 2035년 2,900억 달러까지 성장할 것이라고 전망하였다. 자율주행 자동차의 성장과 함께 늘어나는 다양한 전자장비에 대한 필요성은 전통적인 반도체, 디스플레이 산업구조에 포함된 소재 부품 업체들에게도 큰 기회를 제공할 수 있다.

지금까지의 자동차 기술은 자동차 제조업체가 주도했지만, 자율주행 자동차만큼은 정보기술업체에서 더 활발히 연구 중이다. 검색엔진으로 출발한 IT기업 구글과 그래픽기술 전문업체 엔비디아(Nvidia)가 대표적 사례이다. 이들은 주변 사물을 인식할 수 있도록 돕는 첨단 센서와 높은 성능을 내는 그래픽 처리장치(GPU)의 도움을 받아 자율주행 자동차를 개발하고 있다. 특히 가장 앞서있다고 평가되는 구글의 자율자동차는 실제 도로 주행을 하여 주행거리 200만km를 넘었다. 애플도 장기 프로젝트 중 하나로 자율자동차 개발을 진행하고 있다. 기존 자동차 제조업체들도 이에 질세라 자동차의 심장을 배터리로 바꾸고, 기술업체가 이룩한 각종 스마트 기능을 자동차에 적용하는 중이다. 스마트폰이나 스마트워치 같은 모바일 기기와 자동차를 엮으려는 시도가 대표적이다.

최근 들어 우리 정부도 자율자동차 지원정책을 잇따라 발표하고 있다. 먼저 정부는 2020년까지 고속도로 준자율주행 자동차를 상용화하겠다고 발표하였다. 준자율주행은 자율주행 중 돌발 상황이 발생했을 때만 운전자가 개입하는 수준을 말한다. 2018년 말 완공 예정인 자율주행 자동차 테스트베드 '케이시티(K-City)' 조성도 기대를 모으고 있다. 자율자동차 기술 개발 속도를 높이기 위해서는 실제 상황과 유사한 환경에서 실험할 수 있는 테스트베드가 전제되어야 한다. 2022년까지 자율주행을 지원하는 첨단도로 시스템, 차세대 지능형 교통 체계(G-ITS)와 사이버 물리 시스템 등 종합적인 인프라 구축도 함께 진행된다.

❸ 자율자동차가 가져올 변화와 향후 과제

자율주행 자동차 덕분에 사람이 운전을 할 필요가 없어지면 그만큼 시간을 절약할 수 있게 된다. 사람들은 이 시간을 이용하여 다른 일을 할 수 있고, 잠을 잘 수도 있다. 자동차 사고도 현저히 줄어들 것으로 예상된다. 현재 자동차 사고의 90%는 운전자의 판단 오류로 생긴다고 한다. 자율자동차 시대에는 인간의 실수로 인한 교통사고는 더 이상 일어나지 않게 될 것이다. 또 자율자동차가 널리 이용되면 이동이 불편하여 외출하지 못했던 장애인이 사회적 고립에서 벗어날 수 있을 것이다.

자동차를 공유하는 시대도 올 것이다. 사람들이 자동차를 소유하는 이유는 원하는 시간에 원하는 곳으로 이동할 수 있기 때문이다. 그런데 자동차가 네트워크로 연결돼 있어서 터치 한 번으로 부를 수 있다면 굳이 소유할 필요가 없어지게 될 것이다. 차 할부금이나 보험료, 세금을 낼 필요도 없고, 주차 문제로 애먹을 이유도 없게 된다.

그러나 자율주행 자동차는 이처럼 단순히 운전하는 방식이 바뀌는 것만이 아니다. 자동차산업의 쇠퇴 및 휘발유 산업의 축소, 출퇴근 변화에 따른 부동산 시장의 수요 변화, 자동차 관련 금융 및 보험과 서비스 산업들의 변화를 포함하는 경제구조의 변화를 예고하고 있다. 특히, 자동차산업의 경우는 고민에 빠질 수밖에 없다. 자율자동차가 일반화되면 자동차 수요는 급격히 줄어들 것으로 예상되기 때문이다.

그러면 향후 자율주행 자동차의 과제는 무엇일까?

첫째, 기술적 과제이다. 2016년 5월, 미국 플로리다 주에서는 테슬라의 자율주행차가 맞은편에서 오는 차를 인식하지 못해 충돌하는 사고가 발생하였다. 자율주행 모드를 켜놓은 채 주행을 즐기던 탑승자는 현장에서 사망하였다. 햇빛을 정면으로 받는 역광 상태에서 자율주행 시스템이 맞은편에서 달려오던 하얀색 차를 하늘로 착각한 것이다. 이 사고로 자율주행 시스템을 기반으로 하는 무인자동차의 안전 문제가 도마 위에 올랐다. 수년 간 무인자동차를 개발해 온 구글은 무인자동차 주행 테스트 결과 가벼운 교통사고만 발생했을 뿐이라고 밝혀 왔고, 그 조차도 기술의 문제가 아닌 다른 차량의 과실로 인한 사고라고 주장하였다. 하지만 이 사고로 자율주행 기술의 결함과 한계가 드러나게 된 셈이다. 이후에도 자율자동차 사고는 잇달았다. 2018년 3월, 우버의 자율주행차가 무단횡단하던 보행자를 치어 숨지게 하는 사고가 발생하였다. 9월에는 애플마저 도로 시험운행 중 추돌사고를 냈다.

둘째, 책임소재의 문제다. 사람이 탑승하지 않은 무인자동차와 일반차량이 부딪히는 사고가 난다면 누구의 책임일까? 자동차에 사람이 탄 채 자율주행 모드 상태였다면, 사람이 탑승하지 않은 무인자동차끼리 부딪힌다면 등 무인자동차가 사고를 냈을 때 책임을 묻기 애매한 경우가 발생할 수 있을 것이다. 따라서 사고발생 시 원인이나 책임을 규명하기 위해 영상기록 장치에 기록된 데이터 확보와 빠른 확인이 필요할 것이다.

셋째, 어떤 선택을 해야 할 것인지에 대한 과제이다. 자율주행 자동차가 해결해야 하는 가장 어려운 문제는 기술적인 문제가 아닌 윤리적 문제일지도 모를 일이다. 예를 들어, 자율자동차 앞에 갑자기 사람이 뛰어든다면 이를 피하고 난간을 들이받도록 프로그램을 설계해야 할까? 만약 차에 가족이 타고 있다면? 또 한 사람이 아니라 여러 사람이 갑자기 도로에 나타났다면 어떻게 하도록 설계해야 할까? 많은 사람들이 탑승자가 희생되더라도 여러 명의 생명을 구하는 쪽으로 설계되어야 한다고 했지만, 정작 자신이 그렇게 설계된 자율자동차를 타는 것은 꺼려진다고 밝혔다. 이처럼 윤리적인 문제는 앞으로 자율주행 자동차가 풀어야 할 큰 숙제이다.

6

드론

⟲ '드론(Drone)'의 등장

2018년 2월에 개최된 평창 동계올림픽은 세계 최초의 5G 이동통신 서비스와 첨단 ICT 기술을 선보이며 전 세계인의 호평 속에 마무리되었다. 특히 개회식에서 1,218개의 드론이 동시비행을 펼치면서 올림픽의 상징인 오륜기를 만들어 내는 퍼포먼스는 동계올림픽 역사상 명장면으로 기억되고 있다.

마치 컴퓨터그래픽 같았던 드론의 움직임은 스키어들이 오륜기를 그려 내자 더욱 드라마틱하게 움직였다. 별처럼 빛나며 하늘을 날던 드론은 불을 밝히고 내려오는 스키어들과 같이 움직였다. 1,218대의 드론이 스노보드를 타는 사람들의 모습을 공중에서 형상화했던 것이다. 인텔의 기술로 이루어진 이 퍼포먼스는 세계 최다 무인항공기 공중 동시비행 부문에서

인공지능과 미래 경제

기네스북에 올랐다.

 '드론(Drone)'은 조종사가 탑승하지 않고 무선전파 유도에 의해 비행과 조종이 가능한 비행기나 헬리콥터 모양의 무인 비행기를 뜻한다. 드론은 낮게 웅웅거리는 소리를 뜻하는 단어로, 벌이 날아다니며 웅웅대는 소리에 착안하여 붙여진 이름이다. 초창기 드론은 공군의 미사일 폭격 연습 대상으로 쓰였는데, 점차 정찰기와 공격기로 용도가 확장됐다. 조종사가 탑승하지도 않고도 적군을 파악하고 폭격까지 가할 수 있다는 장점 덕분에, 미국은 드론을 군사용 무기로 적극 활용하였다. 1982년 이스라엘의 레바논 침공시 처음으로 실전에 투입됐다.

 이처럼 드론은 애초 군사용으로 탄생했지만 이제는 고공 영상·사진 촬영과 배달, 기상정보 수집, 농약 살포, 그리고 교육용 기자재 등 다양한 용도로 개발되고 있다.

📡 드론이 바꾼 세상의 모습

드론은 소형화되며 가격이 하락하고, 이동성이 강화되면서 수요가 급증하는 추세이다. 머지않아 1인 1드론 시대가 개막될 것이라는 전망도 나오고 있다. 또 다양한 분야에서 드론이 도입되고 있다. 의학분야에서는 응급환자를 탐지하고 수송하는 용도로 활용한다. 기상분야에서는 기상관측과 태풍 등 기상변화를 실시간으로 모니터하는 데 이용된다. 과학분야에서는 멸종동물의 지역적 분포와 이동경로를 확인하고, 지리적 특성을 파악하고 정밀한 지도를 제작하는 데 활용된다. 미디어분야에서는 영화와 방송 등의 다양한 촬영에 활용되고 있다.

현재까지 국내외에서 드론과 관련해 가장 주목받고 있는 분야는 드론 배송 서비스다. 아마존과 알리바바와 같은 전자상거래업체와 DHL, UPS와 같은 물류업체, 벤츠와 같은 차량 제조업체, 통신사 등도 배송 효율을 높이기 위해 드론 활용을 적극 추진 중이다. 아마존은 드론을 통해 30분 배송 보장서비스를 추진할 계획을 이미 밝히고 있다. DHL은 사용자가 택배지에서 직접 드론에 물품을 적재한 뒤, 원하는 장소까지 이동시키는 '파슬콥터(Parcelcopter)' 도입을 추진 중이다. UPS는 2017년 2월에 지붕에 드론을 도킹할 수 있는 택배용 차량을 공개하였다.

물류분야에서의 드론 사용은 단순한 배송 확대가 아니라 기존 물류시장 구조의 변화를 가져올 것이라는 전망이 우세하다. 드론을 활용한 배송으로 배송의 정확성, 효율성, 반품의 편리성 등이 증대함에 따라 '구매'에서 '리스'로 소비패턴이 변화할 것으로 전망된다. 또 슈퍼마켓이나 편의점 등 동네상권의 매출 감소에서 시작해 점차 대형마트의 매출 감소까지 이어질 것으로 예상된다.

정보통신분야에서는 기존 네트워크를 대체하는 세계 네트워크와 통신망이 구축될 것으로 전망된다. 실제로 구글과 페이스북은 드론을 무선통신 기지국으로 활용하여 아프리카, 남미 등 취약지에 인터넷을 보급한다는 계획을 세우고 있다. 이런 계획이 성공하면 학교에 가지 못하는 어린이도 원격으로 교육을 받을 수 있다. 또 병원이 없는 오지에서도 원격으로 진료가 가능해진다.

구글은 2013년 6월 '프로젝트 룬(Project Loon)'을 발표하면서, 우선 뉴질랜드 남섬에 열기구 30개를 하늘에 띄워 50여 가구에 인터넷을 공급하는 실험에 성공하였다. 페이스북은 드론 1만대를 아프리카 상공에 띄워 저렴한 인터넷 서비스를 공급하는 '인터넷닷오알지(Internet.org)' 프로젝트를 진행하고 있다. 이 프로젝트는 2013년 페이스북의 주도 아래 인터넷을 사용하지 못하고 있는 세계 10억명의 인구가 인터넷 연결을 경험할 수 있도록 지원하는 것을 목표로 하고 있다. 삼성전자, 노키아 외에 에릭슨, 퀄컴, 미디어텍, 오페라 등도 참여하고 있다.

농업분야에서는 노동력 부족을 드론으로 대체하는 방식으로 활용하고 있다. 일본은 2013년까지 2,500여 대의 농업용 드론을 판매하여 전체 논의 40%에 대한 살충제와 비료 살포에 활용하였다. 호주에서는 100여 대의 농업용 드론을 수입하여 제초용으로 이용하고 있다. 국내에서도 농협은 농약 살포, 작물 씨뿌리기, 산림보호 등을 위해 150여 대의 드론을 보유하고 있다.

보험분야에서의 드론 활용도 눈에 띈다. 자연재해가 발생했을 때 신속하게 피해 규모를 조사하거나 손해액을 산정할 수 있다. 또 재해나 사고 발생시 드론을 통해 사고 위치와 손해 발생 상황을 실시간 확보해 보험사기 방지에 활용되고 있다.

또 드론은 재난·재해 지역이나 사람이 접근하기 힘든 곳에서 많이 활용되고 있다. 2015년 4월, 네팔에서 지진이 일어나자 전 세계에서 구조대를 파견하였다. 그러나 고산지대인데다 여진 발생의 위험까지 있어 구조작업을 제대로 수행하기 어려웠다. 이런 상황에서 드론이 무너진 건물 사이를 날아다니며 생존자를 찾아냄에 따라 수많은 사람들의 목숨을 구할 수 있었다.

미디어분야에서도 과거에는 담지 못했던 영상을 촬영하는 것이 가능해졌다. 1986년 폭발 이후 30년이 지났지만 아직도 안전성을 확신할 수 없는 우크라이나 체르노빌 원전 사고 현장을 미국 CBS는 드론을 활용하여 곳곳을 생생한 영상으로 보여줬다. 지금껏 볼 수 없었던 위험한 현장을 카메라에 담을 수 있었던 것은 드론 덕분이었다.

이제 우주에도 드론이 활용되고 있다. NASA(미국항공우주국)에서 개발 중인 드론은 화성을 정찰하기 위해 만들어졌다. 이동능력이 떨어지는 화성탐사 로봇보다 먼저 화성 곳곳을 돌아다니면서 연구 가치가 높은 탐사 대상을 찾고 최적의 탐사 경로를 정하는 것이 드론의 주된 임무이다.

⊚ 급속한 성장이 예견되는 드론 시장

앞으로 드론은 인공지능이 더해져 사람처럼 생각하고 판단하는 게 가능할 것이다. 그리하여 지금보다 훨씬 더 어렵고 힘든 일도 척척 수행해낼 것이다. 하늘을 스스로 날아다니며 자연재해를 조사하기도 하고, 교통체증이나 화재 등을 찾아내 해결할 수도 있을 것이다. 이처럼 드론은 사진·영상 촬영부터 수색·배송·레저 등 쓰임 폭이 넓어 구글·인텔 등 글로벌 기업들도 눈독을 들이고 있다.

드론시장은 향후 기술 발전에 따라 성장 속도가 더욱 빨라질 것으로 보인다. 미국의 저명한 인터넷 매체 비즈니스 인사이더(Business Insider)에 따르면 세계 드론시장 규모는 2015년 약 80억 달러에서 2020년 115억 달러로 성장할 것으로 예상되고 있다. 특히 소비자용 드론은 연 10%씩 꾸준히 성장하여, 2015년 16억 달러에서 2020년에는 26억 달러까지 시장 규모가 확대될 것으로 예측하고 있다. 상업용 드론시장 또한 2015년 1억 달러 미만으로 추산됐지만, 연평균 43%의 급성장을 통해 2020년에는 최대 5억 달러 규모까지 확대될 것으로 예상하고 있다.

특히 드론은 향후 상용화될 5G 이동통신과 시너지 효과가 기대되고 있다. 저전력 통신을 제공하고 많은 데이터 통신이 필요하지 않은 드론은 원격 측정에 블루투스를 사용해 왔다. 와이파이는 고속의 데이터 전송이 가능하고 노트북 PC나 스마트폰에서 직접 연결할 수 있어 레저용 드론에서 사용된다. 현행 4G에서도 드론은 비행거리에 제한이 없어 장거리 사고 현장에 투입이 가능하고, 고용량 데이터 송수신이 가능하여 빠르고 정확한 배송기능을 수행할 수 있다. 그런데 LTE보다 속도가 무려 20배나 빠르고 끊김 현상도 0.001초 이내인 5G의 상용화는 드론의 기능을 한층 더 업그레이드할 수 있게 된다.

이처럼 드론시장은 갈수록 크게 확대되고 있을 뿐만 아니라 시장 구조 또한 많은 변화가 있을 것으로 예측되고 있다. 2014년에는 군사용 89%, 민간 수요가 11%였으나, 10년 후에는 군사용 86%, 민간 수요 14%로 변할 것으로 예측됐다. 또 그동안은 하드웨어 시장을 중심으로 성장하면서 중국 기업 다지앙(Da-Jiang, 大疆)이 전체 시장의 3/2를 차지하고 있었으나, 앞으로는 소프트웨어 솔루션, 서비스 제공을 위한 기업이 늘어날 것으로 전망되고 있다.

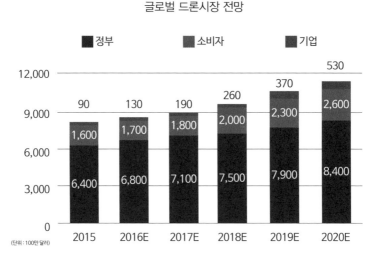

글로벌 드론시장 전망

자료: Business Insider, GSV Asset Management

인공지능과 미래 경제

우리 정부도 2022년까지 사업용 드론시장 규모를 현재의 14배로 키워 4만개 이상의 일자리를 만들어낼 계획을 밝혔다. 2018년 5월, 1천억원 수준에 불과한 사업용 드론시장을 오는 2022년까지 1조 4천억원 규모로 육성한다는 중장기 목표를 발표하였다. 이를 위해 시범공역을 확대하고 원천·사용 기술을 지속적으로 확보해 나간다는 계획이다. 2018년 중 육군 드론부대를 창설하는 등 드론 활용성 제고 방안도 고려하고 있다.

물론 드론과 관련해서는 해킹으로 인한 보안 문제, 그리고 주택 담장 안까지 접근함에 따라 발생 가능한 사생활 침해 논란도 없지 않다. 특히 드론이 살상무기로도 활용되고 있어 문제의 심각성을 더하고 있다. 2018년 8월, 비록 미수에 그쳤으나 마두로 베네수엘라 대통령에 대한 드론을 이용한 암살 시도가 일어났다. 이처럼 드론을 이용한 테러행위가 실제로 발생하면서 드론과 로봇을 통한 살상용 무기 개발에 대한 불안감이 확산되고 있다. 하지만 드론으로 인한 변화의 물결은 이미 시작되었다.

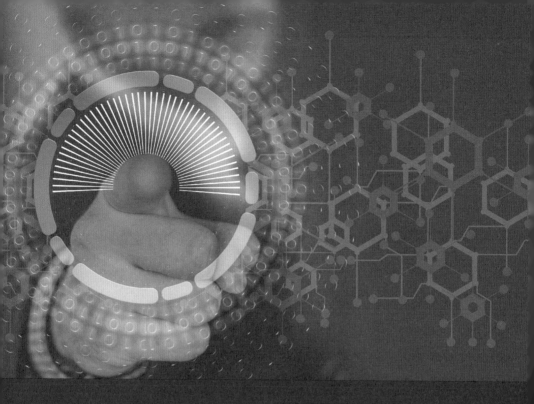

제4장
인공지능이 기존 산업과
시장에 미치는 영향

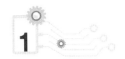

1

제조업

🔊 제조업 패러다임의 변화

　4차 산업혁명과 인공지능시대의 도래로 제조업의 패러다임이 크게 변하고 있다. 우선, 불과 몇 년 전에만 해도 상상 속에서만 가능했던 인공지능 스피커, 웨어러블, 가상현실(VR)과 증강현실(AR), 자율자동차와 드론 등과 같은 제품들이 선보이고 있다.

　다음은 생산방식과 공정을 혁신시키고 있다. 즉 대량생산과 대량공급이라는 생산자 중심의 자동화 공장에서 소비자 수요에 맞춘 지능화 공장으로의 변신을 가능케 하였다. 이는 IoT, 빅데이터 및 인공지능 등이 접목된 스마트공장의 도입으로 차별화된 제품을 대량생산 가격에 맞추어 제공하는 것이 가능해지는 것을 의미하며, 단순한 자동화와는 차이가 있다. 공장 내부의 설비 및 기계가 서로 연결되고 자율화된 형태로 작동이 가능해지면서 제품 수요에 대해 다양한 개인 요구사항을 반영하되, 비용 상승 없이 생산할 수 있는 유연하고 가벼운 생산구조로 전환할 수 있게 되었다.

여기에 머신러닝을 통한 작업공정 습득, 인간과 협업이 가능한 로봇이 적극 활용되면서 공정상의 안전성과 효율성이 크게 향상된다. 또 생산 현장에서 3D 프린팅과 로봇의 활용이 늘어나고 초연결성을 통해 제어가 가능해지면서 생산인력은 줄어들 것으로 보인다. 아울러 실시간 제어, 위험의 사전 예측 등 생산공정의 안전성이 향상되면서 근로자들의 산업재해 발생 확률도 낮출 수 있다.

이러한 제조업 패러다임의 변화는 단순한 공장자동화 혹은 업무 효율화 이상의 의미를 지닌다. 이는 기업 가치사슬 전반에서 비용 절감 또는 새로운 가치창출 과정이라 할 수 있다. 이러한 변화는 선진국과 후발국 사이의 국제분업 유인도 약화시킬 가능성이 있다.

예를 들어, 이전에는 생산비용을 낮추기 위해 대규모 공장 시설을 인건비가 낮은 동남아시아 등 제3세계 국가에 지었다면 이제는 적절한 규모의 시설을 시장이 위치한 곳 주변에 짓는 게 가능하다. 불량률이 줄어들면 선진국의 고임금은 생산자동화로 상쇄될 수 있게 될 것이다. 또 맞춤형 생산은 고급 소비시장에 접근할수록 유리하기 때문에 선진국으로의 생산기지 유턴이 가능해지게 된다. 이는 나아가 각국이 보호무역을 강화시키는 결과도 초래하게 될 것이다.

이와 함께 제조업과 서비스 간의 융합도 진행되고 있다. 산업의 디지털 전환, 온디맨드 경제 (On demand Economy), 인공지능 등의 영향으로 제조업과 서비스업, IT경제의 구분과 경계는 모호해지고 상호 융합하고 있다. 흔히 이를 '서비타이제이션(Servitization)'이라고도 부른다. 이에 따라 제조업은 결국 스마트시스템과 연계된 플랫폼 기반의 비즈니스로 변모할 가능성까지 대두되고 있다.

이러한 제조업 패러다임 변화로 인하여 고용구조도 변할 것으로 보인다. 가공·생산과 단순 업무는 빅데이터 혹은 로봇의 도입에 의해 인력 수요가 급격히 감소되고, 반면 설계와 정보 보안, 프로그래밍과 주요 부품-SW 설계를 위한 인력 수요는 늘어날 전망이다.

❸ 생산공정의 최적화, 스마트팩토리

'스마트팩토리(smart factory)'란 제품을 조립·포장하고 기계를 점검하는 전 과정이 자동으로 이뤄지는 공장을 뜻한다. 스마트팩토리는 모든 설비와 장치가 무선통신으로 연결되어 있기 때문에 실시간으로 전 공정을 모니터링하고 분석할 수 있다. 스마트팩토리에서는 공장 곳곳에 사물인터넷 센서와 카메라를 부착시켜 데이터를 수집하고, 이를 플랫폼에 저장하여 분석한다. 이렇게 분석된 데이터를 기반으로 어디서 불량품이 발생하였는지, 이상 징후가 보이는 설비는 어떤 것인지 등을 인공지능이 파악하여 전체적인 공정을 제어한다.

다만, 스마트팩토리에서는 보안 문제에 더 많은 신경을 써야 한다. 이는 공정과정에서 어느 하나가 해킹을 당해 제 기능을 못한다면 공장 전체가 멈추게 되기 때문이다.

기존의 생산자동화와는 어떻게 다른지를 보다 구체적으로 알아보자. 지금의 공장은 단위, 공정별로 자동화와 최적화가 이루어지고 있다. 따라서 공정과 공정 간의 관계에는 여전히 사람이 직접 눈으로 보거나 확인하면서 넘겨야 한다. 즉 공정끼리는 서로 유기적으로 연결되어 있지 않다는 것이다. 이는 전후 공정에서 어떤 일이 일어났는지 알 수 없는 구조를 의미한다. 그래서 수집된 데이터의 활용률이 매우 낮은 편이다.

하지만 스마트팩토리는 전후 공정 간 데이터를 연계하여 총체적 관점에서의 최적화가 가능해진다. 이것이 가능해질 수 있었던 것은 사물인터넷 덕분이다. 각종 사물에 센서와 통신기능을 내장하여 인터넷에 연결하는 기술인 IoT, 즉 사물인터넷을 통해 정보를 받고 클라우드 서버에서 이를 처리하는 것이다.

데이터를 보다 정밀하게 수집하여 분석할 수 있기 때문에 원인을 몰랐던 돌발장애라든가 품질 불량 등의 원인을 알아내는데도 유리해진다. 이에 따라 불량률을 크게 줄일 수 있게 된다. 예전 공장은 제품이 완성된 뒤 테스트를 통해 불량품을 골라냈다. 하지만 스마트 공장은 생산라인마다 사진을 찍어 품질관리시스템이 자동으로 제품 사진을 보고 불량을 확인한다. 실시간으로 파악돼 대규모 불량품 발생을 사전에 막는다.

뿐만 아니라 숙련공의 경험과 노하우를 데이터화하여 누구나 쉽게 활용할 수 있는 인프라를 구축할 수 있는 장점도 있다. 예를 들면, 현장에서 발생하는 돌발상황이 모니터링되어 비숙련자도 대응할 수 있도록 원격지에서 조정해줄 수 있게 된다. 또한 분석된 데이터들은 MES, ERP 등과 같은 생산 및 경영 분야의 기간시스템과 연동되어 주문이 접수되거나, 경영 상의 판단이 내려지면 공장은 최적의 생산체제로 빠르게 전환이 가능하게 된다.

한편, 스마트팩토리가 되기 위해서는 다음과 같은 과정을 거쳐야 한다.

무엇보다도 자료와 정보의 수집이 우선이다. 그래서 공장 내 설비와 기계에 센서가 설치되어 데이터를 실시간으로 수집해야 한다. 다음 단계로 수집된 정보를 분석하고 이것을 한눈에 볼 수 있도록 데이터 시각화를 해야 한다. 데이터를 분석할 때도 실시간인지 기간별인지가 고려되어야 할 것이다. 이 문제의 해답은 장치의 역할에 따라 달라진다. 1mm라도 어긋나면 문제가 발생할 초정밀기기의 경우는 실시간이 중요할 것이고, 부품 교체 시기가 다가옴을 알리는 신호를 감지하는 경우라면 기간별 대응이

스마트팩토리 개념도

☞ 인공지능과 미래 경제

바람직할 것이다.

이와 같은 기능을 보다 정밀히 하기 위해서는 이미지 인식처리 기술이 필요하다. 이는 사진 등을 보면서 이미지가 무엇인지를 파악하는 것이다. 자율자동차에 달려 있는 카메라를 통해 사물이 무엇인지 파악해 도로를 따라 달릴 수 있는 것처럼, 스마트팩토리에서도 카메라에 잡힌 사물을 분석하는 기술이 요구된다. 스마트팩토리의 최종 단계는 분석된 데이터를 통해 스스로 제어를 시도하는 것이다. 여기까지 오면 완벽한 자동화가 되는 것이라고 볼 수 있다.

⊚ 제조업의 서비스화, 서비타이제이션

'서비타이제이션(Servitization)'은 제품과 서비스의 결합(Product Servitization), 서비스의 상품화(Service Productization), 그리고 기존 서비스와 신규 서비스의 결합 현상을 포괄하는 개념이다. 제품에 서비스를 결합하는 사례로는 자동차에 유비쿼터스 환경을 구현해 주는 내비게이션과 블랙박스가 있고, 서비스의 상품화 사례로는 농촌 체험마을관광 상품을 들 수 있다.

2000년대로 접어들면서 탄생한 이 비즈니스 용어는 4차 산업혁명과 인공지능의 시대를 맞아 새로이 조명을 받고 있다. 스마트폰이 등장한 이후 모든 기기나 서비스 앞에 '스마트'가 접두어처럼 쓰였던 것처럼, 앞으로는 '서비타이제이션'이란 용어가 여기저기 사용될 것이라는 전망이 나오고 있다.

그동안 제조업계가 공장에서 생산한 상품은 시장에서 일회성 판매로 끝났다. 추가적인 비즈니스 수익은 또 다른 기기를 생산해 판매하는 부가 상품, 액세서리 등에 그쳤다. 일회성 판매에 의존하는 산업구조에 따라 새로운 시장을 발굴하거나, 기존 소비자의 교체 수요에 의존해야 하였다.

반면, 서비타이제이션은 한번 판매한 후, 비즈니스의 흐름에 맞는 서비스를 곁들여 부가적인 가치를 지속적으로 창출한다는 개념이다. 처음부터 어떤 서비스를 제공할 목적으로 설계된 제품으로 지속적인 수익을 낸다는 것이다. 이는 소비자와 기업 모두에게 도움이 된다. 개별적인 제품과 서비스를 별개로 구매하는 것보다 뛰어난 가치를 얻을 수 있기 때문이다.

대표적인 사례를 GE에서 찾아볼 수 있다. 수년전만 하더라도 GE를 산업설비, 가전제품 제조사로 불렀지만, 지금은 전 세계가 인정하는 디지털 서비스 기업이다. 또 제조업의 혁신을 이야기할 때 첫손가락에 꼽힌다.

GE의 서비타이제이션은 IoT 센서를 부착한 비행기 제트엔진이 가장 많이 거론되고 있다. 이전에는 비행기 엔진을 팔기만 했지만, 이제는 비행기 엔진을 리스 형태로 제공하는 한편, 센서로 이상 징후를 감지하고 알려주는 서비스를 통해 수수료도 벌고 있다. 항공사 입장에서는 잘 만들어진 비행기 엔진도 중요하지만, 센서를 통해 안전진단이 꾸준히 이뤄지고 있는 엔진은 더욱 탐낼 만하다. GE는 이 같은 수요를 간파한 것이다.

이렇게 볼 때 앞으로의 제조업 경쟁력은 소프트웨어 기반의 서비스에 데이터를 축적하고 인공지능을 붙인 서비타이제이션이 되어야 한층 더 강화될 것이다.

금융산업

☝ 늘어나는 금융의 인공지능 활용

금융권도 인공지능 기술을 조직 운영과 업무 수행에 접목하는 움직임을 강화해 나가고 있다. 최근 금융기관들은 디지털 조직을 새로 구축하고 기존 IT기업과 제휴를 강화하는 등 인공지능 투자를 크게 늘리고 있다. 금융기관의 인공지능 활용범위 또한 업무자동화 등 단순 업무에서 투자자문서비스 등 보다 전문적인 분야로 확대하고 있다.

실제로 인공지능 기술은 이미 금융업무 여러 방면에 걸쳐 폭넓게 접목되기 시작하였다. 인공지능 로봇이 점포 앞에서 고객 안내원으로 역할을 하는 것은 물론이고 금융 콜센터에서의 인공지능 텔러(teller), 챗봇(chatbot)과 같은 인공지능 기반의 비대면채널 금융상담서비스, 로보어드바이저(Robo Advisor)와 같은 금융컨설팅서비스 등이 그것이다.

‘24시간 인공지능 콜센터’ 도입으로 오전 9시부터 오후 6시까지 시간이 제한되던 기존 콜센터와 달리 밤늦은 시간에도 금융상품이나 대출 상담 등이 가능해졌다. 금융챗봇은 자동이체나 공과금 납부 내역의 알림이나 결혼자금 관리 계획 등 개인비서와 같은 역할을 한다. 또 이사를 앞둔 사람에게 먼저 주택담보대출이 필요하지 않은지 물어보고 카드 사용내역 등을 자동으로 분석하여 신용도를 평가한 뒤, 대출상품과 상환 기간에 맞춘 재테크를 설계해 주기도 한다. 로보어드바이저는 고객의 위험 성향과 목적을 구분하여 투자를 운용할 수 있게 하는 맞춤형 포트폴리오 서비스를 제공한다.

한편, 앞으로는 생체인증 기술이 적극 활용될 것으로 기대되고 있다. 최근 모바일 금융거래가 보편화되고 핀테크(fintech)가 확산되면서 비대면 거래가 급증하는 추세다. 그동안 비대면 거래의 인증방법으로는 공인인증서와 일회용 비밀번호, 보안카드 등이 널리 활용되어 왔다. 그러나 앞으로는 생체인증 기술이 이들을 대체할 것으로 보인다.

생체인증 기술이란 얼굴, 지문, 혈액 등의 생체정보를 통해 사람을 식별하고 신원을 파악하는 기술을 말한다. 이미 다수의 전자상거래나 ATM 및 금융기관 영업점 등에서 본인임을 확인하기 위해 이를 활용하고 있다. 머지않아 생체인증 기술을 활용한 계좌 개설, 자금 이체, 출금 등 소액 지급결제서비스의 혁신이 예상된다.

세계의 주요 금융기관들은 인공지능을 활용하여 가장 빠른 거래방법을 찾아내고 시장 움직임을 예측하며, 경제관련 자료에서 주가 등락의 단초가 될 키워드를 찾아내고 있다. 미국 시티그룹은 소셜네트워크 데이터를 모니터링해 개인대출시 신용등급 판단에 부가정보로 활용하고 있으며, 소비자 트렌드를 모니터링 하는데도 인공지능을 활용 중이다. 호주뉴질랜드은행(ANZ)은 글로벌 자산관리 부문에서 재무설계사 업무를 지원하는 시스템에 IBM의 왓슨을 활용하고 있다. 이를 통해 몇 주가 걸리던 재무설계 자문을 단 한 번의 미팅으로 해결하였다.

국내 금융사들도 그동안은 주로 로보어드바이저나 챗봇 등 제한적인 분야에만 활용해 오다가, 최근 인공지능 금융시스템에 대한 투자를 크게 증대시켜 나가고 있는 중이다.

신한금융은 아마존과 전략적 협약을 체결하고, 아마존 클라우드 및 최신 기술을 활용하는 방안 등을 협의 중이다. 이를 통해 아마존 AI의 안면인식, 음성기술을 활용해 아마존GO와 같은 새로운 금융점포를 만드는 사업과 차세대 플랫폼 개발을 추진 중에 있다.

하나금융은 전 세계 금융기관, 유통회사, 포인트 사업자가 각자 운영하고 있는 디지털 플랫폼을 하나의 네트워크로 연결하여 포인트, 마일리지와 같은 디지털자산이나 전자화폐를 서로 자유롭게 교환하고 사용할 수 있도록 통합 플랫폼 네트워크 구축 계획을 추진 중이다.

우리금융은 2016년 10월부터 일본 소프트뱅크에서 만든 감정인식 로봇인 '페퍼(Pepper)'를 도입해 운영 중이다. 또 국내 금융권 최초로 음성과 텍스트 입력만으로 금융거래가 가능한 음성인식 인공지능 뱅킹인 소리(SORI), 음성명령만으로 전자금융 상담이 가능한 챗봇 서비스인 '위비봇' 서비스를 제공 중이다.

KB금융은 2015년부터 핀테크 허브센터를 운영하며 핀테크 스타트업에 전략적으로 투자하고 있다. 허브센터에 입주한 업체들은 빅데이터 분석, 지급결제서비스, 블록체인 등 핀테크 기술을 전문적으로 개발하며 KB금융과 협업하고 있다. 또 2018년 들어서는 국내 은행권 최초로 딥러닝 기반 AI 로보어드바이저 서비스인 케이봇 쌤(KBotSAM)을 독자 개발해 운용중이다.

⊜ 투자 자문과 신용평가에도 활용되는 인공지능

이처럼 금융 업무에 인공지능을 적극 활용함에 따라 비용 절감, 생산성 증대, 리스크 감소, 맞춤서비스 강화 등 긍정적인 효과를 초래할 것으로 기대되고 있다. 인공지능을 금융권이 가장 먼저 활용한 분야는 단연 업무 자동화이다. 자료 공유, 문서 분석, 고객 식별, 이상징후 탐지 등의 업무들을 자동화함으로써 생산성 향상과 실수로 인한 기업 리스크를 최소화할 수 있게 되었다.

금융서비스분야에서도 다양하게 인공지능이 활용되고 있다. 그 중에서도 가장 먼저 활용된 분야는 '부정 감지'와 여신심사의 효율화에 초점을 맞춘 '데이터분석' 업무다. 특히 인공지능이 대량의 데이터를 처리함으로써 부정거래의 특징을 학습하는데 있어 기존의 모델보다 정밀도가 높으며, 데이터분석을 자동화하기 때문에 새로운 유형의 부정거래에 효율적으로 대응할 수 있다.

일례로 미국의 신용카드회사인 아메리칸 익스프레스(AMEX)와 비자

(Visa)의 경우 기계학습을 이용하여 부정 감지를 실시간으로 행하고 있다. 비자의 추계에 따르면 기계학습의 도입으로 연간 약 20억 달러의 부정거 래를 미연에 방지할 수 있었던 것으로 나타났다.

금융 상담과 투자 자문에도 인공지능이 활용되는 사례가 크게 늘어나 고 있다. 이런 서비스는 주로 챗봇과 로보어드바이저를 활용하고 있다.

챗봇은 반복되는 고객질의를 입력받아 머신러닝 기술로 분석하여 고객 이 원하는 다양한 금융서비스, 즉 송금·조회·환전·대출·상품 추천 등의 업무를 제공함으로서 고객 편의성과 만족도를 향상시키고 있다. 예컨대, '달러/원 환율'이라고 메신저 창에 입력하면 챗봇이 현재 환율 정보를 알 려주고, 코스피 지수와 삼성전자 주가를 물어보면 실시간으로 시세를 알 려준다.

로보어드바이저는 챗봇에 비해 좀 더 발전된 인공지능으로, 자동화된 지능형 투자 자문서비스 제공 시스템이다. 로보어드바이저는 빅데이터 분석을 바탕으로 보다 정확한 미래를 예측한 뒤, 고수익 상품을 추천하고 또 고객 맞춤형 자산관리서비스를 제공한다. 즉 투자자의 위험 성향과 투 자 목적을 분석하는 투자자 프로파일링은 물론 투자 권유, 자산관리, 트레 이딩까지 담당하는 전문인력 기능을 수행한다.

챗봇과 로보어드바이저는 고객이 인터넷이나 모바일기기로 서비스를 이용할 수 있으므로 고객 접근성이 매우 뛰어나고, 서비스 제공을 위한 인 적 물적 설비를 최소화할 수 있어 수수료를 낮게 책정할 수 있다. 투자 상 담대상 금액이 크지 않더라도 가능하기 때문에 일반 개인고객이 이용하 기 편리하다는 장점도 있다.

신용평가 업무에도 인공지능이 활용되고 있다. 빅데이터 심사분석시 인공지능을 활용한 데이터 신용분석을 통해 중금리 대출이 가능한 신용평가를 할 수 있다. 대출·연체·카드정보 등 신용정보 외에 텍스트·신용패턴 등 다양한 비금융 정보와 기본적인 분석모형을 주면 인공지능이 머신러닝 기법으로 고객의 신용을 분석한다. 기존 시스템보다 다양한 고객 정보를 분석하여 고객의 신용 등급을 세밀하게 평가할 수 있게 됨에 따라 금융서비스 사각지대의 고객까지도 서비스를 받을 수 있게 된다.

금융기관의 준법감시업무에도 인공지능은 활용도가 높아질 것이다. 금융규제가 복잡해지고 강화될수록 인공지능 기술을 통해 리스크를 측정하고 불법행위 감지 등의 업무를 효율화할 필요가 있다. 금융회사가 다양한 규제들을 지키는데 효과적인 준법감시 기술인 '레그테크(RegTech, Regulation+Technology)'의 도입 활용을 통해 업무 생산성을 향상시키게 된다. 세계경제포럼 WEF는 2025년까지는 전 세계 금융회사의 30%가 인공지능을 기반으로 한 준법감시시스템을 도입할 것으로 예측하고 있다.

인공지능 AI 금융산업 적용 사례

분야	기능 및 효과
투자자문 및 트레이딩 (Robo Advisor)	• 경제 및 금융시장 분석 • 알고리즘을 통한 트레이딩
신용평가	• 대출 신청자에 대한 신용도 분석
개인금융 비서	• 개인화된 금융비서 기능 • 송금, 잔액확인 등의 뱅킹 업무
이상 금융거래 탐지	• FDS(Fraud Detection System, 이상금융거래탐지시스템)에 적용하여 사기 거래 탐지
챗봇(Chatbot)	• 고객 편의에 맞는 상담 및 정보 제공

🌐 인공지능 금융의 기대효과와 미래

향후 금융산업은 인공지능 기술의 활용으로 비용 및 리스크 절감 등 생산성 증대, 고객맞춤서비스 강화, 신규 사업모델 개발 등 다양한 장점을 발현하여 새로운 성장동력으로 주목되고 있다.

반면, 여러 가지 우려되는 점도 없지 않다. 로보어드바이저나 이와 유사한 인공지능시스템의 발전은 자격이 없는 업자에 의한 대고객 자동 트레이딩 및 투자자문서비스 제공의 위험성을 높일 것이다. 또 인공지능시스템에 의한 시세 조종, 허위정보 유포, 내부정보 수집 및 이용거래와 같은 불공정거래 내지 시장질서 교란행위의 위험성도 높아질 수 있다. 이는 행위자를 특정하거나 추적이 어려울 뿐만 아니라 금융당국의 감독이 효과적이지 않기 때문이다. 해외 인터넷사이트에서 그러한 서비스를 제공하는 경우 해당 사이트를 차단하는 조치 외에 마땅한 규제방안을 찾기 어려울 수도 있다.

인공지능시스템의 오류 또는 해킹사고는 대규모 금전손실 등의 피해를 초래할 수 있다. 물론 로보어드바이저 테스트 베드나 이와 유사한 심사시스템에 의해 안정성 및 보안성 심사를 꾸준히 보완해 나감으로써 그러한 오류나 해킹 가능성을 최소화할 수는 있다. 그러나 심사시스템의 기술력과 신뢰도가 인공지능의 발전 속도를 따라가지 못함에 따른 현실적 한계도 발생할 수 있다.

무엇보다 가장 심각하게 떠오르는 문제점은 인공지능 기반의 자동화 기술 개발로 은행원, 펀드매니저 등 전문직 중심으로 금융산업 인력 대체

193

가 확대될 가능성이 크다는 점이다.

　시티그룹이 발간한 '은행의 미래' 보고서에 따르면 금융위기 이전 정점이었던 은행 풀타임 인력은 자동화, 인공지능시스템 등으로 대체되면서 점차 감소 추세를 보이는 것으로 나타났다. 특히, 소매은행 업무의 자동화 진전으로 2025년 은행 풀타임 인력은 금융위기 이전 정점수준 대비 40~50% 감소하는 것으로 나타났다. 또 은행 채널전략에도 큰 영향을 미칠 것으로 예상되면서 선진국을 중심으로 2025년 은행 지점 수는 2014년 대비 30~50% 감소할 것으로 나타났다.

　금융 분야에서 인공지능의 확산은 이미 거스를 수 없는 대세가 되어 기존과는 완전히 다른 패러다임을 예고하고 있다. 눈부시게 발전하는 기술의 속도를 따라잡지 못하면 자칫 우리는 격변하는 세계금융의 한복판에서 길을 잃어버린 미아의 신세가 될 수도 있다.

　따라서 우리가 미래의 금융경쟁력을 키워나가기 위해서는 보다 적극적이고 과감한 투자를 해나가야 한다. 이 과정에서 보다 큰 시너지 효과를 거두기 위해서는 금융기관은 핀테크 업계와 IT스타트업들과의 협력이 중요하다.

　이와 함께 부작용과 문제점에 대해서도 적극적인 대응노력이 필요하다. 보안 시스템 강화, 시스템 오류 최소화 등 내부 환경 개선뿐만 아니라 금융감독과 금융질서 개편에도 능동적으로 대응해 나가야 한다. 아울러 오프라인 중심의 영업망을 온라인 중심으로 개편하고, 인공지능 및 금융을 접목하는 능력을 갖춘 전문가를 적극 양성하는 구조조정 노력도 강화해 나가야 할 것이다.

3
유통과 물류, 예술과 오락시장

⊚ 플랫폼산업으로 변모하는 유통과 물류

인공지능 기술은 유통과 물류분야도 크게 바꿔 놓고 있다. 물류업계는 로봇·자동화 기술을 통해 대형화와 고도화에 대응하고 있다. 또한 드론이나 자율주행차를 이용한 배송분야의 무인화도 현재 미국·중국·일본 등에서 활발하게 진행되고 있다. 유통의 개념 또한 바뀌고 있다. 인터넷의 발전으로 시작된 '유통 3.0'이 초연결, 초지능의 스마트스토어로 대표되는 '유통 4.0'의 버전으로 업그레이드되고 있는 것이다.

아마존은 물류창고 로봇 '키바(Kiva)'를 활용함에 따라 물류센터 운영 비용을 20% 절감하게 되었고, 재고 보관 공간을 50% 증대시키는 성과도 내고 있다. 세계 최초의 무인매장 '아마존 고(Amazon Go)'는 인공지능을 활용하여 소비자가 스마트폰에 앱을 다운로드하고, 매장에 들어가 사고 싶은 물건을 골라 매장을 나오면 5분 뒤 스마트폰으로 영수증이 자동 전송된다. 제품에는 별도의 센서나 칩이 없지만, '저스트 워크 아웃(just walk out)' 기술이 적용된 블랙박스 모양의 센서 100여 개가 매장 이용객과 물건을 실시간으로 추적해 계산까지 완료한다.

알리바바는 자회사 차이냐오를 통해 중국 내 주문은 24시간 내, 글로벌 주문은 72시간 내에 도착하는 것을 목표로 물류 부문을 강화하고 있다. 차이냐오가 휘저우에 새로 개장한 물류센터는 200대의 로봇이 24시간 일하는 시스템을 갖췄다. 사람의 수작업보다 3배 이상 효율을 낼 수 있고 하루 100만 건 이상의 화물을 처리할 수 있다.

인공지능 기술은 육상 물류는 물론이고 해운 물류업계도 바꿔 놓았다. 유럽 제2의 항구로 불리는 독일 함부르크항은 스마트 항만 프로젝트를 통해 항만 효율성을 높였다. 이를 통해 운영비를 75% 낮추고 정체도 15% 줄였다. 선원 없이 원격조작만으로 항해할 수 있는 자율주행 무인선박 개발 경쟁도 치열하다. 한마디로 '해상판 자율주행 자동차'다. 영국의 선박·항공엔진 제조업체인 롤스로이스는 무인선박이 운항 도중 만날 수 있는 물체를 탐지하고 식별할 수 있도록 인공지능 기반의 물체 분류시스템을 개발할 계획이다.

한편, 유통기업들은 인공지능을 활용해 복잡한 구매 과정을 획기적으로 단순화하려는 시도를 해나가고 있다. 아마존은 인공지능을 활용한 예측 판매모델을 추구한다. 사용자의 구매패턴, 생활방식을 분석해 소모성 생필품의 소진 시기를 미리 예측하여 구매를 제안한다는 개념이다. 이를 테면 가정용 인공비서 아마존 에코(Amazon Echo)가 "화장지가 1주일 후면 떨어질 것으로 보이는데, 구매할까요?"라고 묻는다. 이 경우 사용자가 구매의사를 표시한다면 구매에서 배송까지 일사천리로 진행되는 식이다.

또 중국의 알리바바는 2014년 사용자가 원하는 상품을 이미지만으로 정확하게 찾아내는 '타오바오 앱'을 출시하였다. 예를 들어 상점에서 마음에 드는 옷을 사진 찍어 검색하면, 같거나 비슷한 옷을 찾아 보여주고 온라인에서 가장 싸게 파는 곳을 제시하는 식이다. 이는 소비자가 정확한 상품명을 모를 경우 검색하기 힘든 불편함을 크게 절감시켜 준다.

스포츠용품 다국적기업인 아디다스는 스톡홀롬에 위치한 '플래그십 스토어(Flagship Store)'를 VR기술을 활용해 전 세계 고객들에게 선보이고 있다. 고객은 실제 방문하지 않고도 360도 각도에서 활용된 영상을 통해 매장 곳곳을 둘러볼 수 있으며, 또 원하는 상품을 클릭하면 공식 온라인 쇼핑몰로 연결되어 바로 구입이 가능하다. 미국의 이베이도 이와 비슷한 컨셉의 백화점을 오픈하였다.

미국 최대 사무용품 판매업체 스테이플스(Staples)도 IBM 왓슨의 인공지능 기술을 도입하였다. 아마존 등 전자상거래 업체들이 온라인을 넘어 오프라인 영역까지 파고들고 있기 때문이다. 이 지능형 주문시스템을 이용하면 텍스트로 질문 답변을 나누는 수준을 넘어, 음성과 이미지 인식으로도 물품 주문이 가능해 소비자들의 편리를 도모할 수 있게 되었다.

이처럼 유통과 물류산업은 인공지능 기술 덕분에 빠르게 변화하고 있다. 이들은 자사의 유통·물류 플랫폼에 인공지능, 로봇, 빅데이터, IoT 등의 기술을 접목하는 리테일 테크(Retailtech)를 통해 '유통 4.0'의 시대를 열어가고 있다. 단순히 상품과 서비스의 거래 중개자가 아닌, 생산자와 소비자를 연결해 주는 플랫폼산업으로 변모하고 있다는 것이다. 실제로 이들의 비즈니스 모델은 과거 생산자가 소비자에게 상품과 서비스를 전달하는 기업/소비자 거래(B2C) 모델에서, 소비자의 니즈를 생산자에게 전달하는 소비자/기업 거래(C2B) 모델로 확대되고 있다.

유통산업의 발전 개념도

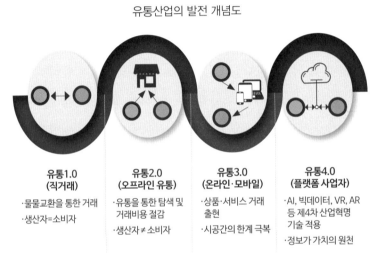

유통1.0 (직거래)	유통2.0 (오프라인 유통)	유통3.0 (온라인·모바일)	유통4.0 (플랫폼 사업자)
·물물교환을 통한 거래 ·생산자=소비자	·유통을 통한 탐색 및 거래비용 절감 ·생산자 ≠ 소비자	·상품·서비스 거래 출현 ·시공간의 한계 극복	·AI, 빅데이터, VR, AR 등 제4차 산업혁명 기술 적용 ·정보가 가치의 원천

자료: 산업통상자원부

⊙ 오락과 예술에도 접목되는 인공지능 기술

향후 엔터테인먼트 시장을 이끌어 나갈 핵심 제품은 VR과 AR이 될 것으로 예상되고 있다. 아울러 이를 뒷받침해줄 콘텐츠의 중요성이 부각되

인공지능과 미래 경제

고 있다. 특히 VR은 현실세계에서 경험할 수 없는 가상의 세계로 이용자들을 안내해 주기 때문에 오락성이 매우 큰 편이다. 또 AR은 게임기 분야뿐만 아니라 스마트워치 같은 웨어러블 디바이스는 물론 다양한 영상 중계 플랫폼에서도 그 강점들이 차츰 구현되고 있다. 한마디로 앞으로는 수많은 VR과 AR 관련 콘텐츠가 만들어질 것으로 예상된다.

얼마 전부터 모션센서 기술을 기반으로 소니의 플레이스테이션4와 마이크로소프트의 XBOX ONE이 독창적이면서도 재미있는 VR 기술들을 선보이며 오락시장을 주도해 나가고 있었다. 이런 가운데 경쟁에 뒤처지는 느낌이 들었던 게임기 전문회사 닌텐도는 2016년 갑작스럽게 AR 분야에서 화제의 중심이 되었다. 모바일게임 시장이 붐을 일으키자 큰 낭패를 경험했던 닌텐도가 인공지능 기술을 소유한 나이언틱(Niantic, inc.)이란 스타트업과 손잡고 AR의 큰 성공사례를 만들어낸 것이다.

닌텐도는 2016년 7월 공개한 '포켓몬 고(Pokémon GO)' 게임을 통해 전세계를 흥분시켰다. 포켓몬 고는 보편화된 스마트폰의 GPS와 센서를 이용하여 현실의 지도세계에 포켓몬이라는 가상의 캐릭터이자 닌텐도가 보유한 인기 캐릭터 콘텐츠를 구현한 것이다. 즉 AR을 이용해서 현실에서 나타나는 포켓몬을 잡거나 즐기는 컨셉의 게임이다.

인공지능의 발전은 음원 콘텐츠시장도 활성화시키고 있다. 인공지능 스피커 업체들이 플랫폼의 생태계를 강화하기 위해 음원 콘텐츠를 필수적으로 탑재하고 있기 때문이다. 이에 따라 업계에서는 인공지능 스피커의 차별화가 결국 콘텐츠에서 발생할 것으로 보고 있다. 얼마나 좋은 음원 콘텐츠를 확보했느냐가 서비스의 경쟁력을 좌우할 수 있다는 것이다. 나아가 콘텐츠 부문의 전문인력을 선별하고 영입하는데도 인공지능이 긴요하게 활용되고 있다. 이는 넷플릭스가 히트작 '하우스 오브 카드(House of Cards)'를 만들 때 데이빗 핀처 감독을 영입한 사실에서도 잘 알 수 있다.

프랑스 파리 소재 '구글 아트 & 컬처연구소(Google Arts and Culture Lab)'는 차갑게 느껴지기 쉬운 IT기술이 예술가들의 뜨거운 영감과 만나는 곳이다. 여기서는 인공지능과 머신러닝 등 최첨단 기술과 회화·사진·음악·문학 등 다양한 예술장르를 접목하는 프로젝트가 동시다발적으로 진행되고 있다. 그동안 예술분야는 인간 고유의 영역이라고 믿어 왔다. 그러나 이제 인공지능이 영화대본을 만들고 그림을 그리며 노래 작곡도 하면서 도전장을 내밀고 있다. 예술적 완성도와 가치 또한 빠르게 발전이 이뤄지고 있다.

구글의 인공지능이 그린 미술작품이 경매에 나와 약 9만 7천 달러에 낙찰되었다. 마치 꿈속의 몽환적 세계를 그린 것 같아 '딥드림(Deep Dream)'이라고 이름이 붙여졌다. 인공지능이 노래도 만들어내고 있다. 소니사의 '플로우 머신즈(Flow Machines)'는 음악을 만드는 소프트웨어다. 비틀즈 풍의 노래, 혹은 미국풍의 노래를 만들어 보라고 명령을 내린 결과 Daddy's car, Mr. Shadow 라는 노래들을 만들어냈다.

2016년 영국에서 열린 공상과학영화제 사이파이 런던(Sci-fi London film festival)에 '선스프링(Sunspring)'이란 영화가 발표되어 큰 화제가 되었다. 9분 남짓한 이 영화는 대화 내용의 맥락을 잘 알 수 없고 서로 연결이 되지 않는다. 영화의 완성도만 보면 언급조차 되지 않았을 이 작품은 의외로 개봉 당시 큰 주목을 받았다. 인공지능이 학습한 대본을 바탕으로 대사와 배경음악의 가사, 무대 지시까지 100% 대본을 쓴 작품이었기 때문이다.

인공지능의 예술 경지는 갈수록 진화하고 있다. 더 이상 과거 컴퓨터가 그린 조악한 그림, 어설픈 시, 표절에 가까운 음악을 떠올린다면 큰 오산이다. 구글의 딥드림이나 마이크로소프트의 '넥스트 렘브란트'가 그린 그림, 또 소니사의 '플로우머신즈'가 작곡한 음악들은 이미 높은 예술적 수준에 이르렀다는 평가를 받고 있다. 그리고 일본에서는 인공지능이 쓴 '컴퓨터가 소설을 쓰는 날'이라는 단편이 문학상 공모전 예선을 통과하기도 하였다.

이처럼 인공지능에 의해 탄생한 음악이나 그림, 문학작품들이 전문 예술가의 창작품과 구별하기 어려울 정도로 예술적 완성도를 높여가고 있다. 그 뿐만이 아니다. 예술작품을 향유할 사람의 취향을 정확히 반영하는 맞춤형 창작이 가능하며, 부족한 부분을 재빠르게 학습하여 스스로 진보할 줄도 안다.

인공지능 기술은 현대인의 여가 활용 방식뿐만 아니라 우리가 누리는 콘텐츠의 생산 요령이나 결과물의 품질도 놀라운 속도로 증진시키고 있다. 아직 완벽한 수준은 아니지만 인공지능이 영화나 드라마, 애니메이션, 음악과 미술작품을 제작해 내는 수준은 빠른 속도로 향상되고 있다. 수많은 데이터를 순식간에 분석하고 필요한 부분을 포착해내는 인공지능의 능력 덕분이다.

4

의료시장

⊙ 의사에게 치료법을 제시하는 인공지능 '왓슨'

인공지능이 인간의 영역을 대신할 것으로 예상되는 분야 중에는 대표적으로 헬스케어가 있다. 실제 의료분야에는 방대한 분량의 환자 데이터와 새로운 치료 사례를 소개하는 수많은 문서가 쏟아지고 있다. IBM에서 제작한 인공지능 컴퓨터 프로그램 '왓슨'은 2013년부터는 의료분야에도 활용되고 있다. 이후 세계 다수의 의료기관들은 IBM 왓슨을 도입하여 환자의 발암 여부를 판정하는데 활용하고 있다. 또 트위터와 같은 SNS 서비스 업체에서는 가입자가 입력한 내용을 분석하여 감정 상태를 인식하는 기술을 개발하여 산후우울증 여부를 판정하는 서비스를 개발하기도 하였다. 이 밖에도 의료영상을 분석하여 질병 여부나 예후를 판정하는데 기계학습이나 딥러닝을 사용하는 기업이 우후죽순으로 늘어나고 있다.

인공지능 헬스케어 대상 분야는 얼마 전만 해도 IBM의 인공지능 '왓슨'처럼 의사를 대신하여 자료를 분석하고 정확한 진단·처방을 내리는 데 도움을 주는 서비스에만 주목하였다. 그러나 최근에는 진단을 넘어 신약 개발, 예방과 관리 차원으로 영역을 넓혀 나가고 있다. 즉 건강·운동 관리, 질병 예측 서비스, 의사와 환자의 추천 및 매칭서비스 등 다양한 분야에서 가능성이 발견되는 중이다. 이에 따라 인공지능을 활용한 헬스케어분야의 발전은 지속되어 나갈 것으로 전망된다.

4차 산업혁명과 바이오 헬스산업의 변화

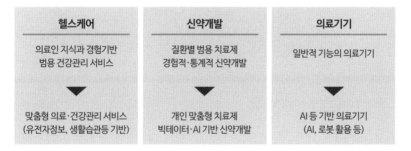

자료: 산업통상자원부

다국적 컨설팅 회사인 딜로이트는 전 세계 건강관리 시장이 2020년에는 8조 7천억 달러에 달할 것으로 내다봤다. 이는 전 세계 반도체 시장 약 4,500억 달러의 20배에 달하는 큰 규모다. 이런 분위기 속에서 헬스케어분야의 새로운 기술과 서비스 개발이 빠르게 진행되고 있다. 특히 빅데이터를 확보하고 있는 글로벌 IT기업들이 의료용 인공지능 개발에 적극 뛰어들고 있다.

현재 의료분야에서 인공지능을 가장 많이 활용하고 있는 플랫폼은 IBM의 '왓슨'이다. IBM은 왓슨을 기반으로 유전체 분석, 신약 개발, 임상시험, 의료영상 분석, 더 나아가 암 진단이 가능한 의료 생태계를 구축하고 있는 중이다. IBM은 헬스케어 분야에서 활용도를 높이기 위해 최근 헬스사업부를 출범시키고 본격적인 기술 개발에 집중하고 있다. 왓슨은 헬스사업부를 독립시킨 후 환자 데이터 관리, 데이터 분석, 영상의료데이터와 분석기술을 보유한 회사 등을 인수하는 등 기술력 확대를 위해 활발하게 움직이고 있다.

머신러닝 기술을 적용한 닥터 왓슨은 빅데이터를 이용한 의학정보 학습으로 암 진단의 정확성을 높였다. 2014년 미국 종양학회에서 발표된 자료에 따르면 IBM왓슨은 많은 양의 의학저널과 전문의사들의 기존 처방기록을 내재화시켜 암 적중률 99.9%의 치료법을 제시하고 있다.

의료진이 환자 상태와 정보 등을 입력하면 왓슨은 전 세계 관련 문헌과 최신 연구자료 등을 단 몇 초 만에 분석한다. 이어 의사와 환자에게 참고가 될 만한 치료법을 '추천(1순위), 고려(2순위), 비추천'의 3가지로 구분한다. 다만, 왓슨은 치료법을 제시하되 결정하지는 않는다. 최종 판단은 사람에게 달려 있다. 왓슨을 활용한 암 치료는 국내에도 낯설지 않다. 2016년 가천대학 길병원을 시작으로 부산대병원 등 7곳에서 IBM의 'Watson for Oncology(종양학을 위한 왓슨)'를 도입하였다.

알파고를 만들어 인공지능이 세계적 화두가 되게 만든 구글도 헬스케어분야에 투자를 확대하고 있다. 구글의 생명과학 부문 계열사인 베릴리

(Verily)는 생명과학 관련 데이터를 수집·분석하여 의학 관련 기업들과 함께 연구 업무를 진행하고 있다. 2017년 여름에는 모기 수를 줄이고, 지카 바이러스 등 모기가 옮기는 질병을 예방하기 위한 프로젝트를 추진하였다. 이는 박테리아에 감염된 2천만 마리의 모기를 풀어 기존의 모기를 퇴치하는 기발한 방식이었다. 또 2018년에는 레스메드(ResMed)와 공동으로 수면 무호흡증 치료 및 관리를 가능하게 하는 솔루션 개발을 추진하고 있다.

또 구글 자회사 딥마인드는 눈의 영상자료를 분석하여 질병을 진단하는 AI 알고리즘을 개발하였다. 수천 개의 망막 스캔 자료를 고속으로 처리하는 이 알고리즘은 안과의사 진단보다 더 빨리 녹내장, 당뇨병성 망막증, 시력 감퇴 등을 진단할 수 있다. 딥마인드는 향후 방사선 치료와 유방 X선 검사까지 인공지능 진단 영역을 확대한다는 계획이다.

구글 칼리코는 인간의 수명을 500세까지 연장시키는 프로젝트를 진행 중이다. 생명 연장과 동시에 노화 방지, 질병 퇴치를 목적으로 한다. 이미 보유한 100만명 이상의 유전자 데이터와 700만개 이상의 가계도를 활용하여 유전 패턴을 분석해 난치병 연구를 적극 추진 중이다.

이 외에도 엔비디아(Nvidia)는 그동안 축적해온 AI반도체 기술력을 바탕으로 환자 상태의 실시간 파악에서부터 현장 진단, 의료처치, 임상적 의사결정을 위한 예측 분석에 이르기까지 병원 등에서 적용할 수 있는 정교한 네트워크 설계용 칩을 개발하고 있다. 애플도 2014년부터 아이폰, 애플워치 등 기기에 헬스케어 기능을 확대하고 있다. 최근 애플이 업데이트한 'iOS 11.3 베타' 버전 헬스앱은 사용자가 자신의 의무기록을 수집할 수 있는 메디컬 레코드(medical records) 기능을 추가하였다.

❺ 신약 연구개발에도 활용되는 인공지능

신약 연구 개발에도 인공지능이 활용되고 있다. 유전체, 약 사용량, 약물 부작용 등 방대한 바이오·보건의료 빅데이터 분석에 인공지능을 활용한다. 일반적으로 신약 개발을 위해 한 명의 연구자가 조사할 수 있는 자료는 한해 200~300건이다. 이에 비해 인공지능은 한 번에 100만건 이상의 논문을 탐색할 수 있다. 분석 능력 또한 비교할 수 없을 정도로 뛰어나다.

글로벌 제약·바이오 업체에서 AI의 가능성에 주목하는 배경이다. 혁신 신약의 성공 여부는 신약 연구 개발 속도에 달려있다. 치료 성과가 좋은 신약 후보 물질을 누구보다 빨리 찾아내 제품화에 성공해야 의료 현장에서 인정받을 수 있다. 아무리 좋은 약이라도 상용화 속도에 뒤쳐지면 성공하기 어렵다.

이에 신약 개발을 위해 인공지능 회사와 제휴하는 제약회사가 늘고 있다. 글로벌 1위 제약사인 화이자는 IBM의 인공지능 왓슨과 손을 잡고 새로운 면역항암제 개발에 나서고 있다. 신약 개발 전문 AI인 'Watson for Drug Discovery'에 자체적으로 수집·구축한 암 관련 자료를 학습시킨다. AI로 다양한 정보를 연결·분석하여 과학적 근거에 기반을 둔 객관적 연구 가설을 도출해 임상시험 성공 가능성을 키운다는 계획이다.

존슨앤존슨의 자회사 얀센은 Benevolent AI와 협약을 맺었다. 수백만 종류의 신약 후보 물질을 탐색·평가하는 작업을 AI가 대신한다. 영국의 최대 제약사인 글락소스미스클라인(GSK)은 엑시엔시아와 제휴를 맺고 약물 설계와 신약 후보 물질 발굴에 인공지능을 활용한다. 성과도 이미 나오고 있다. 세계에서 가장 오래된 독일의 생명과학기업 머크(Merck)는 미국의 스타트업 아톰와이즈(AtomWise)의 신약 개발 전문 AI를 도입하여 불과 하루 만에 시판 중인 700여 종의 약을 분석하여 에볼라 신약 후보 물질 2개를 발굴하였다. 기존 방법대로 했다면 몇 년이 걸릴 일이었다.

미래 의료 패러다임인 정밀·예측·예방·개인 맞춤형 의료로 변화하기 위해서는 대규모의 개인 데이터가 필요하다. 이를 위해 많은 나라에서 국가 주도로 의료 빅데이터 프로젝트를 진행하고 있다.

미국은 2015년 정밀의료 계획의 일환인 100만명의 유전자 분석 프로젝트와 2016년 '캔서 문샷(Cancer Moonshot)' 프로젝트를 통해 암 관련 및 질병 관련 데이터를 확보하고 있다. 영국은 2012년 말부터 희귀 질환자와 암 환자 및 가족을 포함한 약 7만명으로부터 게놈 10만개를 분석해 게놈(genome) 서열 데이터와 의료 기록, 질병 원인, 치료법 등을 밝혀내는 '게노믹스 잉글랜드(Genomics England)' 프로젝트를 진행하고 있다.

핀란드는 2015년부터 '마이데이터(My Data)'를 국가 아젠다로 채택하였다. 마이데이터는 데이터 소유권을 기업에서 개인으로 옮기려는 국가 프로젝트다. 우선 의료분야에서 시행되고 있으며, 점차 교통·여행 등 모든 산업에 걸쳐 확산될 것으로 보인다. 또 핀란드는 '건강 및 사회적 데이터의 2차적 활용을 위한 특별법'을 제정하였다. 핀란드 인구의 약 10%인 50만명의 유전자 정보를 빅데이터로 구축하는 '핀젠(FinnGen) 프로젝트'를 위해서다.

국내에서도 정부 주도로 헬스케어 빅데이터 구축과 활용을 추진 중이다. 신약·화장품·의료기기·보험상품을 개발하는 수요 기업에 주요 병원 및 공공기관에 축적된 진료·처방 등의 헬스케어 데이터를 거래하는 것이 골자다.

의료 관련 데이터는 매우 민감한 개인정보이다. 이 때문에 높은 수준의 신뢰성과 보안성을 요구한다. 블록체인을 이용하여 의료정보를 기록하고 관리하면 위·변조를 할 수 없고 개인정보 유출 가능성도 낮출 수 있다. 따라서 블록체인 기술은 의료혁신을 현실화할 수 있는 기술로 최근 헬스케어 시장에서 큰 주목을 받고 있다.

📶 1호 인공지능 의사 탄생과 의사의 미래

의사의 도움 없이 스스로 병을 진단할 수 있는 인공지능 의료기기가 미국에서 처음 판매 허가를 받았다. 전문의처럼 환자에게 진단서를 발급할 수 있는 인공지능 의사가 탄생한 것이다. 세계 첫 의료용 인공지능 플랫폼 IBM 왓슨이 의사를 보조해 암 진단을 했다면, 이번 인공지능 의료기기는 한발 더 나아가 사람을 대신하는 단계로 발전하였다.

미국 식품의약국(FDA)은 2018년 4월, 미국 의료기기업체 IDx가 개발한 안과용 인공지능 의료기기 'IDx-DR'에 대해 최종 판매 승인을 내렸다. IDx-DR은 환자의 눈 영상을 분석해 당뇨 망막병증을 진단한다. 당뇨 망막병증은 고혈당으로 인해 망막 혈관이 손상돼 시력이 떨어지는 질환이다.

심할 경우 시력을 완전히 잃게 될 수도 있다. 이 의료기기가 본격 보급될 경우 환자는 병원에서 오랜 시간 전문의 진료를 기다리지 않고, 일반 의사나 간호사의 도움을 받으면서 간편하게 검사를 할 수 있을 전망이다.

당뇨 망막병증은 발병 초기에 별다른 증상이 나타나지 않아 치료 시기를 놓치는 경우가 많다. FDA에 따르면 미국에서 매년 2만 4천명이 이 질환에 걸리는데, 절반 이상이 제때 검사를 받지 않은 것으로 조사됐다. 안과 전문의 진료 예약이 쉽지 않고, 대기시간이 길어 정밀검사를 생략하는 경우가 많기 때문이다.

IDx-DR은 환자의 망막 영상만으로 1분도 안 되는 짧은 시간에 당뇨 망막병증을 진단할 수 있어 이런 문제를 상당 부분 해소할 것으로 기대된다. IDx는 머신러닝을 통해 전문의보다 빠르게 병을 진단할 수 있다. 질환이 발견될 경우 인공지능은 수술·치료가 필요하다는 소견과 함께 한 장짜리 진단서를 안과 전문의에게 전달한다. IDx-DR은 지난해 900명의 당뇨 환자를 대상으로 한 미국 임상시험에서 87.4%의 정확도로 당뇨 망막병증 환자를 가려냈다. 음성인 경우 진단 정확도는 89.5%였다.

이처럼 인공지능 기술의 헬스케어분야 적용이 점차 확대되면서 의료복지 증진이라는 혜택이 커지지만 논란의 여지도 없지 않다. 인공지능이 인간의 생명을 다루는 의료적 의사결정을 내릴 수 있느냐를 놓고 윤리적 문제가 대두되고 있다. 또 임상시험을 하듯이 인공지능 의사와 인간 의사의 이중검사 등도 논란거리다. 의사라는 직업도 점차 사라지는 것 아니냐는 우려가 나온다. 이에 대해서는 다양한 의견이 있으나 전문가들은 걱정보다는 변화에 발맞춰 새로운 관계를 구축해야 한다고 주장한다.

인공지능이 특정한 의료분야에서 인간과 비슷하거나 더 정확해지는 수준으로 발전한다고 하더라도 인공지능이 내놓은 치료법들 중에 무엇을 실행할지 최종적으로 판단하는 것은 여전히 인간 의사의 몫으로 남아 있다. 따라서 인공지능 때문에 의사의 역할이 완전히 사라지지는 않을 것이다.

다만, 의사의 역할은 현재와 달라질 것으로 예상되며, 이에 따라 필요한 의사의 숫자는 줄어들 수 있다. 현재 의사들이 하는 역할들 중에 미래에는 인공지능과 디지털 기술 때문에 사라지는 역할, 새롭게 생겨나는 역할, 여전히 유지되는 역할이 있을 것이다. 인간 의사와 인공지능 의사가 각자 자기의 역할에 집중하는 것이 필요하다. 결국은 인공지능과 인간 의사의 대결구도가 아니라 서로 어떠한 방식으로 협력할 것인지가 문제일 것이다.

5
법률시장

⊙ 법률시장에 확산되는 인공지능

인공지능의 선구자 IBM은 자신이 개발한 '왓슨'을 각 산업 전반에 접목해 거대한 인공지능 생태계를 만드는 데 주력하고 있다. 왓슨의 데이터 검색 능력과 자연언어 이용 능력을 활용하여 개발자들이 다양한 인공지능 서비스를 개발하도록 하는 것이다. 왓슨은 방대한 데이터와 자연어 콘텐츠를 종합하여 질문에 신뢰 등급을 부여한 답을 제시함으로써 다양한 문제의 해결을 돕는다. 이런 배경아래 IBM은 2014년 1월, 왓슨 기술 개발과 상용화를 전담하는 새로운 사업 조직인 'IBM 왓슨그룹'을 신설해, 의료·법률·금융 등 다양한 분야에 걸쳐 투자를 해 나가고 있다.

이 중 법률분야에서는 자회사인 로스 인텔리전스(ROSS Intelligence)를 통하여 법률자문 솔루션인 '로스(ROSS)를 개발하였다. ROSS는 사람과 대화하듯이 음성명령을 받으면 자연어를 인식하고 분석해, 판례 등 법률 정보와 승소 확률 등을 제시한다. 왓슨의 진화는 여기에 그치지 않고 있다. 특허와 법률서비스분야에서 왓슨의 활약은 판례를 포함한 방대한 양의 데이터를 빠른 속도로 찾아 분석해 내는 능력 때문에 가능하다.

이처럼 인공지능은 이제 법조의 영역에서도 활용 범위를 넓혀나가고 있다. 법률 사무는 대부분이 텍스트로 된 문서를 사용한다는 점에서 다른 분야보다 인공지능 기술이 도입되기에 적합한 성격을 지닌다. 법률가가 사건을 의뢰받으면 가장 먼저 수행하는 법률자료 조사와 판례 분석도 인공지능이 강점을 지닌 부분이다. 다양한 법률지식과 많은 수치를 분별해 사용하는 일은 인간에겐 어려운 일이지만 기계엔 단순한 일에 불과하기 때문이다.

법률 쟁점과 관련된 법령과 판례, 문헌 등을 검색하는 인공지능의 능력은 인간의 상상을 넘어선다. 인공지능은 초당 10억장의 법률문서를 검토할 수 있다. 이에 따라 앞으로 법률사무 상당 부분을 인공지능이 대체할 것이라는데 이견이 없다.

실제로 국내외 법률서비스 시장에 인공지능을 이용한 다양한 새로운 형태의 서비스들이 도입되고 있다. 법률정보를 연구하는 프로그램과 판결 예측시스템, 빅데이터 처리 시스템 등 인공지능이 접목된 시스템이 이미 개발돼 사용되고 있거나 개발이 진행되고 있다. 이런 기술을 집대성한 인공지능 법조인 탄생이 현실화되고 있다.

⊚ 인공지능 법률 솔루션 활용

2016년 5월, 법률자문 솔루션 '로스(ROSS)'는 뉴욕의 대형로펌 베이커앤 호스테틀러에 채택되면서 '세계 최초의 인공지능(AI) 로봇 변호사'로 불리고 있다. 이후 파산 관련 판례를 수집하고 분석하는 업무를 주로 수행하면서 명성을 얻고 있다.

이 밖에 법률검색 서비스를 제공하는 주요 리걸테크(Legal Tech) 기업들로는 웨스트로(Westlaw), 렉시스넥시스(LexisNexis) 등이 있다. 또 지능형 검색 기술을 서비스하고 있는 블랙스톤 디스커버리(Blackstone Discovery)는 2012년 벌어진 삼성과 애플의 세기의 특허소송에 활용되어 유명세를 탔다.

한편, 법률분석기업 피스컬노트(FiscalNote)는 미국 의회와 정부 데이터에 인공지능 기술을 접목시켜 입법과 법령 관련 정보를 기업의 정책 담당자에게 실시간으로 제공하고 있다. 연방정부와 주정부의 모든 법안과 규제는 물론 상하원 의원들의 영향력 정보까지 알 수 있으며, 상정된 법안의 의회 통과 가능성까지 예측하는데 정확도가 94%에 달하는 것으로 전해지고 있다. 미국 대형로펌과 보험사 상당수가 이 시스템의 고객이다.

국내에서도 인공지능 법률시스템의 개발 및 도입이 활발히 진행 중에 있다. 2015년 국내 리걸테크 1호 기업인 인텔리콘은 지능형 법률정보시스템 아이리스(i-LIS, Intelligent Legal Information System)를 개발하였다. 연이어 실행 시스템인 U-REX, 법률 QA시스템인 로보(Law-Bo)를 개발하였다. 아이리스는 세계 법률 인공지능 경진대회에서 두 차례나 우승한 바 있을 정도로 성능이 뛰어나다. 2018년 2월, 법무법인 대륙아주는 국내 최초로 이

시스템을 도입 활용키로 하였다.

　이제 지능형 법률정보시스템의 작동 과정을 보다 구체적으로 알아보자. 먼저 자연어 처리 과정을 거친다. 이는 법률 전문가가 아닌 사람이 일상적으로 사용하는 문장과 표현을 입력하면 인공지능이 알아서 법률적인 의미로 바꾸는 것을 뜻한다. 예컨대 '지하철에서 휴대전화로 여성의 다리를 촬영'이라고 입력하면 법률용어인 성폭력으로 이해하고 합당한 결과를 내놓는 식이다. 이 법률적인 추론과정을 거친 후 인공지능은 관련 법령과 판례를 화면에 제시한다. 이를 위해 인공지능은 법, 시행령, 시행규칙, 행정기관 내부 규정 등 대한민국의 모든 법령과 공개되어 있는 판례를 학습하였다.

　나아가 인공지능은 단순히 법령과 판례를 제시하는 데 그치지 않고 그 결과를 알아보기 쉽게 시각화한다. 질문에 가장 근접한 법령들과 판례를 추려낸 뒤 하나로 묶어 하나의 유기체처럼 서로 간의 연관성을 보여준다. 그 중에서 핵심이 되는 법령과 판례들은 보다 큰 원으로 표시하여 중요도를 나타낸다. 마치 여러 개의 뉴런이 얽혀 하나의 신경계를 이루는 모양과 같다. 사용자는 각각의 핵에 해당하는 원을 클릭하는 것만으로 해당 법령이나 판례의 내용을 읽어볼 수 있다. 그 결과 변호사들은 보다 완성도 높은 법률서비스를 더 빠른 시간 안에 제공할 수 있게 된다.

　그런데 이러한 인공지능의 최대 수혜자는 정작 법률 전문가인 변호사보다도 오히려 일반시민이 될 것이다. 이제 누구나 일상적인 언어로 인공지능에게 질문을 하면, 인공지능이 마치 인간처럼 질문자와 대화하고 오히려 질문자에게 해법에 접근하기 위한 질문을 던지면서 가장 적합한 법률적 해법을 내놓게 되는 것이다.

⊜ 변호사 직업은 존속될 수 있을까?

4차 산업혁명과 인공지능 시대에는 전문직으로서의 변호사 업무와 역할은 어떻게 변화될 것인가? 변호사라는 직업이 존속하기는 할까? 누구도 이에 대한 속 시원한 답변을 내놓기란 쉽지 않을 것이다. 그러나 변호사 직업이 존속한다 하더라도 그 업무방식은 현저히 달라질 것임은 충분히 예상이 가능하다.

인공지능시스템이 사건에 적용 가능한 판례나 법률이론을 수 초 만에 검색·정리하고, 변호사들이 몇 주·몇 개월에 걸쳐 작성하던 자문의견서를 순식간에 만들어 낼 것이다. 고객들은 변호사나 법무법인에 대한 온라인 평판시스템을 통하여 가장 적합한 변호사가 누구인지 확인할 것이다. 개인 간 또는 상거래관계에서 일어나는 분쟁에 대하여 과거의 사례 등에 비추어 가장 적절한 해결책을 제시하여 소송절차가 아닌 온라인상에서 해결되도록 할 것이다.

영국 옥스퍼드대가 2013년 발표한 '고용의 미래(The Future of Employment)'라는 연구에 따르면, 인공지능 발달에 따라 사라질 직업군의 확률은 법률사무직이 94%, 법원 속기사가 50%로 매우 높은 것으로 나타났다. 재판연구관은 41%, 판사도 40%에 달하였다.

그럼에도 불구하고 적지 않은 법률전문가들은 인공지능이 법조영역을 완전히 대체할 수 없다는 의견을 내놓고 있다. 이유인즉 법률사무는 단순히 판례를 분석하고 각 사례를 판례에 대입하는데 그치는 것이 아니기 때문이다. 특히 판례를 중시하는 영미법 체계와 달리 대륙법 체계를 지닌 우리나라는 어떤 일에 어떤 법을 적용할지 추론하는 게 매우 중요하다.

또한 각 사건은 법률적 쟁점이 다를 뿐만 아니라, 판례를 실제 적용하는 문제는 통찰력과 가치 판단이 필요한 부분으로 인공지능이 인간을 대체할 수 없기 때문이라고 설명하고 있다. 더욱이 과거의 자료만으로 답이 결정된다면 시대 흐름에 맞는 법률, 판례 변경이 불가능하게 될 우려도 있을 것이다. 공감·소통 능력이 없는 인공지능이 인간 사이의 복합적인 이해관계를 고려할 수 없다는 점도 주목해야 할 부분이다.

이렇게 볼 때 인공지능은 법조인의 역할을 대체하기보다는 보완하는 기능을 함으로써 기존 법률 사무의 개념을 재구성하고 진화시킬 것으로 예상된다. 즉 정형화된 사건이나 단순 사무는 인공지능이 대체하고, 법조인들은 법적 추론과정과 결정 과정에만 관여하게 된다는 것이다.

인공지능 시대의 새로운 법률시장의 미래는 'AI for Law, Law for AI'로 요약된다. 이는 인공지능을 얼마나 잘 활용하느냐가 법률서비스의 질을 좌우한다는 의미이기도 하다. 그리고 앞으로는 인공지능 활용 능력이 법조인이 꼭 갖춰야 할 능력 중의 하나가 될 것이다. 따라서 법률 인공지능을 변호사의 일자리를 빼앗는 기술로만 볼 것이 아니라, 하루라도 빨리 이를 도입하여 활용 노하우를 발전시켜 나가는 것이 중요하다.

인공지능과 미래 경제

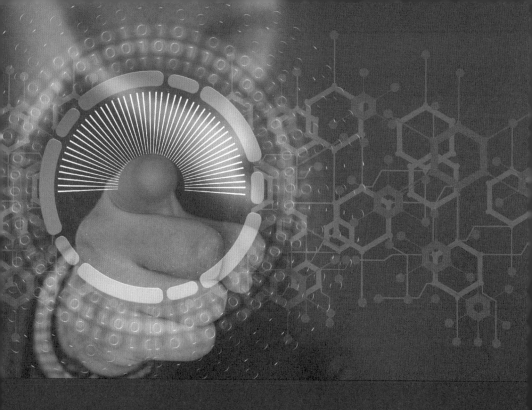

제5장
인공지능 세계대전

1

주요국의 인공지능 기술 및 산업정책

🔊 인공지능에도 시장경제 원칙을 고수하는 미국

미국은 인공지능 기술과 산업의 발전을 시장에 맡겨두고 있다. 기업들이 자율과 창의를 바탕으로 기술 개발과 경영 활동을 할 수 있는 생태계를 만들어 나간다는 자유시장 원칙을 고수하고 있다. 물론 사후적으로 경쟁제한적인 문제가 발생하거나 혹은 소비자의 일상생활에 피해가 발생하는 등 꼭필요한 경우에는 정부가 시장에 개입하기도 한다. 이와 함께 자국 기업이 외국 시장에서 차별적인 대우를 받거나, 또는 국가 안전보장에 위협이 될 가능성이 있는 기술의 유출이 우려되는 상황이 발생할 경우에도 정부가 직접 나서고 있다. 중국과의 AI반도체 무역 분쟁이 대표적인 예이다.

이처럼 '선 자율, 후 개입'이라는 시장경제 원칙을 고수하는 미국이지만, 인공지능 기술의 경우 경제사회에 미칠 영향력이 워낙 지대하기 때문에 정부 차원에서도 이에 대한 다양한 연구·검토가 이루어지고 있다.

2009년 초, 차세대 두뇌형 반도체인 인공지능 칩의 개발을 목표로 국방부 산하 DARPA(Defense Advanced Research Projects Agency) 지원으로 민관합동의 SyNAPSE(Systems of Neuromorphic Adaptive Plastic Scalable Electronics) 프로젝트가 시작되어 추진되고 있다. 이 인공지능 칩은 자율주행자동차, 공공치안, 군수산업 등에 핵심 부품으로 활용할 계획이다. IBM, HP, HRL Laboratories가 DARPA 프로젝트 기금을 지원받아 연구개발을 하고 있다.

또 2013년에는 백악관 중심의 범정부 차원에서 '브레인 이니셔티브(BRAIN Initiative: Brain Research through Advancing Innovative Neurotechnologies Initiative)' 정책이 수립되어 운용 중에 있다. 정부는 기초연구에 집중하면서도 기업의 참여를 통해 R&D와 산업화를 동시에 이루는 것이 이 브레인 개발 정책의 기본전략이다.

2016년 10월에도 두 개의 보고서를 발표하였다. 하나는 '국가인공지능 연구개발 전략 계획(The National Artificial Intelligence Research and Development Strategic Plan)'이며, 또 다른 하나는 '인공지능의 미래를 준비하기(Preparing for the Future of Artificial Intelligence)'라는 보고서다. 두 보고서 모두 국가과학기술위원회(NSTC, National Science and Technology) 산하기관에서 작성한 것이다.

'인공지능의 미래를 준비하기'에서는 인공지능이 초래할 미래상을 조망하고 이에 대응하는 대응전략 및 원칙을 7가지로 제시하고 있다. 첫째, 인공지능은 공적이익을 추구하는 데 사용한다. 둘째, 국가적 차원에서 기초적이고 장기적인 연구에 전폭적인 투자를 한다. 셋째, 자율주행 자동차와 드론에 대해서는 안전기준을 포함한 직접적인 규제가 필요하다. 넷째, 인공지능은 자동화로 인해 일자리를 빼앗는 대체제가 되어서는 안 되며 보완재의 성격에 한정되어야 한다. 다섯째, 불완전한 데이터는 원천적으로 사용 금지한다. 여섯째, 안전한 인공지능 사용을 위한 교육을 강화한다. 일곱째, 윤리적인 문제 등 기업이 준수해야 하는 기준을 정하고 이를 감시한다.

같은 달 발표된 '국가 인공지능 연구개발 전략계획'은 산업계 스스로 추진할 가능성이 낮은 7가지 분야를 정의하고, 해당 분야에 대해서는 정부가 직접 투자하겠다는 계획이다. 이는 민간과 정부의 연구 분야를 구별하고 정부의 역할을 명확히 했다는데 의미가 있다. 7개 연구 분야는 다음과 같다.

5년에서 10년이 지나야 수익 가능성이 있는 장기투자 연구, 인간과 인공지능 협업에 대한 상호작용 연구, 윤리적 사회적 의미를 이해하고 이에 부합하는 인공지능시스템 설계에 대한 연구, 인공지능의 안전과 보안 보장 관련 연구, 고품질 데이터 셋트 확보를 위한 연구, 표준 및 벤치마크를 통한 기술측정 및 평가 연구, AI 연구개발 인력 수요 규모 파악을 위한 연구 등이다.

한편, 이들 보고서 내용은 2016년 12월 발표된 'AI, 자동화와 경제(Artificial Intelligence, Automation, and the Economy)'에서 보다 구체화 되었다. 이는 인공지능 활용을 통한 자동화가 미치는 경제 전반의 충격을 분석하고 대응전략을 마련한 것이다. 노동시장 변화에 대해 제시한 3대 대응전략으로는 인공지능 연구와 개발에 적극 투자, 미래 직업을 위한 교육 및 훈련 강화, 노동자들의 직업을 찾고 역량을 강화함과 동시에 사회 안전망을 구축하는 것 등이다.

이처럼 미국의 인공지능 정책은 자동화에 따른 실업과 양극화 문제 등 역기능 발생이 우려되는 분야나 전 산업에 공통적으로 필요한 과제, 민간이 단독으로 수행하기 어려운 과제 등에 대해 정부가 나서서 장기적인 투자, 교육·훈련, 사회안전망 구축 등의 역할을 하겠다는 내용을 담고 있다.

◉ 중국의 정부 주도 '차세대 인공지능 발전 계획'

중국의 인공지능 육성시책은 2014년 시진핑 주석이 중국과학원 제7차 전국대표대회 개회사에서 인공지능 산업혁신을 언급하면서 시작되었다. 이를 계기로 인공지능이 정책적 이슈로 떠오르기 시작했으며 관련 정책들이 속속 발표되고 있다.

먼저 2015년 5월, 국무원은 '중국제조(中國製造) 2025'계획을 발표하였다. 과거 중국의 경제성장이 양적인 면에 치중했다면 '중국제조 2025'는 질적인 면에서 제조 강대국이 되고자 하는 산업고도화 전략으로서, 30년 간에 걸쳐 추구할 3단계 목표와 9대 과제를 제시하였다.

3단계 목표 중 1단계(2015~2025)는 미국, 독일, 일본 등의 글로벌 제조 강국 대열에 진입하는 것이다. 2단계(2026~2035)는 글로벌 제조 강국 대열 중간 수준에 안착하는 것이다. 3단계(2036~2045)에서는 주요 산업에서 선진적인 경쟁력을 갖춰, 세계 시장을 혁신적으로 선도하는 위치로 도약하는 것을 목표로 한다. 9대 과제는 제조업 혁신력 제고, 제조업 기초역량 강화, 제조업 국제화 수준 제고, IT기술과 제조업 융합, 서비스형 제조업 및 생산형 서비스업 육성, 친환경 제조업 육성, 품질 향상 및 브랜드 제고, 구조조정 확대, IT·로봇·항공우주·바이오·전력·교통 등 10대 전략산업 육성 등이다.

2016년 5월 발표된 '인터넷 플러스 AI 3년 실행계획'은 기존 인터넷 플러스 전략에 인공지능이 추가된 계획이다. 인공지능 혁신 플랫폼을 만들어 기존 중국 인공지능 시장 예상치의 10배 규모인 1천억 위안 규모로 성장시키고 기금 지원, 표준화, 국제협력, 정부 규제혁신, 인재양성 등을 통해 글로벌 인공지능 기업을 육성하는 것을 골자로 하고 있다.

2017년 7월에는 인공지능 강국 건설을 목표로 산업, 국가안보 등 다양한 분야에 인공지능을 적용하기 위한 중장기 인공지능 발전계획인 '차세대 인공지능 발전계획(新一代人工智能发展规划)'을 발표하였다. 여기에는 2030년까지 5년 주기의 발전 로드맵이 제시되어 있다. 2020년까지 인공지능 기술 및 응용 수준을 선진국 수준까지 높이고 규제, 윤리 등 법적 체계 정비를 완료한다. 그리고 2025년까지 인공지능 기술을 세계 최고 수준으로 향상시킨다. 아울러 2030년까지는 인공지능 이론·기술·응용 전 분야에서 미국을 제치고 세계 1위 국가가 되는 '인공지능 굴기(崛起)'를 실현한다는 것이다.

이 계획을 실현하기 위하여 2030년까지 중국 인공지능 핵심 산업규모 1조 위안(약 165조원), 인공지능 관련 산업규모 10조 위안(약 1,650조원)으로 확대하는 목표가 설정되어 있다. 아울러 138억 위안(2조 3천억원)을 들여 베이징에 약 400개 기업이 입주하는 대규모 인공지능 연구단지를 5년

간 조성할 예정이다. 그리고 효율적인 지원시책 추진을 위해 지역별로 인공지능산업원을 설립하여 밸류체인을 형성하고 있다. 인공지능산업원은 현재 베이징(北京), 톈진(天津), 상하이(上海), 항저우(杭州), 선전(深圳), 광저우(广州), 청두(成都), 난징(南京)에 분포하며, 인공지능 관련 기업들이 모여 인프라를 구축하고 있다.

한편, 중국은 인공지능산업 발전을 위한 전략으로 가장 기초적인 기반인 인재육성에 초점을 맞췄다. 중국은 오는 2030년까지 인공지능 세계 1위 국가로 도약하겠다는 목표를 세웠으나, 현재 연구인력 부분에서 미국의 절반 수준인 것으로 나타났다. 옥스퍼드 'AI잠재지수'에 의하면 중국의 과학연구 인력은 39,200명으로 미국의 78,700명에 크게 뒤처지는 상황이다.

이에 중국 정부는 인공지능 인재 확보를 위한 교육과정을 마련·추진하고 있다. 먼저 '전 국민 스마트교육 프로젝트' 실시를 목표로 모든 학교에 AI관련 과목을 개설하고 프로그래밍 교육을 확산하겠다는 청사진을 마련하였다. 이후 중국 교육부는 AI를 비롯해 IoT, 빅데이터 처리에 중점을 둔 '일반 중·고등 교과과정 방안과 어문 등 학과 교과과정 표준'을 발표하였다. 또 기업과 협력하여 대학 내 인공지능 교수 및 강사를 육성하고 전문학생을 키우는 방안도 마련하였다.

중국은 정부뿐만 아니라 기업도 인재육성에 동참하는 분위기다. 바이두는 3년 간 중국 내에서 10만명의 인공지능 인재를 육성하겠다고 발표했으며 북경대에 기술 개발을 위한 자본금도 투자하였다. 샤오미도 중국 우한대학과 AI연구실을 설립했으며 향후 인공지능 기술 개발을 위해 1만 위안의 연구개발비를 지원하기로 하였다. 우한대학은 교육부 직속의 핵심 종합대학으로 자연언어 처리, 지능형 컴퓨팅 등 고도의 연구 플랫폼을 보유하고 있다.

이러한 정부의 강력한 지원시책에 힘입어 최근 중국 인공지능산업은 공업용 로봇, 서비스 로봇, 의료, 금융, 개인비서, 가구, 웨어러블, 전자상거래, 자율주행 등으로 빠르게 확대되는 추세이다. 중국의 인공지능산업 규모는 2015년 이래 매년 30%를 상회하는 성장률을 기록 중이며, 2017년은 전년 대비 50% 이상 성장한 152억 위안 수준인 것으로 나타났다. 인공지능 관련 특허 신청 분량도 2010년을 기점으로 크게 상승하여 2013년부터는 미국을 추월한 것으로 나타났다.

앞으로도 중국 인공지능산업은 거대한 내수시장이 받혀 주는데다 정부의 강력한 지원시책까지 가세됨으로써 고속성장이 예상되고 있다. 인공지능 기술 발전으로 기대되는 생산력 향상은 경제성장률도 매년 0.8~1.4%포인트 견인할 전망이다. 특히 제조, 농어업, 유통소매업에서 인공지능의 활용에 따른 변화가 가장 클 것으로 예상된다.

⊖ 일본의 '초스마트사회(Society 5.0)' 구현 계획

일본은 한때 로봇 강국으로 통하였다. 소니를 비롯한 여러 기업들이 다양한 휴머노이드 로봇을 내놓으면서 세계시장을 선도하였지만, 최근 몇 년 사이에 AI 경쟁에서 한발 뒤처졌다는 평가를 받았다. 일본 정부도 이런 문제의식을 강하게 지니고 있다. 그래서 2015년 12월, '초스마트사회 (Society 5.0)'란 화두를 던졌다.

여기에는 일본이 당면한 에너지, 고령화, 지역경제 침체, 자연재해, 안보환경 변화, 지구적 문제 등 다양한 문제들을 인공지능 육성을 통해 해결하겠다는 내용이 담겨 있다. 특히 일본이 강점을 가지고 있는 로봇, 센서 디바이스, 네트워크 인프라, 데이터, 컴퓨터 개발 능력 등을 활용하여 경제 및 사회혁신을 추진하겠다는 전략이 포함되어 있다. '인공지능기술전략회의'도 이런 연장선상에서 나왔다. 경제 부진 탈출과 초스마트사회 건설을 위해서는 인공지능 기술 육성이 필수조건이란 판단을 한 셈이다.

이를 보다 구체적으로 살펴보자. 우선, 여전히 우위를 보이고 있는 로봇산업을 계속 육성함으로써 일석이조의 효과를 노리고 있다. 로봇으로 노동력 부족을 해결하는 한편, 새로운 시장을 창출하는 미래산업으로 육성, 성장잠재력을 끌어올리겠다는 것이다. 일본 정부는 2015년 '로봇 신전략'을 통해 2020년까지 1천억 엔(약 1조원)을 관련 프로젝트에 투자하겠다고 발표하였다. 또 로봇산업을 강화하기 위해 인공지능 연구의 필요성을 강조하였다.

인공지능분야에도 힘을 쏟고 있다. 2016년 4월, 총무성, 문부과학성, 경제산업성 등 3개 부처 중심으로 인공지능정책 컨트롤타워 역할을 하는 '인공지능기술전략회의'를 신설하였다. 이 전략회의를 통해 관계부처, 학계, 산업계 등과 협력을 도모하면서 인공지능의 연구개발 목표와 산업화의 로드맵을 세웠다. 일본 정부는 2016년을 인공지능 R&D 지원의 원년으로 규정하고, 향후 10년간 1천억 엔을 투자할 계획이다. 그리고 AI, 빅데이터 등을 활용하여 산업 혁신 추진으로 2020년까지 부가가치 30조 엔을 창출하는 것을 목표로 제시하였다.

이와 함께 전략회의 산하에 이화학연구소의 혁신지능통합연구센터(AIP)가 AI 기초연구를, 일본산업기술종합연구소가 응용연구, 정보통신연구기구가 뇌과학과 언어처리 연구를 담당하는 체제를 구축하였다. AIP는 100명의 인공지능 전문 연구인력을 충원하였다. IoT 분야도 발걸음을 재촉하고 있다. 경제산업성은 2016년 독일과는 'IoT/인더스트리 4.0' 협력에 관한 공동성명을, 미국과는 IoT 분야 협력각서를 체결하였다. IoT를 사용하여 기계 가동상황을 시각화하거나 고장을 방지하는 혁신 작업들도 이뤄지고 있다. 미쓰비시전기 나고야제작소의 e팩토리가 대표적이다.

2016년 11월 발표한 '인공지능 산업화 로드맵'에서는 인공지능 추진 목표를 생산성, 건강 및 의료, 공간이동, 정보보안 4가지 분야로 정하고 단계별 로드맵을 제시하고 있다. 이 로드맵에 의하면 우선 2020년까지 각 산업에서 인공지능과 데이터 활용을 활발히 하여 관련 신산업을 태동시킨다. 그리고 2025년까지 인공지능과 데이터 이용을 촉진하고 관련 신산업을 육성한다. 아울러 2030년까지는 여러 산업을 복합적으로 연결하고 융합된 인공지능 에코시스템을 구축한다는 것이다.

2018년 6월에도 일본 정부는 국가 차원에서 인공지능 고급인재를 집중 양성하는 이른바 '신 이노베이션(New Innovation)' 전략을 마련하였다. 이에 따르면 2020년에는 인공지능 분야의 우수 인재가 5만명 정도 부족할 것으로 보고, 인재 육성을 위해 각 대학의 인공지능 관련 학과에 재정을 지원하기로 하였다.

그러나 이러한 정부 차원의 노력과 달리 일본 사회에서는 여전히 제조업과 장인정신에 집착해 있는 편이다. 이에 '오픈 플랫폼'과 '융합'을 특징으로 하는 4차 산업혁명 대비가 폐쇄적이란 분석이 있다. 인공지능 기술 개발에 필수적인 빅데이터의 활용이 더디고 소프트웨어가 부족하다는 지적도 있다.

🔊 유럽의 Digital Single Market 실현과 인공지능 육성

미국과 중국이 인공지능 경쟁을 치열하게 벌이고 있는 가운데, 유럽의 인공지능 경쟁력은 상대적으로 뒤쳐졌다는 평가가 중론이다. 사실 유럽은 인터넷과 정보기술산업 측면에서도 낙후되어 있었다. 이 점은 유럽연합이 구글세(稅)를 도입했다는 것에서도 알 수 있다. 구글세 도입은 2000년대 중반부터 유럽연합 국가를 중심으로 추진되어 2015년부터 세계적으로 부과되고 있다.

'구글세(Google Tax)'란 포털사이트에 세금 형태로 징수하는 콘텐츠 저작료나 사용료를 일컫는다. 처음 논쟁이 구글을 대상으로 시작되어 구글세라 부르며, 점차 부과 대상이 다국적 IT업체 전체로 확대되었다. 구글세는 구글의 검색시장 독과점 폐해 문제와 함께 공론화되기 시작하였다. 유럽에서 구글은 인터넷 검색시장의 80~90%를 차지하고 있다. 이는 다시 말해 유럽은 검색엔진 볼모지라는 뜻이기도 하다.

다만, 이제 유럽도 서서히 달라지고 있다. 유럽은 미국과 중국이 인공지능 패권을 두고 치열한 전쟁을 거듭하는 가운데 인공지능 역량을 모으기 위한 시동을 걸기 시작하였다. 2018년 4월, EU집행위원회는 인공지능 육성을 위한 일련의 계획을 발표하였다. 북미와 아시아에 비해 뒤쳐진 인공지능 경쟁력 회복을 위해 투자를 확대하고 제도를 정비한다는 것이 핵심 내용이다.

유럽이 뒤늦게나마 이런 대책을 마련한 것은 미국과 중국 주도의 인공지능 양강 구도를 깨고 새로운 성장동력을 만들어야 한다는 절박감 때문이다. 우수한 유럽의 인공지능 인재들이 미국과 중국 기업으로 유출되는 현상을 막아야 한다는 생각도 깔려 있다. 유럽이 새로운 ICT 패러다임으로 불리는 인공지능시대마저 미국과 중국에 밀릴 수 없다는 절박함이 엿보인다.

대책의 주요 내용을 살펴보면 우선 투자확대를 위해 민관 공동으로 2018년부터 2020년까지 200억 유로(약 25조원)를 투자하여 기술경쟁력을 확보한다는 것이다. 중점 투자분야는 헬스, 행정, 운송, 농업, 제조 분야에서 개인의 삶 향상과 경제사회적 가치 창출에 기여하는 AI 프로젝트를 선정·지원할 계획이다. 그리고 이 투자계획은 단편적인 R&D 지원 정책이라기보다는 2015년 5월 발표된 EU의 성장전략인 '디지털 단일 시장(DSM, Digital Single Market)' 전략의 구체적 실천방안으로서 의미를 지닌다.

특히, 그동안 디지털 후진국으로 알려졌던 프랑스가 유럽의 AI 허브로

인공지능과 미래 경제

부상하고 있는 것은 눈여겨봐야 할 점이다. 사실 프랑스는 디지털 경제사회 지수가 EU 28개국 중 16위에 처할 정도로 디지털 후진국이었다. 그러나 마크롱 대통령은 프랑스를 디지털 강국, 인공지능 강국으로 발돋움시키기 위한 파격적인 행보를 보이고 있다. 2018년 3월, 그는 '데이터 및 기술인재 육성책'을 발표하였다. 여기에는 기술인재를 프랑스로 모으기 위해 인공지능 연구에 15억 유로를 지원하고 의료데이터 등을 연구목적으로 개방한다는 내용이 담겨 있다.

아울러 2018년 5월, 대통령궁에서 글로벌 IT 대기업 CEO 50명을 초청하여 '테크 포 굿(Tech for Good)' 행사를 열었다. 이 행사는 프랑스를 '스타트업 국가'로 만들겠다고 선언한 마크롱 대통령이 거대 IT기업들의 투자를 독려하기 위해 마련되었다. 다른 한편으로는 개인정보 독점, 조세 회피, 경쟁 제한 등 IT 대기업에 쏟아지는 비판에 대한 해결방안을 모색하기 위한 목적도 있었다. 이 자리에는 마크 저커버그 페이스북 CEO를 비롯하여 지니 로메티 IBM CEO, 사티야 나델라 마이크로소프트 CEO 등 실리콘밸리의 거물들이 대거 참석하였다.

이러한 맞춤형 지원책은 다수의 테크기업을 프랑스로 유치하는 결정적인 계기가 되고 있다. IBM은 향후 2년간 프랑스에서 블록체인과 클라우드 컴퓨팅산업 관련 인력을 1,400명 채용하겠다고 밝혔다. 마이크로소프트는 2018년 AI 전문가 100명을 채용하고 3년간 3천만 달러를 투자하겠다고 발표하였다. 구글은 향후 5년간 비영리 프로젝트에 1억 달러를 투자하겠다고 약속하였다. 삼성전자 또한 파리 소재 인공지능 연구개발팀 연구원을 기존의 15명 수준에서 100명까지 확충하겠다는 계획을 밝혔다.

한편, 이번에 발표된 대책에는 인공지능 윤리와 관련된 논의 가능성도
열어 두었다. EU집행위원회는 향후 발생할 일자리 변화 등 사회경제적 변
화를 준비하고, 인공지능서비스 결함 등에 대응하는 '윤리적 법적 체계'를
2019년까지 마련키로 하였다. 이는 인공지능에 시민권을 부여하자는 움
직임과 부합된다. 유럽은 2012년부터 '로보로(Robolaw)' 프로젝트를 통해
인공지능 로봇 인격에 대한 논의를 시작했으며, 2017년 '로봇시민권 권고
안'을 통과시킨 바 있다.

⊜ '4차 산업혁명'에 통합 추진되는 한국의 인공지능 정책

우리나라는 인터넷시대에는 나름대로 선두 그룹에 속하였고, 그 결과
경제발전면에서도 어느 정도 성과를 이룰 수 있었다. 그러나 인공지능시
대는 과거 인터넷시대와는 차원이 다르다. 인공지능 기술은 선점하는 것
이 매우 중요하다. '빠른 추격자(fast follower)'가 아니라 '선도자(first mover)'
가 되어야 한다.

우리나라의 인공지능 환경은 5G 이동통신 등 기본 인프라는 그런대로
갖춰져 있으나, 클라우드와 빅데이터, 딥러닝 등 핵심 원천기술은 크게 뒤
떨어져 있는 실정이다. 그리고 타 산업분야와의 협업 등 산업생태계 조성
측면에서도 아직 부족한 부분이 많다. 이에 인공지능 기술을 선도하는 글
로벌 기업들과 비교할 때 우리 기업들은 이제 막 걸음마를 뗀 수준에 불과
하다.

2018년 2월, 정부와 정보통신기술진흥센터(IITP)가 공동으로 전문가 의견을 바탕으로 조사한 자료에 의하면, 인공지능 관련 최고 기술 보유국인 미국의 인공지능 기술 수준을 100으로 봤을 때 우리나라는 81.3으로, 2.3년의 기술 격차가 났다. 참고로 미국과의 기술 격차는 유럽이 1.0년, 중국이 1.9년, 일본이 2.0년 뒤처진 것으로 나타났다. 또 미국에 비해 기술 격차가 가장 큰 분야는 사업화 부문이며, 기초연구, 응용개발 순으로 차이가 컸다. 그리고 인공지능이 도입되어 있는 분야는 단순상담, 상품안내 등의 특정 서비스 사업에만 한정되어 있는 것으로 진단하였다.

미국, 일본 등 선진국 대비 인공지능 특허건수와 관련 논문 건수도 적었다. 최근 20년간 발표한 인공지능 논문은 중국이 13만 건으로 가장 많았다. 그 뒤를 미국 11만 건, 일본 4만 건으로 이어졌고, 한국은 1만 9천 건으로 11위에 집계됐다. 인공지능 특허출원 건수는 중국이 2013년 이후 압도적인 1위로 올라서면서 우리나라는 미국과 일본에 이어 4위를 기록하고 있지만, 중국 및 미국과의 격차가 확대되면서 불안감을 보이고 있다.

그러면 앞으로 핵심기술과 산업이 될 것으로 예상되는 AI 플랫폼을 통하여 우리나라 인공지능이 처한 상황을 좀 더 자세히 알아보자. 국내외 AI 플랫폼 경쟁은 하루가 다르게 갈수록 치열해지고 있다. 지금 글로벌 인공지능 기술업체들은 저마다 독자적인 AI 플랫폼 기술을 기반으로 제품·서비스를 출시하면서 본격적인 경쟁을 시작하고 있다. 국내 업체들도 AI 플랫폼 제품들을 내놓고 있지만, 아직까지는 기술력 등에서 한계를 보이면서 국내 기업들은 설 자리를 찾지 못하고 있다. 여기에 국내 시장의 규모가 작아 사업화 추진에도 제약이 되고 있다.

그런데 플랫폼 경쟁은 승자독식의 구조이다. 기업들이 국내 시장에만 집중할 경우 글로벌 AI 플랫폼 시장에서 경쟁력을 확보하기 어렵다. 국내 시장에 안주하면 자칫 글로벌 기업에 국내 시장까지 내줄 수밖에 없을 것이다. 이런 문제를 극복하기 위해서는 지속적인 국제협력과 표준·인증 지원 등을 통하여 해외시장 진출을 확대할 필요가 있다.

이제 우리 정부가 추진 중인 인공지능 기술과 산업육성 정책에 대해 알아보자. 우리나라는 인공지능 개발전략을 별개의 정책으로 추진하는 것이 아니라 4차 산업혁명 발전정책과 통합하여 추진하는 것이 특징이다. 정부는 2016년 8월, 제2차 과학기술전략회의에서 인공지능을 비롯한 9대 국가전략 프로젝트 추진계획을 발표하였다.

한편, 새 정부가 들어선 이후에는 기존의 인공지능 관련시책을 보다 효율적으로 추진하기 위하여 2017년 8월 대통령 직속기구로서 '4차산업혁명위원회'를 공식적으로 출범시켰다. 위원회는 민간 각 분야 전문가로 최대 25명을 정하며, 위원장도 민간 전문가 중 대통령이 위촉한다. 당연직 위원으로는 과학기술정보통신부, 중소벤처기업부, 산업통상자원부, 고용노동부 장관과 청와대 과학기술보좌관 등 5명이 참여한다.

위원회의 역할은 4차 산업혁명에 대한 종합적인 국가전략 수립에 관한 사항, 4차 산업혁명 촉진의 근간이 되는 과학기술 발전 지원, 인공지능·정보통신기술 등 핵심기술 확보 및 벤처 등 기술혁신형 연구개발 성과 창출 강화에 관한 사항, 4차 산업혁명 선도 기반으로서 데이터 및 네트워크 인프라 구축에 관한 사항 등을 심의·조정하는 것이다.

4차 산업혁명위원회는 발족 이후 수차례에 걸친 회의를 통하여 인공지능과 4차 산업혁명 관련 대책들을 마련·발표하고 있는 중이다. 2017년 12월 개최된 제3차 회의에서는 '4차 산업혁명 대비 초연결 지능형 네트워크 구축 전략'을 마련하였다. 여기에는 2019년 3월 5G를 세계 최초로 상용화하고 2022년까지 전국망 구축, IoT 연결기기를 기존 1,160만개에서 2021년까지 3천만개로 확대, SW와 인공지능 기반으로 똑똑하고 안전한 네트워크 실현, 도서/산간 지역 등 모든 곳에 초고속인터넷 접근권의 제도적 보장 등의 내용이 담겨있다.

2018년 5월 개최된 제6차 회의에서는 '인공지능 R&D 전략'을 의결하였다. 이를 통해 국방과 의료, 안전 분야 등을 중심으로 5년간 2조 2천억원을 투자하여 인공지능 핵심기술을 개발하겠다고 밝혔다. 또 2019년 인공지능대학원을 신설하고 기존 대학연구센터에 AI 연구지원을 강화하여 인공지능 우수 인력 5천명을 2022년까지 육성할 계획이다. 이와 함께 스타트업이나 중소기업 등이 인공지능 개발에 활용할 수 있도록 학습용 데이터 1억 6천만건을 2022년까지 구축하여 기업에 제공할 예정이다.

인공지능 R&D 전략 추진체계

전략목표('22)

세계 4대
AI강국 도약

우수 인재
5천여명 확보

AI 데이터
1.6억여건 구축

범용 : 1.1억건   산업 : 4.8천만건
*한국어이해 : 152.7억 어절

투자방향

| 민간투자가 어려운 공공영역과 고위험차세대 기술 분야 집중 | 민간 경쟁력이 있는 분야에 대한 초기시장 창출 지원 |

중점 추진 방향

❶ 세계적 수준의 AI기술력 확보

응용분야	공공 AI 특화 프로젝트 (국방·안전· 의료등)	AI +X(신약, 미래소재, 산업응용 등)
		AI 국가전략 프로젝트 개편
응용분야		AI 그랜드 챌린지
	AI HW(칩, 초고성능 컴퓨팅)	
기초과학	뇌과학 기반 차세대 AI	신경망 컴퓨터

❷ 최고급 인재 양성

고급인재	인공지능 대학원 신설 대학연구센터 AI지원강화 국제공동연구, 인턴십지원
융복합인재	AI프로젝트형 교육

❸ 개방 협력형 연구기반 조성

역량결집	인공지능 브레인랩 조성
데이터·컴퓨팅 지원	AI허브 구축
플랫폼	공공·민간 온라인 챌린 지 플랫폼 구축

자료: 과학기술정보통신부/4차 산업혁명 위원회

인공지능과 미래 경제

인공지능 기업제국의 탄생과 경영전략

🌐 글로벌 초국가 기업제국의 탄생

4차 산업혁명과 인공지능 기술이 가속화됨에 따라 우리는 이제 기업이 사회를 지배하는 시대를 살아가고 있다. 기업의 힘이 갈수록 커지고 정부의 힘은 상대적으로 약해지고 있다는 의미이기도 하다. 이러한 사회를 우리는 '기업국가'라고 하며, 이런 시대를 열어가는 기업들을 '초국가기업' 또는 '초국적기업(Transnational corporation)', '기업제국(企業帝國)'이라고 부르고 있다. 이들은 어느 한 국가에 얽매이지 않고 여러 나라에서 생산·판매 활동을 하는 세계적 기업들을 뜻한다. 이들에겐 국가 간 장벽도, 영토의 한계도 없다.

다국적기업과 비슷한 의미지만 초국적기업은 자본집단이 웬만한 국가보다 강력한 영향력을 행사하는 상황을 우려하는 의미가 담겨 있다. 이제

이들은 하나의 '제국(帝國)'을 형성하고 있다. 과거의 제국주의가 국가가 중심이 돼 다른 나라를 침략하는 형식이었다면, 이들 기업제국은 기업이 오랫동안 정부의 영역으로 여겨졌던 공권력뿐만 아니라 시민의 은밀한 사생활 곳곳에 침투하여 영향력을 넓혀가는 것이다.

이러한 속성을 지닌 기업제국들은 정보통신(IT) 산업에 종사하는 기업에 특히 많은 편이다. 미국의 페이스북(Facebook)·애플(Apple)·아마존(Amazon)·넷플릭스(Netflix)·구글(Google) 등 소위 'FAANG'과 IBM, 마이크로소프트(MS, Microsoft) 등이 대표적인 기업들이다. 또 바이두, 알리바바, 텐센트 등 BAT로 대표되는 중국 기업들 역시 거대한 시장과 막대한 자본력을 바탕으로 기업제국으로 부상하고 있다. 우리나라의 삼성, 네이버, 카카오 등도 이런 부류에 해당한다.

이들은 국가보다 오히려 더 사람들의 삶에 깊숙이 침투해 있다. 이들이 소유한 개인정보의 양은 이미 정부의 데이터베이스를 뛰어넘었다. 이용자들이 무슨 음식을 좋아하고, 어떤 옷을 즐겨 입는지, 소비습관은 어떻게 되는지 등 플랫폼 사용자들의 일거수일투족을 알고 있다. 이를 통하여 그 사람의 성향과 사고방식, 행동패턴까지도 예측할 수 있는 것이다.

또 이들이 소유한 정보는 국가 간 장벽을 뛰어넘을 수 있다. 이렇게 형성된 빅데이터는 전 세계인을 하나의 영향력 아래 묶어두는 권력이 될 수 있다. 2016년 미국 대선에서 5천만명이 넘는 페이스북 사용자의 개인정보가 유출된 것은 기업의 빅데이터 정보가 얼마든지 악용될 수 있다는 가능성을 보여주는 대표적인 사례다. 그리고 이들은 자신의 영업활동을 통해 소유하게 된 막중한 정보력을 또 다른 새로운 시장 개척의 밑바탕 자원으로 활용하고 있다.

이들 주요 글로벌 기업제국들은 인공지능을 모두 미래의 최대 성장동력으로 보고 있다. 때마침 글로벌 시장조사기관 가트너(Gartner)가 선정한 '2018년 10대 전략기술 트렌드'에 의하면 대부분이 인공지능과 관련된 기술들로 채워져 있다. 이에는 인공지능 강화 시스템(AI Foundation), 지능형 앱 및 분석(Intelligent Apps and Analytics), 지능형 사물(Intelligent Things), 디지털 트윈(Digital Twin), 클라우드에서 엣지로(Cloud to Edge), 대화형 플랫폼(Conversational Platforms), 몰입 경험(Immersive Experience), 블록체인(Blockchain), 이벤트 기반 모델(Event-Driven), 지속적이며 적응할 수 있는 위험 및 신뢰 평가(CARTA) 접근법 등이다.

이런 상황 속에서 글로벌 IT기업들은 기존의 정보산업 기술력을 바탕으로 점차 인공지능 기업으로 변신 중에 있다. 이들은 인공지능산업 자체의 발전뿐만 아니라 이를 바탕으로 의료기술 향상, 유전자 분석, 신약 개발, 금융거래 등의 분야로 확산시켜 나가고 있다. 다만, 이들이 역점을 두고 있는 인공지능 영역은 약간의 차이가 난다. 그들이 가장 강점을 지닌 사업 분야의 경쟁력 강화를 위해 인공지능 기술을 활용하고 있기 때문이다.

❺ 글로벌 기업제국들의 오픈소스 전략

글로벌 기업제국들은 인공지능 생태계를 선도하겠다는 공통된 전략을 가지고 있다. 이들은 기업에 따라 다양한 전략을 취하고 있다. 하지만 전문가 영입과 양성, 클라우드 컴퓨팅 기반으로 오픈소스를 적극 활용하고, AI 관련 스타트업 인수에 적극적이라는 것은 이들 모두의 공통점이다.

이를 보다 구체적으로 알아보자. 우선 인공지능 소프트웨어 기술을 오픈소스로 공개하고 있다는 것이다. 이들이 오픈소스로 공개하는 것은 인공지능처럼 어려운 기술의 발전은 독자적인 노력만으론 한계가 있다고 보기 때문이다. 그리고 기술 공개로 더 많은 개발자 우군을 확보, 인공지능 생태계 진화를 앞당기기 위한 것이다. 아울러 폐쇄적인 시각에서 벗어나 기술 플랫폼을 공개함으로써, 우수 인재를 훈련시키고 발굴하려는 뜻도 내포되어 있다.

'오픈소스(open source)'란 소프트웨어의 설계도에 해당하는 소스코드를 인터넷 등을 통하여 무상으로 공개하여 누구나 그 소프트웨어를 개량하고 이것을 재배포할 수 있도록 하는 것 또는 그런 소프트웨어를 말한다. 누구나 무료로 이용할 수 있는데다 공개된 코드를 기반으로 프로그램을 마음대로 변형할 수도 있다. 리눅스(Linux) 운영체제가 대표적인 사례다. 삼성 등 많은 스마트폰에서 활용하고 있는 안드로이드(Android) 운영체제 또한 구글에서 개발한 오픈소스 서비스다. 그리고 암호화폐의 세계에서도 비트코인이 오픈소스를 함에 따라 수많은 알트코인(Altcoin)들이 만들어지고 있다.

소스코드를 알게 되면 그 소프트웨어와 비슷한 것을 만들거나 그 소프트웨어에서 이용하고 있는 기술을 간단히 전용할 수 있다. 이 때문에 기업 등에서는 자사에서 개발한 소프트웨어의 소스코드를 극비로 하고 있

인공지능과 미래 경제

으며, 이를 다른 사람에게 제공할 때는 사용료 즉 라이선스를 받는 경우가 많다. 이에 비해 오픈소스는 소스코드를 공개하여 유용한 기술을 공유함으로써, 누구나 자유롭게 소프트웨어의 개발·개량에 참여할 수 있게 하는 것이 우수한 소프트웨어를 만드는 데 도움이 된다는 생각에 바탕을 두고 있다. 최근 확산되고 있는 공유경제의 대표적인 사례라 할 수 있다.

오픈소스의 저력을 살펴보자. 마이크로소프트(MS)는 컴퓨터가 빠르게 보급되던 20세기까지 윈도OS, 오피스, 인터넷 익스플로러 등 폐쇄된 OS 체제를 통해 IT세계를 완전히 장악하고 있었다. 그러던 어느 날 리눅스가 오픈소스를 통해 반기를 들고 나왔다. 이에 빌게이츠와 스티브 발머로 이어지는 MS 1~2대 CEO들은 리눅스를 사회주의자 또는 암적 존재라며 혹독하게 비판하였다. 그러나 IT환경이 점차 PC에서 모바일로 바뀌고, 또 오픈소스가 대세를 이루자 MS 사세는 점차 기울기 시작하였다.

이때 3대 CEO로 등장한 사티아 나델라(Satya Nadella)는 오픈소스를 적극 받아들였다. 리눅스 커뮤니티에 임원을 파견하고, 자사의 애저(Azure) 클라우드 서비스에서 리눅스를 지원하기도 하였다. 또 MS의 주요 프래밍 코드를 오픈소스 라이선스에서도 이용할 수 있도록 하였다. 이후 MS는 다시 활기를 찾았다. 물론 주력사업 모델을 기존의 OS에서 클라우드 서비스로 변경한 것이 더 중요한 요인이기는 했지만, 오픈소스로의 전환 또한 큰 힘이 되었다.

또한 이 오픈소스 덕분에 수많은 기술이 탄생하였다. 리눅스가 그랬고 우리들이 웹문서를 만들 때 사용하고 있는 웹 기초 테크놀로지 HTML도 그렇게 탄생한 것이다. 또 MS는 AI 코타나(Cortana)와 스카이프(Skype) 번역 음성인식 기술 등을 오픈소스하고, 구글은 텐서플로(TensorFlow)를 오픈소스하였다. 텐서플로는 머신러닝과 딥러닝을 위해 만들어진 소프트웨어로, 인공지능의 원천기술이라고 할 정도로 중요성을 지니고 있다.

페이스북도 AI 기술을 위한 오픈소스 하드웨어인 빅서(Big Sur)를 공개하였다. 빅서는 머신러닝 데이터를 학습할 때 사용되는 서버로 데이터 처리 속도를 높였다. 중국의 바이두도 자체 개발한 인공지능 소프트웨어 WARP-CTC를 오픈소스로 공개하였다. 이 기술은 컴퓨터가 사람의 말을 인식하는데 필요한 머신러닝에 활용된다.

◉ 가열되는 인공지능 스타트업 인수 경쟁

글로벌 기업제국들이 취하고 있는 또 하나의 공통된 전략은 인공지능 스타트업(start up) 인수 경쟁에 공격적으로 나서고 있다는 점이다. 이들이 스타트업들을 인수하는 이유는 자체적으로 기술개발을 하려면 상당히 오랜 시간이 걸리는데 비해 스타트업 기업 인수는 신기술을 짧은 시간 내에 흡수할 수 있을 뿐만 아니라 젊고 혁신적인 인재를 수혈할 수 있는 수단도 되기 때문이다. 이를 보다 구체적으로 알아보자.

첫째, 기술적 장벽이 존재하는 경우이다. 대기업이 따라잡기 힘든 그들만의 고유한 기술이 있거나 따라잡을 수 있다 해도 시간적인 여유가 부족할 경우, 그들의 기술을 흡수하기 위해 인수를 진행한다. 때로는 해당 기업의 특허를 취득할 목적으로 인수를 진행하기도 한다.

둘째, 사용자 수가 많을 경우이다. 이미 티핑포인트를 넘어 아무리 많은 투자를 하더라도 그들의 사용자 수를 따라 잡을 수 없을 경우 사용자층을 흡수하기 위해 인수를 진행한다. 또는 자사의 서비스를 인수대상 기업의 사용자들에게 제공하기 위해서 그 기업을 인수하기도 한다.

셋째, 사용자들의 충성도가 높을 경우이다. 해당 기업의 서비스 품질이 우수해 사용자들의 충성도가 높을 경우 사용자들의 마음을 돌리기란 불가능에 가깝다. 이럴 경우 기존기업의 존재가치를 살리면서 해당 사용자들을 자사의 고객으로 끌어오기 위해 인수를 진행한다.

넷째, 우수한 인재들을 갖추었을 경우이다. 제품은 그저 그렇지만 제품을 개발한 엔지니어들이나 팀원들이 젊고 우수할 경우 인수를 통해 그 인재들을 확보하기 위해 인수를 진행한다.

인공지능 스타트업 시장에 가장 관심이 많은 기업으로는 단연 구글을 꼽을 수 있다. 구글의 인공지능 '알파고'의 출현은 딥마인드(DeepMind)라는 영국의 인공지능 스타트업이 있었기에 가능하였다. 딥마인드가 없었다면 인간과 기계간 세기의 바둑 대결은 사실상 일어날 수 없는 일이었다. 2016년에도 구글은 비주얼 서치 스타트업 Moodstock과 로봇 플랫폼 Api.ai를 인수하는 등 지금까지 가장 많은 인공지능 스타트업들을 인수하였다. 아마존과 페이스북, IBM, MS, 애플, 인텔 등의 여타 글로벌 인공지능 자이언트들도 구글처럼 AI 스타트업 인수 전략을 적극적으로 실행하고 있다. 인텔은 Itseez·Nervana Systems·Movidius 등을, 애플은 Turi와 Tuplejump를 인수하였다. 트위터 또한 이미지를 생산하는 Magic Pony 등 스타트업 인수에 박차를 가하고 있다.

글로벌 마케팅기업 세일즈포스(Salesforce)도 2016년 딥러닝 분야 스타트업인 메타마인드(MetaMind)를 인수하면서 인공지능분야에 뛰어들었다. 이로 인해 세일즈포스는 고객 지원, 마케팅 자동화 및 기타 여러 비즈니스 프로세스를 자동화하고 개인화할 수 있는 기능의 인공지능 솔루션을 고객에게 제공할 수 있게 되었다.

이처럼 글로벌 기업들의 인공지능 스타트업 인수 경쟁이 가열됨에 따라 전체 M&A 건수가 매년 크게 증가하는 추세이다. 즉 2013년 22건에서 2017년 115건으로 5배 이상 증가한 것으로 집계됐다.

2017년 이루어진 대표적인 M&A 사례로는 구글의 캐글(데이터 분석 플랫폼) 인수, 애플의 이니트(챗봇 개발 플랫폼)와 래티스(데이터 분석 플랫폼) 인수, 아마존의 스퀴럴(사이버 보안 시스템 제공 업체) 인수, 페이스북의 오즐로(챗봇 기술 기업) 인수 등이다. 특히 중국의 적극적인 행보가 눈에 띈다. 인공지능 스타트업에 대한 M&A 등 글로벌 투자에서 중국은 2016년 11.3%에 불과했으나, 2017년에는 48%를 차지하며 38%에 그친 미국을 처음으로 앞질렀다.

이러한 과도한 인수경쟁으로 매수할 만한 인공지능 스타트업 품귀 현상까지 벌어지면서 딥러닝 기술을 보유한 벤처기업 몸값이 하룻밤 사이에 몇 배로 뛰어오르고 있다. 또 각 대학·연구소 인공지능 전공자들은 기업들의 스카우트 경쟁에 즐거운 비명을 지르는 상황이 연출되고 있다.

3

전문가 양성과 스카웃 경쟁

⦿ 턱없이 부족한 인공지능 전문가

인공지능 전문가들은 대부분 컴퓨터공학과 인지과학분야의 석사 혹은 박사학위를 소지하고 있으며, 프로그래밍 언어와 시스템 통계 및 분석에 상당한 수준의 능력을 갖추고 있다. 또한 인공지능 전문가가 되려면 수학, 수리논리학, 기초과학, 심리학 등 연관 분야에 대한 지식을 갖추어야 하며, 무엇보다 창의력이 뛰어나야 한다. 이들의 주 업무는 머신러닝 및 로봇 알고리즘에 대한 연구, AI 소프트웨어 개발, 프로그램 관리 및 연구, 대규모 데이터 자료 출처에 대한 심층적인 조사 및 분석, 주어진 데이터에 머신러닝을 적용할 수 있는 시스템 및 인프라 구축 등이다.

그런데 인공지능 전문가의 수급이 엄청난 괴리를 보임에 따라 여러 가지 문제가 발생하고 있다. 수요는 갈수록 폭발적으로 증가하는데 비해 공급되는 전문가 수는 매우 제한적이기 때문이다. 정보통신진흥센터(IITP)의 분석에 따르면, 현재 인공지능 업체들이 필요로 하는 전문인력 수는 약 100만명 수준인 것으로 추산되고 있다. 그러나 현재 활동 중인 전문인력은 약 30만명 수준에 불과하다. 더구나 30만명 중 10만명은 연구인력이다.

반면, 인공지능 전문가를 단시일 내에 육성하기는 힘들다. 아울러 세계적으로 인공지능 연구소를 갖춘 교육기관에서 배출되고 있는 인공지능 전문인력은 약 2만명 정도로 시장 수요에 크게 못 미치고 있다고 한다. 이런 점을 감안했을 때 앞으로도 인력난은 계속 이어질 것으로 예상되고 있다.

이런 상황에서 인공지능 전문가의 몸값은 천정부지로 치솟고 있다. 기업들이 책정한 인공지능 전문가에 대한 연봉 역시 빠른 속도로 상승하고 있다. 관련 학과 학생의 경우 졸업 이전에 이미 취업 권유를 받고 있는 것은 물론 초임도 급속히 상승하고 있는 것으로 알려지고 있다.

시장조사기관 IDG(International Data Group)가 발표한 '2017 인터넷 유니콘(Unicorn)기업 연봉 보고서'에 따르면, 인공지능 업종의 고급 일자리의 경우 평균 연봉이 다른 일자리와 비교하면 55%나 더 높았으며, 중급 일자리는 90%, 초급 일자리는 110%가 더 높았다. 미국 실리콘밸리에서는 인공지능 전문가의 경우 관련 산업체 근무 경험이 전혀 없거나 또는 약간의 경험밖에 없더라도 연봉이 스톡옵션을 포함해 30만~50만 달러에 달하는 것으로 나타났다.

인공지능 굴기를 내세우고 있는 중국의 경우 이런 현상은 더욱 심하다. 중국의 헤드헌팅 회사 관계자는 "페이스북의 경우 졸업한지 2~3년 된 박사 출신들에게 40~50만 달러의 연봉을 주는데, 이들이 바이두, 알리바바,

텐센트 등 중국 IT업계로 옮겨갈 경우 30% 더 높은 연봉을 요구한다."고 전하였다.

인공지능 인력 수급 불균형으로 인한 또 다른 문제점은 대학과 정부출연 연구기관의 경우 전문인력을 구하기가 한층 더 힘들어지고 있다는 것이다. 이들 기관들은 인공지능 관련 인프라와 기반기술 개발 역할을 수행한다. 특히 대학들은 차세대 인공지능 전문인력을 양성하기 위한 교수인력이 필요하다. 게다가 국방, 신약 개발 등 새로운 분야에서도 인공지능 인력 수요가 계속 늘어나고 있다. 하지만 대학과 정부기관은 사기업처럼 고액의 연봉을 주는 게 힘든 상황이다. 반면 사기업들은 상당한 수준의 스톡옵션까지 보장하면서 인공지능 전문인력 유치 경쟁을 벌이고 있다. 그러니 우수 인력들은 자연히 사기업으로 몰릴 수밖에 없다.

◉ 주요국들의 인공지능 전문가 양성 프로그램

이런 상황에서 인공지능 전문가 확보를 위한 각국의 경쟁 또한 날로 뜨거워지고 있다. 그런데 인력 확보의 방법 면에서 미국은 주로 기업 차원에서 이루어지고 있는데 반해, 중국·일본·유럽 등 다른 국가들은 정부 차원에서 이루어지고 있다.

인공지능 인재 양성에 가장 적극적인 나라는 단연 중국이다. 중국은 오는 2030년 인공지능분야에서 세계 선두국가로 부상하겠다는 계획을 세우고 인공지능 전문가 양성에 심혈을 기울이고 있다. 초·중·고교 교과과정에 인공지능 과목을 추가했으며, 대학에 인공지능 관련 단과대 및 전공학과를 대폭 신설하는 등 인공지능 교육을 강화하고 있다. 또 중국의 싱크탱크 중국과학원대학(UCAS)이 인공지능 단과대를 개설하겠다고 발표한 것은 대표적인 사례다.

영국 정부는 2017년 10월, '영국 AI 산업육성'이란 보고서를 통해 18개 권고안을 발표하였다. 권고안은 향후 4년간 인공지능 연구에 47억 파운드를 투자, 공공기관과 기업간에 데이터 공유 활성화, 전문인력 양성을 위한 교육제도 전반의 개선 방안 등을 담고 있다. 교육제도 개선 방안에는 대학에 석사·박사학위 과정을 대폭 늘리고, 일반인들이 쉽게 접근할 수 있도록 온라인 교육을 강화하며, 튜링연구소와의 파트너십을 통해 국제적인 장학재단을 설립하여 세계 모든 전문가에게 개방하자는 내용을 담고 있다.

그동안 디지털 후진국으로 취급받았던 프랑스도 마크롱 대통령 취임 이후 인공지능 인재 육성에 매우 적극적이다. 2018년 3월 발표된 '데이터 및 기술인재 육성책'에 의하면 기술인재를 프랑스로 모으기 위해 AI 연구에 15억 유로를 지원하고 의료데이터 등을 연구 목적으로 개방한다는 내용이 담겨 있다.

일본의 경우 '인재육성 TF', '4차 산업혁명 인재육성 추진회의' 등에서 우수한 인재 확보를 위한 논의를 진행하며, 2020년까지 인공지능을 포함한 약 4만 8천명의 ICT 인력난 해소 계획을 세워두고 있다. 이를 위해 과학기술진흥기구(JST) 펀딩을 통한 인재 육성, 대학에서 데이터교육 강화, 대학과 연구소간의 인적 교류 강화, 인공지능과 관련된 특별강좌 개설 등의 내용을 포함하고 있다.

우리나라는 인공지능 분야 석·박사급 고급인력 수가 절대적으로 부족한 상황이다. 특히 대학·연구기관의 연구원 수는 미국, 유럽 등 기술 선진국뿐만 아니라 급부상중인 중국에도 뒤처지는 상황이다. 이유는 그동안 교원·연구자·양성기관 부족으로 인재 양성이 미흡했기 때문이다. 그나마 존재하던 소수의 인공지능 전공자들도 정부의 지원 부족과 협소한 국내 시장 여건 등으로 인해 대부분 타 분야에서 종사하고 있는 실정이다.

이에 우리 정부는 세계 4대 인공지능 기술 강국 실현이라는 목표 아래 2022년까지 인공지능 인재 5,000명을 양성하기로 하였다. 인공지능 핵심·차세대 원천 기술을 개발할 수 있는 고급 연구인력, 인공지능 응용 신제품과 서비스를 창출할 수 있는 데이터 활용 중심 융복합 인력을 구분해 육성한다는 것이다.

이를 위해 2022년까지 6개의 인공지능 대학원을 신설하고, 기존 대학 연구센터에 인공지능 연구 지원을 강화하여 1,400명 규모로 고급 연구인력을 양성할 계획이다. 또 데이터 활용 중심 융복합 인력은 인공지능 프로젝트형 교육 및 실무인재 교육 등을 통하여 3,600명 규모로 육성할 방침이다.

글로벌 기업들도 고급인재 확보와 선점에 총력을 기울이고 있다. 미국의 데이터 분석회사 페이자(Paysa)에 따르면, 미국 기업의 인공지능 인력 확보 연간 투자액은 아마존 2,565억원, 구글 1,464억원, 마이크로소프트 846억원에 달한다. 골드만삭스의 경우 지난해 기준 신입직원의 37%를 STEM(Science, Technology, Engineering, Math) 전공자로 채용하였다.

이 외에도 글로벌 기업들은 급속한 기술 변화 대응과 핵심인재 선점을 위해 대학·연구소와 글로벌 협력을 적극 추진하고 있다. 페이스북은 프랑스 파리에 AI 연구실, 구글은 몬트리올대학에 머신러닝 연구실, 엔비디아(Nvidia)는 대만 국립대학에 인공지능 실험실을 각각 설치하였다. 우리나라 기업 중에는 삼성이 몬트리올대학에 AI랩을 개소한데 이어 프랑스에 AI센터를 설립할 예정이다. 네이버도 프랑스 제록스리서치센터유럽을 인수하였고, 홍콩과기대와 공동으로 AI연구소를 설립하였다.

🔊 경쟁사 인공지능 임원 쟁탈전

글로벌 기업들은 지금 치열한 인공지능 인재 쟁탈전을 벌이고 있으며, 앞으로 더욱 심화될 것으로 예상된다. 스마트폰, 자율주행 자동차뿐만 아니라 세탁기, 냉장고, 조명 등 모든 제품에 인공지능이 탑재될 것이므로 이를 위한 인재 수요는 기하급수적으로 늘어나고 있기 때문이다.

인공지능분야를 선도하고 있는 글로벌 기업들은 일찍이 세계 최고 수준의 스타 인공지능 전문가 영입은 물론, 응용산업분야에서도 인공지능 융복합 인력 확보에 주력해 왔다. 예를 들면, 구글이 알파고를 만든 딥마인드의 창업자 허사비스와 딥러닝 개념의 창시자 제프리 힌튼 몬트리올 대학 교수를, 페이스북은 힌튼 교수의 제자이자 딥러닝 전문가인 얀 르쿤 뉴욕대학 교수를 영입하였다. 또 중국의 바이두는 구글에서 활동하던 중국계 앤드류 응을 영입하였다. 최근에도 페이스북은 루크 제틀모이어 워싱턴대학 교수를 음성인식 AI기술 담당으로, 마이크로소프트는 제프 고든 카네기멜론대학 교수를 영입하였다.

이와 함께 인공지능 전문 스타트업 인수와 연구기관 설립에도 힘을 기울이고 있다. 딥러닝 인재들이 모여 만든 영국의 스타트업 '딥마인드 테크놀로지(DeepMind Technologies)'는 50명 남짓의 뚜렷한 제품도 없는 작은 스타트업(start up) 기업임에도 구글이 무려 4억 파운드(약 5.5억 달러) 이상을 지불하고 인수하여 세계를 놀라게 하였다. 최근에는 테슬라 자동차 창업주 일론 머스크의 지원으로 10억 달러 규모의 비영리 인공지능 연구단체 '오픈 에이아이(Open AI)'가 출범하였다.

이러한 인재영입 경쟁은 날이 갈수록 더 치열해지고 있다. 이들은 경쟁사의 AI 부문 최고위 임원까지도 수백만 달러 이상의 거금을 주고 서로 뺏고 빼앗기는 식의 스카우트 경쟁에 불을 붙인 상황이다.

애플은 2018년 4월, 구글의 AI와 검색 기술 개발을 총괄했던 존 지안난드리아(Giannandrea) 부사장을 영입하였다. 지안난드리아 부사장은 구글에서 구글 어시스턴트와 검색, 이메일 등에 탑재된 AI 기술 개발을 총괄하였다. 애플은 이번 영입을 통해 성능이 떨어진다는 평을 받는 자사의 인공지능 가상비서 서비스 '시리'의 성능뿐만 아니라 아이폰의 경쟁력도 대폭 끌어올릴 계획을 세웠다.

자율주행 자동차 개발에서 가장 앞서 있다고 평가받고 있는 구글은 전기자동차 선도기업인 테슬라의 인재들을 잇달아 영입하였다. 2015년 소프트웨어 핵심 엔지니어 로버트 로즈(Robert Rose)를 영입한 이후, 2018년에는 고객대응 성능 총감독인 매트슈얼도 영입하였다. 또 삼성전자에서 AI 비서 빅스비를 개발한 이인종 전 부사장을 영입하였다. 이 전 부사장은 구글에서 자율주행자동차, 스마트폰, 스피커 등을 한꺼번에 연결해 관리하는 기술을 개발·총괄할 것으로 알려졌다.

또 인텔은 인공지능 전문가 영입을 위하여 아예 인공지능 연구소를 설립하였다. 사실 인텔은 인공지능을 독자적으로 개발하겠다는 의도보다는 컴퓨터 칩 제조에서 경쟁관계에 있는 엔비디아(Nvidia)를 경계하기 위해 연구소를 설립하였다. 구글, 페이스북 등 인공지능 솔루션을 연구 중인 업체들은 엔비디아가 생산하는 GPU에 크게 의존하고 있다. 시장을 크게 잠식당한 인텔은 엔비디아의 GPU에 대항할 수 있는 칩 기술 개발을 추진 중이며, 이를 위해 앤드류 응과 같은 인물을 영입하려고 노력 중이다. 그리고 다수의 핵심인력들을 빼앗긴 테슬라도 애플에서 기술 운영을 담당하던 네라 마느라오, 아마존에서 물류를 담당하던 마크 마스탄드레 등을 영입하였다.

중국 기업들도 인재 쟁탈전에 공격적으로 나서고 있다. 중국 최대 포털업체인 바이두는 2017년 마이크로소프트에서 메신저/검색/AI 사업을 총괄해왔던 치루(齊魯) 부사장을 최고운영책임자(COO)로 데려왔다. 치루는 바이두에서 AI/자율주행차 기술 개발을 총괄하고 있다. 중국 1위 전자상거래 업체인 알리바바도 미국 아마존의 수석연구원으로 무인 매장인 '아마존 고(GO)' 개발에 참여했던 런샤오펑(任小楓) 박사를 영입하였다. 알리바바는 런샤오펑 박사를 중심으로 중국에서 무인 매장 개발에 박차를 가할 것으로 전해졌다.

한국 기업들 또한 인재 스카우트 경쟁에 나섰다. 삼성전자는 2017년 MS에서 AI 비서 코타나를 개발하였던 래리 헥(Larry Heck) 박사를 삼성리서치아메리카(SRA)로 스카우트하였다. 헥 박사는 MS와 야후, 구글 등을 거친 인공지능 석학으로 꼽힌다. LG전자는 국내 경쟁사의 인재들을 대거 영입하였다. 네이버는 아예 프랑스 그르노블에 있는 제록스유럽연구소(XRCE)를 약 1천억원에 인수했다. 이곳에 있는 80여명의 인공지능 전문 인재들을 한꺼번에 확보하기 위해서다.

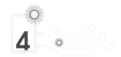

미국의 주요 인공지능 기업제국

📡 구글, '모두를 위한 AI'를 캐치프레이즈로

세계 최대 포털 구글(Google)은 2018년 검색 부문에서 인공지능 부문을 독립시켰다. 이는 인공지능이 구글의 자체적인 사업 부문을 형성하는 데 충분히 중요해졌음을 시사한다. 구글은 2001년 이후 인공지능 관련 기업을 인수합병하며 인공지능 분야를 선도하고 있다. 2009년 자율주행 자동차 개발을 시작하는 등 인공지능 기술을 활용하는데 앞장서 왔다. 2014년에는 알파고를 개발한 딥마인드를 4억 파운드에 인수하였다. 로봇 분야에서도 앞서고 있다.

구글은 지도, 사진, 음성인식, 검색, 메일 등 모든 서비스에 인공지능 기술을 탑재한다. 또 인공지능 기술을 공개하고 대중화에도 적극 나서기로 하였다. 모바일 시대 안드로이드 운영체제로 시장을 장악했듯이 미래 인공지능시대도 선점하겠다는 의도이다. 구글은 스마트폰 이용자를 위하여 이메일을 읽고 이용자의 모든 동작을 파악하며, 묻기도 전에 원하는 것을 알아서 검색하고 그 결과를 이용자가 원하는 상황까지 감안해서 알려 주는 진정한 의미의 사이버 도우미를 개발하는 목표를 세웠다. 그 일환으로 가상비서 '구글 어시스턴트', IoT 허브 '구글 홈', AI 모바일 메신저 앱 '알로(Allo)' 등 인공지능을 활용한 서비스를 준비하고 있다.

구글은 인공지능 기술을 보다 현실적인 부분으로 접근하였다. 구글은 인공지능 기술을 자사의 서비스에 본격적으로 도입하면서 기존 텍스트 기반의 번역을 머신러닝 기반으로 바꾸기 시작하였다. 현재 97개 언어 간 번역이 실시간으로 가능하다. G메일, 인박스에 적용된 스마트 답장 기능 역시 편지 본문 내용을 인식하고 필요한 답장을 인공지능이 스스로 알아서 제안하는 기능이다. 현재 모바일 답장의 12% 가량이 이를 통해 이뤄지고 있다. 유튜브의 자동 캡션 역시 인공지능 기술이 접목된 서비스다. 화자의 음성을 인식해 자동으로 자막을 붙이고 이를 다시 10개 언어로 번역해준다. 현재 약 10억개의 영상에 적용돼 서비스 중이다.

인공지능 가상비서인 구글 어시스턴트는 언어 분야의 머신러닝이 집적된 결과물이다. 머신러닝을 통해 텍스트에 대한 이해 능력을 끌어올리고 여기에 정교한 음성인식을 결합하였다. 이를 통해 사용자가 필요로 하는 정보만 골라 제공한다. 또 메일에 적힌 내용으로 수신자 행동 패턴을 예측하고 음성, 문자, 터치를 통해 기존 문장에 대한 이해와 인식은 기본이고 사용자가 누구인지, 취향, 상황 같은 부가적인 정보를 복합적으로 처리한 뒤 대화 형태로 사용자와 상호작용한다.

최근에는 인공지능과 컴퓨터 비전을 활용한 '구글 렌즈'를 비롯하여 사람의 말을 알아듣고 전화를 걸어주는 업그레이드된 가상비서 '구글 어시스턴트'를 공개하였다. 이는 미용실, 음식점 예약 같은 명령을 내리면 실제로 전화를 걸어 예약을 잡아준다. 단순히 예약 내용을 전달하는 것이 아니라 인사를 나누고, 참석자의 수를 알리기도 한다. 상대방의 목소리 내용을 인식해서 예약 가능한 시간을 조율하기도 한다. 머신러닝과 챗봇, 그리고 말을 하는 구글 듀플렉스 기술을 조합하여 이를 만들어냈다.

한편, 인공지능 기술 개발과 인프라 확장 노력도 이어갔다. 텐서플로(TensorFlow)는 머신러닝을 전공하거나 공부하는 이들에게 가장 익숙한 머신러닝 학습도구다. 구글은 2015년 11월, 인공지능 기술의 발전이 관계기업들과의 협력 아래 이루어질 수 있도록 자신이 개발한 딥러닝 소프트웨어 텐서플로를 오픈소스로 공개하였다. 텐서플로는 2011년부터 구글에서 내부적으로 사용되던 1세대 머신러닝시스템 '디스트빌리프'를 이은 구글의 2세대 머신러닝시스템이다. 이는 하나의 모델 안에서 여러 개의 다른 모델을 쌓아 올리거나 변환시킬 수 있고 한꺼번에 모두를 학습시킬 수도 있다.

에릭 슈미트(Eric Schmidt) 알파벳 회장의 후임으로 2015년 10월, 구글의 새 CEO가 된 순다 피차이는 구글이 인공지능 기업으로 우뚝 서게 된 데 크게 기여한 사람이다. 순다 피차이(Sundar Pichai)는 2016년 연례 개발자 회의(구글 I/O)에서 "우리는 현재 '모바일 퍼스트(mobile-first)'에서 'AI 퍼스트(AI-first)' 세계로 전환하는 컴퓨팅의 새로운 전환기를 맞고 있다. 앞으로 구글의 모든 제품과 서비스에 인공지능을 넣을 것이다"라고 말하였다.

2018년 그가 또다시 던진 화두는 '모두를 위한 AI(AI for everyone)'이다. 정보에 대한 접근법을 모두에게 차별 없이 제공하는 한편, 새로운 기회를 발굴하여 많은 사람들에게 도움을 주겠다고 밝혔다. 이는 2년 전 내세웠던 'AI 퍼스트'에서 한발 더 나아간 개념이다. 인공지능을 접목한 다양한 서비스·제품으로 누구나 쉽게 인공지능을 이용하게 해 플랫폼을 선점하겠다는 전략으로 읽힌다.

● IBM, '왓슨'을 통해 인공지능 상용화 선점

IBM(International Business Machines)은 컴퓨터가 세상에 나온 후 지난 몇 세기 동안 PC와 IT분야에서 늘 최고의 자리에 우뚝 서 있었다. 그러던 지난 2006년 아마존웹서비스가 들고 나온 클라우드는 글로벌 전역의 IT 환경에 일대 큰 변화를 가져왔다. IBM은 이런 변화에 적극적으로 대응하지 못했고, 기존 핵심 수입원이었던 하드웨어 비즈니스에 미련을 버리지 못하고 집착한 탓에 추락을 이어 갔다. 그러던 IBM이 새로운 클라우드 서비스 '블루믹스'와 인공지능 '왓슨'을 접목하면서 또다시 재기의 불씨를 살리고 있다.

이제 IBM은 '왓슨'을 개발하여 인공지능의 실제 사례를 보여 주며, 구글과 함께 인공지능 분야를 선도하고 있다. 왓슨은 2011년 미국 퀴즈쇼 '제퍼디'에서 인간과 대결하여 승리하며 세계의 이목을 집중시키기도 하였다. 최근에는 엔비디아와 협력하여 왓슨의 응답 시간을 1.7배 빠르게 구현하였다.

IBM의 인공지능 '왓슨'이 벌어들이는 금액은 IBM 전체 매출의 10%를 넘는다. 인공지능을 개발한 기업은 많지만 상용화로 수익을 내는 기업은 IBM이 독보적이다. 왓슨은 암 진단 같은 의료분야를 비롯하여 법률과 금융·유통·제조·교육 등 거의 모든 산업에서 활용된다. 전 세계 500개가 넘는 기업들이 왓슨을 도입하여 큰 효과를 보고 있다. 또한 최근에는 한국어를 알아듣는 왓슨도 등장하여 다양한 서비스를 제공하고 있다.

IBM은 특히 왓슨을 의료분야에서 발군의 실력을 보여 주고 있다. 왓슨은 암 환자의 데이터와 각종 의료데이터를 동원하여 암 발견과 최적의 치료를 수행하는 시스템으로 발전하고 있다. 유명한 의사보다 왓슨이 더 정확하게 수행한다고 한다.

또한 최근에는 왓슨 IoT 기술을 적용한 자율주행 셔틀버스를 발표하였다. 이 버스는 차량 외부에 장착된 센서들로 데이터를 수집하고 이를 활용하여 AI가 운전한다. 또 승객과의 일상 대화가 가능하여 승객이 목적지를 말하면 목적지와 최적 경로를 자동으로 운행한다. 이렇게 IBM은 왓슨을 산업 전반과 실제 생활에 접목하여 커다란 인공지능 생태계 구축을 추구하고 있다.

왓슨을 수익성 높은 비즈니스로 키운 사람은 버지니아 로메티(Virginia Ginni Rometty) 회장이다. 2012년, 100년이 넘는 IBM 역사상 첫 여성 최고경영자 자리에 오른 그녀는 추진력과 실용주의로 능력을 인정받고 있다. 그녀는 회장으로 취임한 이듬해 2013년 당시 20억 달러를 투자하여 퍼블릭 클라우드 업체 '소프트레이어'를 인수하였다. 이어 이름을 '블루믹스

(Bluemix)'로 변경하면서 클라우드 중심의 비즈니스 구축을 이뤄내고 있다. 그녀는 7년 연속 포춘지가 선정하는 가장 영향력 있는 비즈니스 여성 50인에 선정되기도 하였다.

🎧 애플, '시리'의 생태계 확대에 주력

애플(Apple)은 아이폰을 개발하면서부터 세계 최강의 IT업체로 부상하였고, 상장시가 총액에서도 세계 1위로 올라섰다. 그러나 새로운 지평을 열어나갈 인공지능분야에서는 구글과 아마존 등 경쟁사보다 많이 뒤쳐져 있다는 평가를 받고 있다. 이런 사실을 스스로도 인정하고 있는 애플은 최근 인공지능 부문에 적극적으로 투자를 확대해 나가고 있다.

기업세계에서 혁신의 아이콘으로 통했던 스티브 잡스(Steve Jobs)가 2011년 사망하자, 팀 쿡(Tim Cook)이 새로운 애플의 CEO가 되었다. 그는 잡스만큼 혁신적이지는 않지만 유연한 사고의 소유자이며, 다른 기업들과의 협업과 소통에도 능숙하였다. 또 혁신적인 제품을 스스로 만드는 것 이상으로 우수한 기술을 지닌 스타트업 인수가 중요하다는 사실을 간파하고 이를 실천해 나갔다. 그리고 모바일뿐만 아니라 인공지능으로 사업영역을 확장해 나가고 있다. 쿡은 구글에 먼저 손을 내밀어 안드로이드 기술 관련 특허전쟁을 끝냈으며, PC시장에서 경쟁관계이던 IBM과도 모바일 시장에서 전격적으로 손을 잡았다.

인공지능 영역에서 애플이 특히 주력하고 있는 분야는 자사가 개발한 음성인식 가상비서 '시리(Siri)'의 생태계를 확대하는 데 있다. 즉 시리를 외부의 앱과 연동함으로써 서비스의 확장성을 넓히고 있다. 또한 그동안 아이폰과 아이패드 등에서만 작동되던 시리를 PC와 노트북PC 운영체제인 맥 OS에도 포함한다고 한다.

인공지능 활성화를 위한 투자 전략은 스타트업 인수와 우수한 인재 영입에 두고 있다. 우선, 애플은 인공지능기술을 높이기 위하여 자체 기술 개발보다는 인공지능 스타트업을 인수하는 전략을 취하고 있다. 2015년의 보컬IQ 인수는 보컬IQ가 지닌 스피치 AI 소프트웨어를 이용함으로써 시리를 고도화하기 위한 것이었다. 보컬IQ는 2014년 GM과 협력하여 탑승자가 음성명령을 통하여 자동차의 특정 기능을 켜거나 끄도록 구현한 바 있다. 2016년에는 안면인식 기술과 고객의 광고 반응 제고를 위하여 이모션트(Emotient)를 인수하였다.

2017년에도 스타트업 인수 행렬은 이어졌다. 애플의 2017년 스타트업 인수 포트폴리오에는 인공지능, AR과 VR, 헬스케어, 무선충전기술 개발 업체들이 포함되어 있는데, 그중 인공지능 관련 스타트업이 절반 이상을 차지한다. 애플은 이들이 보유한 혁신 기술을 획득해 애플뮤직, 시리, 카메라, 애플워치 등의 성능 개선에 이용하고 있다. 가령, 음악 검색앱 '샤잠(Shazam)'을 인수한 것은 샤잠이 보유한 음악 인식기술을 아이폰의 인공지능 비서 시리와 접목해 이용자가 검색한 음악을 찾아주는 서비스를 제공하기 위해서다.

이미지 인식관련 기술 스타트업 인수에도 나서고 있는데, 향후 아이폰에 저장된 사진을 특정기준에 따라 분류하고 찾아주는 기능을 업그레이드하기 위한 것이다. 뿐만 아니라 한 번에 여러 장의 사진이 촬영됐을 경우 그 중 가장 잘나온 한 장만 기기에 저장하는 서비스 제공도 가능해진다. 그리고 이전보다 훨씬 얇고 편평한 카메라로 어두운 곳에서도 선명한 사진을 찍을 수 있는 카메라 성능과 함께 제품 전체의 디자인도 함께 개선하는 방안을 꾀하고 있다.

또 그동안 컴퓨터가 분석할 수 없어 활용을 못하고 사장돼 왔던 데이터를 판독하여 유용한 데이터로 변환하는 기술을 보유한 스타트업도 인수하였다. 이는 희소한 데이터에 대한 접근성이 높아지는 것을 의미하는데, 애플은 이를 통해 인공지능 시장에서 독보적 우위를 점하려고 한다.

애플은 이러한 스타트업 인수 전략과 함께 우수 인재 영입에도 박차를 가하고 있다. 가장 대표적인 사례가 얼마 전까지만 해도 경쟁사인 구글의 인공지능 책임자로 근무했던 존 지아난드레아를 비판 속에서도 2018년 4월 영입한 것이다.

이러한 노력들이 결실을 맺을 가능성이 커지고 있다. 조만간 선보일 스마트폰 iOS 12 체제가 안착하고, 또 앱스토어에 있는 수백만개의 앱을 시리가 모두 이용할 수 있게끔 능력을 갖춘다면 인공지능 가상비서 시장에서 최대 지배자인 아마존의 알렉스와 구글의 구글 어시스턴트 등과 경쟁이 가능할 것이라는 분석이 나오고 있다.

한편, 현재 애플이 안고 있는 최대 과제는 아이폰의 대를 이을 차세대 주자를 찾는 것이다. 애플은 그 답을 증강현실(AR)에서 찾고 있다. 애플은 안구추적기술 특화 글래스 개발업체 '센소모토릭인스트루먼츠

(SensoMotoric Instruments)'와 AR 및 VR 헤드셋 개발업체인 '버바나(Vrvana)'를 연이어 인수함으로써 스마트폰에서 AR 플랫폼으로 전환을 준비 중이다. 특히 AR과 VR기술이 결합된 XR(확장현실) 헤드셋 토템(Totem)을 개발 중인 버바나의 비전은 2020년까지 XR 헤드셋을 구현해 사람들이 현실에서 더 많은 체험을 할 수 있게 하겠다는 애플의 목표와 맞닿아 있다.

아울러 헬스케어산업에도 관심을 보이고 있는데 2017년 수면추적기 개발업체 베딧(Beddit)을 인수해 숙면 여부, 심박 수, 코골이 양 등 사용자의 수면패턴 데이터를 스마트폰으로 모니터할 수 있는 기술을 획득하였다.

🌐 마이크로소프트, '플랫폼과의 대화' 개념 AI 개발

마이크로소프트(MS, Microsoft)는 앞으로 모든 기계는 인공지능 기반으로 진화하며, 인간의 언어를 이해하는 컴퓨팅시대가 되어 대화가 인간과 사물의 핵심 의사소통 수단이 될 것으로 보고 있다. 그리고 이를 '플랫폼과의 대화' 개념으로 정리하고 있다. 이에 MS는 자사의 인공지능 서비스 플랫폼인 '코타나(Cortana)'를 업그레이드시키는데 주력하고 있다. 코타나는 자연언어 인식과 기계학습 기능을 갖추고, 검색엔진 빙(Bing)의 빅데이터를 활용해, 정보검색을 넘어 이용자가 원하는 것을 도와주는 인공지능 개인비서로 발전하고 있다. 아울러 코타나의 생태계 확장을 위해 경쟁관계에 있던 아마존의 알렉사와도 협력하기로 하였다.

스티브 발머(Steve Ballmer)가 경영 악화로 물러가면서 2014년 최고경영자로 임명된 사티아 나델라(Satya Nadella)는 MS가 OS에 의존했던 사업모델에서 모바일 클라우드 기업으로 체질 개선에 성공했다는 평가를 받는다. 그는 또 인공지능에 투자를 확대해 나가고 있다. 2015년부터 안면과 감정, 스피치 애플리케이션 프로그램 인터페이스를 통해 사용자를 이해하려는 목적의 옥스퍼드 프로젝트를 개시하였다.

2016년에는 인공지능 스타트업 투자펀드 마이크로소프트 벤처를 만들어 신규펀드를 개시하였다. 투자 대상은 머신러닝과 빅데이터, 클라우드, 보안, SaaS분야 등이다. 첫 후원 대상은 몬트리올에 소재한 인공지능 인큐베이터 기업 Element AI였다. 그 이후 앙골로(Angolo)와 반사이(Bonsai)에도 투자하였다. 앙골로는 인공지능을 이용해 정보 요약본을 생성하는 역량에 집중한 기업이며, 반사이는 머신러닝 알고리즘에 대한 자동화된 관리를 구현하는 역량에 초점을 맞춘 기업이다.

2018년, 마이크로소프트가 1995년 첫 선을 보인 뉴스플랫폼 MSN을 론칭한 이후 23년 만에 인공지능을 접목한 새로운 뉴스플랫폼을 선보인다. 웹에서뿐만 아니라 아이폰/아이패드 사용자를 위한 iOS 버전과 안드로이드폰 사용자 버전이 모두 가능하다.

이번 서비스 개편의 목적은 날로 진화하고 있는 뉴스플랫폼 트렌드에 뒤쳐졌다는 문제의식에서 비롯된 것으로 보인다. 요즘 뉴스를 소비하는 대다수의 이용자들은 스마트폰으로 뉴스를 접하고 있으며, 미국 내 사용자 중에서는 구글 뉴스와 애플 뉴스 사용이 가장 높게 나타났다. 이에 마이크로소프트는 경쟁사를 따라잡기 위하여 인공지능 기술을 접목하여 양질의 서비스를 제공하겠다는 계획이다.

📡 페이스북, 구글의 인공지능 맞수

페이스북(Facebook)을 더 이상 소셜미디어 업체로만 생각하면 오산이다. 드론을 이용한 인터넷 서비스를 추진하고 있으며, 스타트업 오큘러스를 인수하여 VR시장에도 뛰어들었다. 특히 이제는 인류 삶의 게임체인저가 될 인공지능 분야에 대한 연구개발 투자를 대폭 늘려나가고 있는 중이다. 적지 않은 전문가들은 페이스북을 인공지능 시대에 구글과 경쟁할 유일한 기업으로 보고 있다. 페이스북은 20억명에 달하는 가입자들이 매일 정보를 교환하며 데이터를 생산하고 있는데, 이는 모두 활용 가능한 빅데이터가 되고 있기 때문이다.

페이스북은 2013년 인공지능 연구소 FAIR(Facebook Artificial Intelligence Research)를 설립하고, 세계적 인공지능 학자인 뉴욕대학의 얀 레쿤 교수를 소장으로 영입하였다. 이후 사람의 얼굴을 97.25%의 정확도로 알아내는 '딥 페이스(DeepFace)'란 인공지능 기술을 개발해내는 등 많은 연구 성과를 이루어 내고 있다.

페이스북이 주안점을 두는 인공지능 기술은 페이스북 사용자들이 필요한 것을 찾아내도록 돕는 것에 두고 있다. 즉 20억명의 이용자를 기반으로 인공지능 기반의 생태계를 만들겠다는 목표를 내세웠다. 페이스북은 인공지능분야에서 오랜 기간 연구와 기술개발 노력을 해왔다. 그 결과 FAIR는 이미지 인식 시스템을 성공적으로 구현하였다. FAIR팀은 사진과 함께 달린 해시태그(Hash Tag)를 분석에 이용하였는데, 기존 방식보다 훨씬 더 구체적인 해시태그를 달 수 있게 되었다. 85.4%의 높은 정확도를 보인 이

기술은 이미 페이스북에 적용되어 부적절한 이미지를 걸러내고 있다. 해시(#)태그란 단순 정보검색을 넘어 관심사가 비슷한 사람들의 정보와 의견을 한데 모으는 역할을 한다.

2017년에는 1년간 준비한 인공지능 비서 M을 공개하였고, 조만간 이를 바탕으로 인공지능 스피커도 출시할 예정이다. 또한, 페이스북은 알파고를 뛰어넘는 바둑 알고리즘 엘프 오픈고(ELF OpenGo)도 공개하였다. 엘프 오픈고는 바둑에 그치지 않고 전략 시뮬레이션 게임인 스타크래프트용 인공지능도 개발 중이라고 밝혔다. 나아가 2018년 6월에는 'GAN(Generative Adversarial Network, 생성적 적대 신경망)' 기술을 활용하여 눈을 감고 있는 사진 속 인물의 눈을 뜨게 만드는 기술도 개발하였다.

VR과 AR도 적극적으로 개발 중이다. 조금 더 실제와 같은 아바타와 3D 모델을 구현하기 위하여 다양한 방법으로 접근 중이며, 빠른 시일 내에 진짜와 같은 가상세계 구현을 목표로 하고 있다.

이와 함께 페이스북은 전 세계 인구밀도와 인터넷 접속률을 보여주는 상세 지도를 제작하기 위해서도 인공지능을 사용하고 있는 것으로 알려졌다. 인터넷에 접속하지 않은 세계 곳곳으로 인터넷을 확산시키기 위한 노력의 일환이다. 한편, 페이스북은 2016년 미국 대통령 선거 당시 5천만 명 이용자의 개인정보가 유출되어 불법적으로 활용된 사실이 드러나 CEO 저커버그가 의회 청문회에 출석하는 등 위기를 맞기도 하였다.

☏ 아마존, 전자상거래를 넘어 인공지능 기업으로

아마존(Amazon)은 세계에서 가장 유망한 미래기업으로 평가받고 있다. 페이스북, 마이크로소프트, 구글 등 쟁쟁한 IT공룡기업들을 제치고 애플에 이어 상장 시가총액 2위 기업으로 우뚝 올라섰다. 더욱이 1~2년 안에 애플까지 제치고 세계 최대의 기업으로 부상할 것으로 예견하는 전문가도 없지 않다. CEO인 제프 베조스(Jeff Bezos)는 빌 게이츠 마이크로소프트 창업주를 제치고 이미 세계 최고의 부자로 등극하였다.

아마존은 1994년 시애틀의 작은 차고에서 인터넷서점으로 사업을 시작하였다. 그러나 20여년이 지난 지금 미국 온라인 지출의 40%를 점유하는 거대 공룡기업으로 성장하였다. 여기에다 2017년 유기농 체인 홀후드(Whole food) 인수를 계기로 온라인을 넘어 오프라인 사업에도 뛰어들었다. 이는 온라인과 오프라인을 연결 융합하여 고객에게 더 나은 경험을 제공함으로써 아마존 전체의 생태계를 키워나간다는 전략이다.

주목할 점은 아마존은 더 이상 단순한 전자상거래 사업체가 아니라는 것이다. IT기업 또는 인공지능기업으로 더 두각을 나타내고 있다. 2006년 급증하는 아마존닷컴의 주문 처리를 위해 만들었던 클라우드 컴퓨팅 분야인 아마존웹서비스(AWS)가 빅데이터 수요의 급팽창으로 2015년부터 아마존의 최대 효자사업으로 떠오르기 시작하였다. 인공지능 가상비서 알렉사(Alexa) 기반의 인공지능 스피커 '에코(Echo)'가 선풍적인 인기를 끌기 시작한 것도 이 무렵부터다.

아마존이 역점을 두고 있는 인공지능 생태계는 원활한 물류환경 조성, 그리고 주력사업으로 부상한 클라우드 서비스 확장에 두고 있다. 2014년 출시된 인공지능 스피커 '에코'의 시장 점유율은 한때 90%에 달하였다. 이후 구글, MS 등이 잇달아 경쟁제품을 내놓자 많이 줄기는 했지만, 여전히 40~50% 수준에 이르고 있다. 아마존은 에코를 통해 IoT 생태계의 허브가 되려고 한다. 집이나 차에서 모든 상품주문을 에코에게 한마디 명령으로 해결한다는 것이다.

2017년 말 공개된 인공지능 카메라 딥 렌즈(Deep Lens)도 이런 목적에 활용될 예정이다. 가령 딥 렌즈의 학습 데이터를 기반으로 물류창고에 쌓여 있는 재고상품에 대한 품목 수량이나 변경 상태를 파악할 수 있다. 또 딥 렌즈를 통하여 더 많은 사용자를 아마존 클라우드 서비스로 끌어들일 수 있다. 학습된 데이터는 아마존 클라우드 서비스에서 불러올 수 있기 때문이다. 아마존이 이러한 노력을 통해 음성인식 스피커, 클라우드 서비스에 이어 인공지능 카메라까지 구글에 우위를 보일 수 있을지 주목된다.

⊚ 넷플릭스, 미디어 제국을 뒷받침하는 인공지능 기술

비디오 스트리밍 업체인 넷플릭스(Netflix)는 1997년에 우편으로 DVD 를 대여하는 사업으로 출발하였다. 이후 기술 발달로 동영상 스트리밍 (streaming)이 가능해지면서 영화와 드라마 등의 판권을 사서 가입자가 정기적으로 이용하도록 하는 서비스로 사업을 확장해 왔다. 광고에 대한 의존 없이 오직 가입자의 사용료만으로 자금을 확보하였는데 가입자가 1억 2,500만명을 넘고 있다.

넷플릭스의 성장을 경계한 제작사들이 판권 비용을 올리자 2013년 넷플릭스는 처음으로 드라마 '하우스 오브 카드(House of Cards)'를 자체 제작하였다. 이 작품으로 대박이 나자 넷플릭스는 본격적으로 콘텐츠 투자에 전력을 다하고 있다. 어디서도 볼 수 없는, 넷플릭스에서만 볼 수 있는 시리즈를 늘려나가는 것을 사업의 핵심으로 삼은 것이다.

넷플릭스는 어떻게 미디어 제국을 형성할 수 있었을까?

지금은 넷플릭스가 온라인 VOD(video on demand) 서비스 업체로 자리 잡았지만, 처음에는 우편으로 DVD를 빌려주는 회사로 시작하였다. 우편으로 DVD를 빌려주면 대여와 회수에 걸리는 시간이 일반 비디오 대여점보다 길다는 단점이 있다. 문제는 사람들이 최신작이나 인기작을 주로 빌린다는 점이다. 아무리 다양한 영화를 구비해 놓아도 최신작만 빌려가면 순환이 제대로 되지 않는다. 이를 극복하기 위해서는 많은 신작을 구매해야 하므로 비용이 늘어나게 된다. 흥행이 끝난 영화는 더 이상 가치를 발휘하지 못하고 재고비용만 늘어난다.

이런 고민을 해결한 것이 추천 시스템이다. 넷플릭스는 이용자 개개인의 취향에 맞는 영화를 추천해주고 있다. 비록 몇 년 전에 나온 영화라도 내가 좋아할만한 영화를 알려주는 것이다. 고객들이 이 추천시스템을 신뢰하게 되면서, 최신작이 아니라 오래된 영화를 빌려가는 고객이 늘어났다. 이에 따라 신작구매 비용과 재고 관리비용이 동시에 줄면서 수익구조가 개선되었다. 이런 추천시스템을 가능하게 했던 것은 넷플릭스가 자체적으로 개발해 낸 딥러닝 기술이었다.

이처럼 넷플릭스는 콘텐츠와 관련된 데이터들을 마케팅에 매우 잘 활용하는 기업으로 알려져 있다. 그런데 이 빅데이터는 업계 최고의 인재를 선별하고 영입하는데도 긴요하게 활용되고 있다. 이는 히트작 '하우스 오브 카드'에서도 잘 나타난다. 이 작품을 만든 데이빗 핀처 감독의 영입에 인공지능이 활용되었던 것이다. 앞서 데이빗 핀처의 다른 작품 '소셜네트워크(The Social Network)'를 넷플릭스의 멤버 다수가 좋아한다는 것을 인공지능이 분석하였다. 이에 넷플릭스는 그를 영입하여 작품을 제작케 하였다.

⊚ 오픈 AI와 엔비디아

오픈AI(Open AI)는 우호적인 인공지능을 개발함으로써 전적으로 인류에게 이익을 주는 것을 목표로 하는 비영리 인공지능 연구기업이다. 2015년 10월, 일론 머스크 테슬라 회장 및 기타 투자자들은 벤처에 10억 달러의 지원을 약속함과 동시에 이 단체의 설립을 발표하였다. 아이러니한 것은 인공지능은 인류에게 재앙을 가져올 것이라며 인공지능 회의론을 제기해 오던 일론 머스크가 재단 설립을 주도한 점이다. 이 단체의 목적은 특허와 연구를 대중에 공개함으로써 다른 기관들 및 연구원들과 자유로이 협업하는 것이다. 그리고 인공지능이 초래할 우려사항들을 사전에 차단하는 것이다.

발족 이후 강화학습 연구를 위한 플랫폼인 'Open AI Gym'의 퍼블릭 베타, 인공지능의 일반지능을 훈련시키고 측정하기 위한 소프트웨어 플랫폼 유니버스(Universe) 등을 출시하였다.

엔비디아(Nvidia)는 미국의 컴퓨터 GPU 설계회사이다. 기업제국이라 불릴 정도로 규모가 큰 기업은 아니지만, 최근 인공지능 분야에서 가장 주목을 많이 받고 있는 기업 중 하나이다. 1999년 영상을 화면상에 빠르게 띄우는 장치인 GPU를 발명해 그동안 PC 게임시장 성장에 핵심적 역할을 해왔다. 이제는 인공지능의 시대를 맞아 GPU 딥러닝을 통한 'AI 컴퓨팅 기업'으로 인지도를 한층 더 높여가고 있다.

GPU는 컴퓨터와 로봇, 자율주행차 등에 탑재되어 인간의 두뇌 역할을 한다. 아울러 엔비디아는 자사의 GPU를 이용한 자율주행 차량 패키지도 만들고 있다. 현재 자율주행차를 구현하는 테슬라, 아우디, 벤츠, 볼보, 보쉬, ZF 등 대다수 업체들이 엔비디아의 드라이버 PX 연산 모듈을 쓰고 있다. 이를 감안하면 엔비디아는 자율주행 자동차 부문에서 사실상의 승리자이기도 하다.

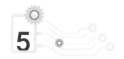

중국의 글로벌 인공지능 공룡들

⊚ 중국의 3대 인터넷 기업 'BAT'

중국은 소위 'BAT'라 불리는 3대 인터넷 기업이 인공지능산업을 이끌고 있다. 중국의 대표적 인터넷 기업인 바이두(Baidu, 百度), 알리바바(Alibaba, 阿里巴巴), 텐센트(Tencent, 腾讯)의 앞 글자를 따서 'BAT'라고 부른다. 바이두는 중국에서 검색시장 1위 기업으로 구글에 대적하고 있다. 알리바바는 기업 간 전자상거래(B2B) 사이트 '알리바바닷컴'을 비롯해 개인 간 온라인 장터 '타오바오', 전자결제 서비스 '알리페이' 등을 운영하며 중국 전자상거래에서 80%가 넘는 점유율을 차지하고 있다. 텐센트는 유무선 메신저와 게임 분야의 강자로, 7개의 미국 인터넷회사 지분을 인수하며 영역을 확대하고 있다. BAT는 미국의 대표적 인터넷 기업인 페이스북, 아마존, 애플, 넷플릭스, 구글로 이루어진 'FAANG'에도 밀리지 않는다는 평가를 받을 만큼 성장해 있다.

BAT는 세계 최대를 자랑하는 중국 내수시장을 발판 삼아 글로벌 영향력도 키우고 있다. 1990년대 '세계의 공장'이 된 중국은 9차 5개년 계획(1996~2000)에서 전통 제조업 외에 정보통신, 생명공학, 신소재 등 첨단 신산업 육성 정책을 발표하였다. 이 기간 중국의 IT산업은 연평균 30% 이상의 고도성장을 기록하여 2000년에는 타이완을 제치고 미국과 일본에 이어 세계 3위의 IT제품 생산국이 됐다. 이후 소득증대로 PC와 모바일폰이 빠르게 보급됐고, 2010년대에는 본격적인 스마트폰시대가 열렸다.

7억명에 이르는 중국의 인터넷 유저들은 자국의 인터넷기업을 해외 진출 없이도 글로벌 규모로 키웠다. BAT는 이런 중국 자체의 시장 규모에 힘입어, 기본적인 내수 위주 기업임에도 미국의 글로벌 업체들과 어깨를 겨룬다. 시가총액 기준에서 세계 10대 인터넷기업에 꾸준히 랭크되고 있다.

BAT는 각사의 주력사업이 확연히 구분된다. 바이두는 인터넷 검색, 알리바바는 전자상거래, 텐센트는 소셜네트워크와 게임시장에서 각각 중국 내 1위를 달리고 있다. 하지만 최근 O2O(Online to Offline), 핀테크 등으로 신규 사업을 확장하면서 서로 충돌하는 부분이 많아졌다. 이 과정에서 텐센트와 알리바바는 앞서거니 뒤서거니 하면서 시가총액 1위를 다투고 있으나, 바이두는 이들에 밀리면서 뒤처지는 형국이다.

바이두는 중국어권의 최대 검색엔진이자 포털사이트이다. 한마디로 중국의 구글로, 중국 검색시장의 약 70%를 점유하고 있다. 처음에는 다른 포털사이트에 검색기술을 제공하는 소프트웨어 회사로 출발하였다.

2001년 9월 독자적인 사이트인 '바이두닷컴'을 정식으로 오픈하면서 대표적인 검색포털 사이트로 부상하였다. 이후 구글과의 경쟁에서 애국심 마케팅이 통하고, 중국 정부의 '만리장성 방화벽'에 적극 협조하면서, 마침내 구글을 따돌리고 중국어권 최대의 검색포털사이트가 됐다. 구글 차이나는 2010년 1월 중국에서 완전히 철수하였다.

그러나 바이두는 여러 가지 우여곡절을 거치면서 텐센트와 알리바바에 비해 열세를 면치 못하는 상황에 처하였다. 이후 이런 부진을 만회하려는 움직임으로 자율주행차량, AI로봇 등 인공지능분야에 집중 투자하면서 사활을 거는 모양새다. 검색 기반 비즈니스 모델을 인공지능 기반으로 바꿔 다가오는 인공지능시대 주도권을 쥐겠다는 계획이다.

알리바바는 중국 전체 전자상거래 시장의 80% 이상을 점유하고 있으며, 총 거래액 기준으로 전 세계 전자상거래 1위 기업이다. 2017년, 중국의 블랙프라이데이(Black Friday)라고 불리는 11월 11일 광군제(光棍節) 하루에만 총 1,628억 위안, 우리나라 돈으로 약 28조원의 매출을 기록하였다.

알리바바가 중국에서 성공할 수 있었던 가장 큰 이유는, 낙후된 전자상거래 환경에서 좀 더 쉽게 거래할 수 있는 지원서비스를 개발하고 결합시켰기 때문이다. 대표적인 것이 2004년 타오바오에 적용된 메신저서비스 '알리왕왕'과 제3자 지급결제서비스 '알리페이'다.

알리왕왕은 판매자와 구매자 사이에 제품 상담 및 흥정의 장을 제공하고 채팅 내용을 기록하여 분쟁 시 증거로 사용할 수 있도록 함으로써, 거래에 대한 신뢰를 높였다. 알리페이는 신용카드가 활성화되어 있지 않은 중국에서, 결제의 편의성과 신뢰성을 크게 높였다. 구매자가 입금하면 그 돈을 예치했다가 제품이 문제없이 구매자에게 전달되면 판매자에게 지급하는 방식이다.

텐센트는 중국 최대의 SNS회사이자 세계 1위 온라인게임사다. 텐센트는 1998년 QICQ라는 PC기반 메신저 서비스로 출발하였다. 이후 7억명이 넘는 중국 인터넷 사용자들에게 PC 버전의 메신저 QQ와 모바일 버전의 위챗(WeChat) 서비스를 제공하면서, 삼성전자를 제치고 아시아 최대 기업으로 부상하였다. 그리고 이 위챗 플랫폼을 기반으로 다양한 O2O 서비스를 제공하고 있다. 모바일 메신저 위챗은 중국의 카카오톡 역할을 하고 있다.

이제 위챗은 단순한 모바일 메신저 기능을 넘어 택시 호출, 식당 및 서비스 예약, 음식 배달, 공과금 납부 등 모든 상거래를 한 곳에서 해결해주는 플랫폼으로 자리 잡았다. 여기에 더해 위챗페이(Wechat Pay) 같은 결제 기능 등을 갖추면서, 점점 더 중국인의 생활 전반에 꼭 필요한 애플리케이션이 되고 있다. 위챗페이는 알리페이와 더불어 중국을 대표하는 간편결제 서비스다.

⊛ 인터넷 업체서 인공지능 자이언트로 변신 중

이들 BAT는 모두 대표적 수익창출 분야가 새로운 영역으로 이동하는 양상을 보이고 있다. 한마디로 그동안의 인터넷기업에서 이제 인공지능 기업으로 변신하고 있다. 2010년 전체 매출의 약 80%를 차지하던 텐센트의 게임 매출은 2017년 25.72%로 급감하고, 그 자리를 모바일 결제서비스 위챗페이와 메신저 QQ 기반의 문학·영상 콘텐츠가 메워가고 있다.

알리바바 또한 마찬가지다. 2016년 총매출액 1,583억 위안 가운데 전자 상거래 비중은 약 85%에 달하였다. 그러나 알리바바의 클라우드 사업부문 자회사인 알리클라우드(Ali Cloud)의 매출은 전년 대비 약 96%의 증가세를 보이며 빠르게 성장하였다. 2017년 광군제(光棍節) 당시 하루 28조원에 달하는 거래를 서버 장애 없이 성사시킨 알리클라우드는 알리바바의 인공지능 전략과 향후 발전을 주도하는 주체로 성장하였다. 중국 내 모바일 단말기와 스마트가전, 웨어러블 기기 및 스마트카 탑재율이 높아지면서 자체 운영체제인 Yun OS도 큰 폭의 성장을 보이고 있다.

바이두는 그동안 약 80~90%를 차지하던 광고 수익은 감소세를 보이는 반면, 공동구매 서비스인 바이두 누오미, 배달서비스 바이두 와이마이, 바이두 월렛이 거둔 매출액 비중이 25% 이상을 차지하는 등 바이두의 O2O 전략 역시 순항 중이다.

중국의 인공지능산업은 이들 BAT가 주도하는 가운데 약 600여 개의 기업이 활약하고 있다. 인공지능 플랫폼을 보유한 BAT는 기존에 보유하고 있던 기술적 역량을 바탕으로 자체적인 기술혁신을 해나가면서, 동시에 업종과 국경을 넘어선 적극적 제휴와 인재 채용에 나서고 있다. 아울러 인공지능 분야 스타트업에 대규모의 투자를 진행하면서 빠르게 자체 생태계를 확대하고 있다. 여기에다 수많은 스타트업이 쏟아지고, 이들 기업과 기존 기업간의 M&A도 활발하게 이뤄지고 있다.

정부 또한 적극적인 지원시책을 펼치고 있다. 2017년 11월, 중국 과학기술부가 공개한 국가지원 인공지능 혁신 플랫폼은 바이두의 '자율주행 국가 인공지능 플랫폼', 알리바바 클라우드 서비스인 알리윈의 '도시 네트워크 국가 인공지능 개방혁신 플랫폼', 텐센트의 '의료영상 국가 인공지능 개방혁신 플랫폼', 아이플라이테크의 '스마트 음성 국가 인공지능 개방혁신 플랫폼' 등이다. 이들 대기업 외에도 중국 정부는 핵심기술 확보를 위해 내외자 기업을 막론하고 유망 프로젝트를 확보한 스타트업 기업들에 대해서도 보조금을 지급하고 있다.

BAT 중 가장 먼저 인공지능 분야에 뛰어든 것은 바이두이다. 잘 알려진 대로 바이두는 구글의 거의 모든 비즈니스 모델을 따라 하고 있다. 따라서 인공지능 분야도 예외가 아니다. 바이두는 구글의 인공지능 분야를 이끌었던 앤드류 응을 영입하여 인공지능 연구소의 책임자로 임명하기도 하였다. 바이두는 2013년 1월 'AI First 전략'을 내세우며, 실리콘밸리에 딥러닝 연구소인 IDL(Institute of Deep Learning)을 열고 본격적으로 딥러닝과 인공지능 연구에 뛰어들었다. 그리고 2015년 창립자인 리옌홍(李彦宏)은 국가 차원의 인공지능산업 발전계획인 '중국대뇌(中國大腦)' 프로젝트를 제안하였다.

이후 바이두는 매년 R&D 예산 200억 위안 중 절반 이상을 안공지능분야에 투입하고 있다. 2016년에는 인공지능 플랫폼 바이두브레인을 선보였고, AI 전문투자사 바이두벤처스도 설립하여 레이븐테크, 엑스퍼셉션 등 다양한 스타트업을 인수하였다. 인재 영입에도 적극적으로 나서 2017년에는 높은 연봉을 제안하며 미국내 인공지능 인력을 2배 이상 확대하였다.

바이두는 특히 음성인식과 자율주행분야에 집중하고 있다. 이에는 대화형 인공지능 OS인 DuerOS, 자율주행차 프로젝트 아폴로(Apollo), 모바일용 AR 콘텐츠 개발 플랫폼 두시(Dusee), 음성을 완벽하게 복제하는 인공지능 음성기술 딥보이스(Deep Voice) 등이 있다. 특히, 정확도 97%로 2016년 MIT가 선정한 10대 혁신기술의 하나인 음성인식 기술을 자율주행차, 번역, 대화형 인공지능 등에 적용하여 음성 기반 대화형 커넥티드 서비스에 활용하고 있다.

2014년 알리바바가 설립한 데이터, 오픈 클라우드 컴퓨팅 플랫폼 서비스를 기반으로 하는 인공지능 연구소 iDST(Institute of Data Science & Technologies)는 알리바바의 인공지능 싱크탱크 역할을 수행하고 있다. 지금까지 중국을 포함하여 미국·러시아·이스라엘·싱가포르 등 5개국 7개 도시에 8개의 연구센터를 개소하였다. 2만 5천명의 인공지능 전문가를 동원하여 전 세계 대학 및 연구소와 공동 연구망을 구축하고 있다.

2017년 7월 처음으로 선보인 인공지능 스피커 '티몰 지니'는 중국시장 59%를 차지해 점유율 1위를 기록하고 있으며, 세계시장에서는 3위를 차지하고 있다. 이어 2018년에는 '티몰 지니 AI 연맹' 발족을 선언하였다. 협력사들과 함께 공동으로 음성교류 기반의 가정용 스마트 기기를 개발하는 것이 목표다.

계열사인 알리바바 클라우드는 도시관리, 산업 최적화, 의료지원, 환경관리, 항공제어 등 기능을 한데 통합한 'ET 브레인(Brain)'을 정식 출시하고, 통합 플랫폼으로서 알리바바가 가진 인공지능 기술과 클라우드컴퓨팅, 빅데이터 역량을 결합하였다.

이제는 농업과 축산업에도 인공지능을 확산시켜 나가는 중이다. 인공지능 사과 재배를 위해 모든 사과나무 옆에 QR코드 스캔 장치를 설치하여 각 나무의 물, 비료, 농약이력 정보를 알 수 있도록 하였다. 이 데이터는 모두 알리바바클라우드의 'ET 농업 브레인' 시스템으로 모인다. 인공지능 돼지 사육도 하고 있다. 돼지의 품종, 중량, 먹이 상황 등 정보가 모두 시스템으로 관리 및 분석된다. 음성분석 및 적외선 검측 기술 등을 통해 돼지의 체온과 목소리 등을 기반으로 질환도 파악한다. 나아가 이제는 인공지능 반도체를 직접 생산하겠다는 계획도 내놓은 상태다.

이처럼 알리바바가 인공지능에 박차를 가할 수 있는 배경은 중국 정부의 강력한 지원과 함께 알리바바 자체의 체질에 있다. 알리바바는 전자상거래 기업에서 출발하여 클라우드, O2O, 핀테크, 플랫폼 사업을 모두 가지고 있다. 이는 4차 산업혁명 시대의 핵심인 인공지능과 빅데이터, 클라우드 등의 초연결 인프라를 모두 가지고 있다는 뜻이다.

텐센트의 인공지능 전략은 바이두나 알리바바보다 다소 늦게 시작됐다. 텐센트는 2016년 중국 선전(深圳)에 50명의 인공지능 전문가와 200명의 엔지니어로 구성된 텐센트 AI 연구소를 설립하였다. 그리고 언어식별, 자연어 처리, 머신러닝 등을 핵심기술로 키워 나가면서 게임·콘텐츠·SNS·도구플랫폼형 AI라는 네 가지 형태의 활용전략을 진행 중이다.

2017년에는 시애틀에 AI Lab을 설립하여 신경망 및 인공지능 기초연구에 매진하고 있다. 아울러 경쟁자에 비해 뒤처진 공백을 메우고자 더 많은 인공지능 기술기업과 협력하거나 혹은 투자를 확대해 나가고 있다. 즉각 활용 가능한 인공지능 기술을 흡수하기 위하여 관련 기업 인수합병에도 적극 나섰다.

◉ 유니콘 기업으로 성장한 스타트업들

이처럼 BAT는 모두 장기 발전전략 수단으로 인공지능을 활용하고 있다. 그리고 단기수익 창출보다는 협업을 통한 다양한 서비스 모델화 실험, 자사 중심 인공지능 생태계 구축에 더욱 힘을 기울이고 있다.

BAT는 아니지만 2017년 MIT 테크놀로지 리뷰에서 인공지능 관련 기술로 10위 안에 포함되는 성적을 기록한 아이플라이테크 또한 중국의 인공지능산업을 이끄는 선두기업의 하나로 부상하고 있다. 이 회사의 핵심기술은 언어기술로 음성인식 기술, 자연언어 처리기술 등이 스마트폰, 가전제품 등 다양한 제품에 사용되고 있다.

한편, 이러한 대기업 이외에도 혁신기술을 보유한 인공지능 스타트업들이 혁신을 통해 성장하고 있는 사례도 있다. 그중 광스커지(旷视科技), 요우비쉬엔(优必选), 윈즈성(云知声), Sense Time 등 4개 기업은 유니콘기업으로 성장하였다. 유니콘기업이란 설립한 지 10년 안에 기업가치 10억 달러를 돌파한 스타트업(start up)을 말한다.

광스커지는 딥러닝과 사물감지 기술을 핵심기술로 하며 독자적인 기계학습 엔진 Brain++을 보유하고 있다. 이는 금융보안, 도시보안, 휴대폰 AR, 공업 로봇 등 다양한 영역에 걸쳐 활용되고 있다. 핵심 기술인 얼굴 인식 기술 Face++은 미국의 저명한 과학기술 리뷰 '테크놀로지 리뷰'에서 2017년 세계 10대 선도 기술로 선정되었다.

요우비쉬엔은 휴머노이드 로봇의 핵심 원동력인 서보(servo) 엔진 연구 개발을 시작으로, 상업용 휴머노이드 로봇 등 점차 개발 영역을 확대하고 있다. 윈즈성은 음성인식 기술을 핵심으로 사물인터넷, 차량 시뮬레이션, 스마트 교육, 스마트 의료 등 다양한 영역에서 활용되고 있다. Sense Time 은 안면인식, 사진 및 동영상 분석, 문자인식, 자율주행 등을 핵심 기술로 하며, 금융 보안, 신분 확인, CCTV 등 다양한 영역에서 활용되고 있다.

이처럼 중국은 정부와 기업들이 혼연일체가 되어 '인공지능 굴기'를 꿈꾸고 있다. 그러나 중국 인공지능 기업들의 한계를 지적하는 의견도 없지 않다. 이에 의하면 중국 인공지능 기업 대부분은 머신러닝, 드론, 로봇, 자율주행 등 응용 분야에 집중되어 있으며, 기초기술 분야는 다소 취약한 편이라는 것이다. 이와 함께 이들의 글로벌 경쟁력 보유 여부에 대해서도 이견이 없지 않다. BAT의 성장은 중국 정부가 구글이나 페이스북, 트위터 등을 금지하면서 가능했던 것으로, 경쟁이 치열하고 이미 서구 메신저들이 시장을 장악하고 있는 글로벌 시장에서도 순항할지는 알 수 없다는 것이다.

6

중국과 미국의 인공지능 대전

⊚ 세계 1위와 2위 경제대국의 무역전쟁

미국 트럼프 행정부 출범 1년이 경과하면서부터 미중 간의 무역 갈등이 고조되고 있다. 2018년 3월, 미국의 보호무역 기조가 대폭 강화된 가운데 트럼프 대통령은 500억 달러 규모의 중국산 제품에 25%의 관세를 부과하는 행정명령에 서명하였다. 그리고 중국의 지적재산권 침해 및 인허가 부당행위에 대해 WTO에 제소하는 한편, 중국의 대미 투자제한 및 관리·감독규정도 신설하였다. 이와 별도로 '국제긴급경제권한법(International Emergency Economic Powers Act, IEEPA)'을 발동하여 5세대 이동통신 등 첨단 분야에서 중국기업의 미국 투자를 차단하는 방안도 추진되었다.

이와 같은 미국의 무역재제 조치에 중국정부 또한 곧바로 미국산 제품에 대한 보복관세 부과계획 등 대응방안을 발표하였다. 또 인민일보 등 관영신문들은 미국의 조치를 크게 비판하였고, 주미 대사는 미중 무역분쟁에 대비하여 중국이 보유하고 있는 미국 국채의 매도 가능성까지 언급하였다.

중미 무역전쟁이 발생하게 된 배경에는 G2간 경제 이익 및 주도권 경쟁뿐만 아니라 미국의 국내 정치적 상황도 가세되어 있다. 미국은 대중 무역수지 적자가 지속되는 가운데, 양국의 산업구조도 경쟁관계로 전환되면서 중국에 대한 견제의식이 팽배해진 상황이다. 즉 미국의 전체 무역수지 적자규모가 최근 4년 연속 증가한 가운데 중국의 비중이 60% 이상을 차지하였다. 이와 함께 미국 정부는 국가안보전략(National Security Strategy)에서 중국을 첨단산업 분야의 전략적 경쟁자로 규정하는 등 미국의 국제사회에서의 경제·정치적 영향력 약화를 우려하였다.

그리고 자국 산업육성과 이익 극대화를 위해 외국기업의 접근을 제한하고 있는 중국과의 시장개방 협상에서 유리한 입지를 차지하려는 의도도 내재되어 있다. 여기에 미국 내부적으로 빈부격차 및 인구 고령화 등 구조적 문제가 심화되고 있는 가운데, 11월 중간선거를 앞둔 트럼프 행정부의 전략적 의도라는 측면도 있다.

그러나 미중 무역전쟁은 양국 모두에 커다란 어려움을 초래할 것이 자명하다. 미국은 대중 무역제재로 인한 경제성장률 견인효과가 크지 않고, 산업 전반의 원가상승 및 실업증가 등 부정적 영향이 크다. 즉 중국과의 무역마찰로 미국기업의 피해가 불가피하고, 인프라와 친환경 분야의 중국시장 진출이 어려워져 미국의 중장기성장을 뒷받침하는데 지장을 초래하게 된다.

그런데 미중 무역전쟁으로 인한 피해 규모는 당연히 중국이 더 크다. 중국은 시장경제 지위 유지 및 미국 수출시장 확보뿐만 아니라 산업구조 고도화를 위한 첨단산업 육성 등을 위해 미국과의 우호적 관계가 긴요하다. 중국의 대미 수출 비중은 2014년부터 4년 연속 상승하여 2017년에는 19.1%를 기록했고, 2017년 한 해 동안의 미국 수출액은 5천억 달러를 넘어섰다. 그리고 아직까지 미국과의 경제력 및 기술력 격차가 크기 때문에, 중국이 '중국제조 2025' 등의 개혁목표를 달성하기 위해서는 기술선도국인 미국과의 협력이 중요하기 때문이다.

이에 양국은 물밑협상을 진행해 왔다. 그러나 협상은 결렬되어 결국 2018년 7월 6일, 미국은 총 500억 달러 중에서 우선 340억 달러 규모의 중국산 수입품에 대해 25%의 관세를 발효시키는 결정을 내렸다. 이어 8월 23일부터는 잔여 160억 달러에 대해서도 25%의 관세를 부과하였다. 이에 질세라 중국 역시 동일 규모의 보복관세를 부과하였다.

또 9월 24일에는 미국이 추가로 2천억 달러 규모의 중국 수입품에 대해 10%의 관세를 부과하였다. 이로서 미국이 관세부과를 확정한 중국산 수입품 규모는 총 2,500억 달러로 확대되었다. 나아가 미국은 추가분 2천억 달러에 대해서도 관세율을 10%에서 25%로 올리는 방안을 검토하고 있다. 이에 중국도 미국에 600억 달러 규모에 대한 추가 관세부과 방침을 발표해 둔 상태다. 이처럼 날로 확대되고 있는 미국과 중국 양국 간의 무역전쟁은 좀처럼 쉽게 끝나지 않을 것으로 보인다. 다만, 양국은 모두에게 불리한 무역전쟁을 회피하기 위한 협상을 계속 이어나갈 것으로 보인다.

⊙ 앞선 미국, 무섭게 추격하는 중국의 인공지능 기술

영국 옥스포드대학은 2018년 3월 '중국 AI 꿈을 파헤치다(Deciphering Chinas AI-Dream)' 보고서에서 미국과 중국의 'AI 잠재지수(AI Potential Index, AIPI)'를 비교할 때 중국 AI 역량이 미국의 절반 수준이라고 평가하였다. 이 AIPI지수는 하드웨어, 데이터, 알고리즘, 상용화 등의 4가지 영역에서 국가의 인공지능과 관련된 능력을 종합적으로 측정한 지표다. 보고서는 해당 4개 영역 중 데이터만 중국이 우위인 상황이며 나머지 3개 영역은 미국에 크게 뒤처져 있다고 전하였다. AIPI 지수는 중국 17점, 미국 33점이다.

중국의 하드웨어는 미국에 크게 못미쳤다. 이는 인공지능 발전의 아킬레스건이 되고 있으며, 중국은 수입과 구매 방식을 통해 인공지능 하드웨어 능력을 높이고 있다. 여기에 미국과 유럽의 압박에 따른 제한 역시 작용하고 있다고 보고서는 부연하였다. 또 연구인력은 미국의 절반 수준에 불과했고, 연구발표 성과 측면에서도 아직 미국과 격차가 크다. 중국의 논문과 특허 수는 비교적 많지만 인용과 활용 수량 측면에서는 미국에 미치지 못한다. 이는 아직 중국의 영향력이 크지 않다는 의미로 해석된다.

상업 생태계 네트워크 부문에서 중국은 세계 2위를 차지했지만 미국의 4분의 1에 불과한 것으로 평가됐다. 세계 모든 인공지능 기업 가운데 미국이 42%, 중국이 23%를 차지하였다. 인공지능 분야에서 투자받은 액수를 비교했을 때 중국 기업이 받은 투자는 26억 달러에 불과하여 미국의 172억 달러에 크게 못 미쳤다. 경쟁력이 있는 신흥 인공지능 기업을 봤을 때 미국은 39개, 중국은 3개였다. 2012년부터 2017년 7월까지 총 79건의 인공지능 분야 M&A를 분석했을 때 66개가 미국 회사에 인수됐으며 3개 기업만 중국 기업이 사들였다.

다만, 데이터 측면에서는 중국이 우위를 보였다. 보고서는 중국의 절대적 우위가 프라이버시 보호의 미비함에서 온다고 봤다. 또 비록 중국이 장악한 데이터 총량이 매우 크지만 데이터 보호주의가 중국의 인터넷을 폐쇄적 생태계로 만들고 있다고 지적하였다. 페이스북과 구글 등이 없는 중국시장을 위챗과 웨이보가 장악하면서 수혜를 누리는 구조라는 것이다.

이처럼 아직은 인공지능의 개발과 발전 면에서 미국이 크게 앞서 있는 것이 사실이다. 그러나 중국이 무서운 기세로 추격하고 있는 상황이 주목된다. 우선, 중국은 미국과 달리 정부의 강력한 지원시책이 펼쳐지고 있다. 중국은 인터넷에 이어서 인공지능을 국가 목표로 설정하고 인간과 기기간 상호작용, 빅데이터 분석 및 예측, 자율자동차, 군사·민간용 로봇 등을 개발하는 '차이나브레인(China Brain) 프로젝트'를 13차 5개년계획 (2016~2020)에 포함시켰다. 또 중국은 제조대국을 넘어서 제조강국을 목표로 첨단분야 10대 핵심산업 육성 프로젝트인 '중국제조 2025'를 야심차게 추진하고 있다.

이러한 강력한 정부 지원과 함께 중국 정부의 개인보호법이 미국보다 약하다는 점도 인공지능 개발에 유리한 점이다. 중국은 AI의 핵심기술인 머신러닝과 딥러닝의 재료가 되는 빅데이터에 대한 규제가 없으며, 오히려 정부가 개인정보를 더 적극적으로 활용하고 있다. 여기에 7억 3천만명에 달하는 온라인 인구는 중국 인공지능 발전에 엄청난 무기가 되고 있다.

이에 따라 중국은 인공지능 개발을 위한 거대한 실험실이라는 평가를 받고 있다.

이에 대해 미국은 노골적으로 중국을 견제하고 있다. 대표적인 예가 '중국제조 2025'가 미국의 지적재산권을 위태롭게 한다면서 관세폭탄을 투하한 것이다. 미국이 중국에 조치한 25%의 고율관세 부과 대상 1,300여개 품목에는 '중국제조 2025'에 포함된 품목이 망라되어 있다. 그리고 얼마 전까지 구글의 모회사 알파벳 회장을 지낸 에릭 슈미트는 2017년 11월 미국 안보회의에서 미국은 AI 분야에서 5년 안으로 중국에 뒤처질 수 있다고 경고하였다. 미래의 핵심 먹거리인 인공지능의 개발전략을 두고 미국과 중국 간에 총성 없는 전쟁은 이미 시작되었다.

❂ 5G와 AI반도체를 둘러싼 미국과 중국의 분쟁

미래의 먹거리인 AI반도체와 5G 이동통신을 두고서도 미국과 중국 두 강대국 간의 경제전쟁이 치열하게 벌어지고 있다.

2018년 4월, 미국 상무부는 중국에서 2위이자 세계 4위인 통신장비업체 ZTE(中興通訊)에 대해 미국 기업과 향후 7년간 거래 금지라는 초강력 제재를 가하였다. 이 제재로 ZTE는 홍콩 증시에 상장한 주식 거래까지 중단되는 초유의 사태를 맞았다. 자칫하면 문을 닫아야 할지도 모를 심각한 상황에 처하게 된 것이다. 이는 그동안 ZTE는 반도체·광학 부품 등 약 30%의 핵심 부품을 미국에서 수입하여 사용했는데 이제 그럴 수 없게 되었기 때문이다. 설상가상으로 미 연방통신위원회(FCC) 역시 ZTE를 비롯한 해외기업 통신장비 구매 제한 법안을 가결하였다. 미국시장 확장을 노리던 ZTE는 손발이 꽁꽁 묶인 신세가 됐다.

미국이 5G 기술과 관련된 중국계 기업을 상대로 제재 조치를 취한 건 이번이 처음이 아니다. 2018년 3월, 트럼프 정부는 중국 1위 통신장비업체인 화웨이와 긴밀한 관계를 맺고 있는 싱가포르 반도체기업 브로드컴이 미국 퀄컴을 인수하려는 시도에 제동을 걸었다. 앞서 1월엔 미국 통신사인 AT&T와 손잡고 최신 스마트폰을 미국에 판매하려던 화웨이의 계획이 미 당국의 규제에 가로막혀 수포로 돌아갔다. 또 트럼프 정부가 관세폭탄을 투하하기로 한 1,300여개 중국산 수입품목엔 5G 관련 제품이 무더기로 포함되어 있다.

미국이 이처럼 5G 기술 지키기에 필사적인 것은 향후 글로벌 경쟁에서 우위를 계속 유지하려는 국가전략과 맞닿아 있기 때문이다. 5G는 4차 산업혁명의 필수 기반기술이란 점에서 첨단산업의 심장으로 불린다. 시진핑(習近平) 중국 국가주석 집권 2기의 역점 전략인 '중국제조 2025'의 핵심 산업이기도 하다. 이에 미국 정부는 5G 기술 확보를 향한 중국의 질주가 자국의 국익에 대한 심각한 위협으로 간주하고 있는 것이다.

게다가 미국은 5G 준비태세에 있어서도 중국에 뒤처진 상태다. 최근 미국 이동통신산업협회(CTIA, Cellular Telecommunication Industry Association)가 '5G를 가장 잘 준비한 국가' 10개국을 선정한 결과 1위는 중국이었다. 미국은 2위인 한국에 이어 3위에 그쳤다. CTIA는 "중국이 정부의 전폭적 지원과 이동통신산업의 동력을 바탕으로 근소한 리드를 지키고 있다"고 설명하였다.

다만, 미국 정부의 ZTE에 대한 거래제한 조치는 양국 간의 물밑 협상을 통해 어느 정도 완화되기는 하였다. 즉 ZTE는 미국정부에 10억 달러의 벌금과 보증금 성격의 4억 달러를 추가로 예치하였다. 이와 함께 경영진 교체, 미국인으로 구성된 준법팀 운영 등 굴욕적인 조건을 받아들이고 미국 기업과의 거래를 재개하게 됐다. 그러나 분쟁의 불씨가 완전히 해소된 것은 아니다. 의회가 정부의 완화조치에 즉각 반발하고 나섰기 때문이다. 오히려 의회는 ZTE는 물론이고 중국 최대의 통신장비업체인 화웨이에 대해서도 제재조치를 취해야 한다는 강경한 입장을 밝혔다.

반도체 분쟁을 둘러싸고 미국으로부터 자존심을 크게 구기게 된 중국은 자국산 반도체 생산 계획을 앞당겨 실행하고 있다. 중국은 2018년 들어 자국 반도체산업 육성을 위해 3천억 위안, 미 달러화 기준으로 475억 달러 규모의 펀드 조성 계획을 발표하였다. 펀드 조성에는 국유펀드인 중국 국가집적회로산업투자펀드가 핵심적 역할을 할 것으로 전해졌다. 중국은 앞서 지난 2014년에도 중앙 및 지방정부를 배경으로 하는 기업 등으로부터 투자를 받아 220억 달러 규모의 반도체 펀드를 조성한 바 있으며, 이 펀드는 2017년 말까지 약 70개 프로젝트에 투자하였다.

중국은 세계 최대 반도체 소비국이지만 자급률은 10%대에 머무르면서, 매년 2천억 달러 규모의 반도체 무역적자를 기록하고 있다. 반도체 자급률을 2025년까지 70%로 끌어올린다는 것이 중국의 목표다. 중국이 야심차게 추진하고 있는 미래산업 전략 '중국제조 2025'를 위해서도 반도체는 필수이기 때문이다. 시진핑 국가주석도 주요 행사 때마다 천하의 인재를 모으라며 첨단 핵심기술의 국산화를 독려하고 있다.

차세대 반도체인 AI 반도체 개발에도 박차를 가하고 있다. 중국의 국책 연구기관인 중국과학원은 인공지능 분야의 데이터센터와 서버에 적용 가능한 클라우드 컴퓨팅용 AI칩 '한우지(寒武紀) MLU100'을 공개하였다.

이러한 중국 정부의 노력에 화답하듯 중국 최대의 전자상거래 업체 알리바바가 AI 반도체 개발에 본격적으로 뛰어들었다. 알리바바는 내부 연구소인 달마원에서 연구해온 AI 반도체 '알리 NPU(신경망 반도체)'의 성능을 향상하고, 반도체 상용화 시점을 앞당기기 위하여 C-스카이 마이크로 시스템을 인수하였다.

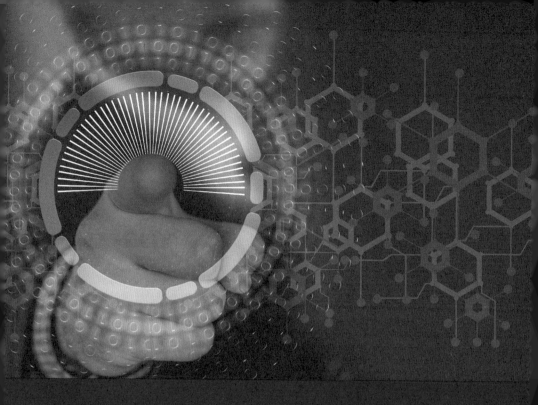

인공지능이 초래할 경제사회

1

인공지능이 몰고올 경제사회의 변화

🎧 인공지능이 초래할 두 갈래 길의 미래

  인공지능은 인터넷이나 모바일이 그랬던 것처럼 우리의 경제와 사회, 그리고 문화를 변화시킬 것으로 예상된다. 오히려 이들을 훨씬 뛰어넘는 충격을 줄 수 있다. 우리의 소통 방식을 변화시키는 것은 물론 문화 자체가 바뀐다. 모든 산업 부문에도 인공지능이 연결되어 산업의 지형을 바꿀 것이다. 이제 미래상품들의 경쟁력은 인공지능의 기능에 따라 그 성패가 갈릴 것으로 보인다.

  분명 인공지능은 우리의 일상생활을 크게 편리하게 해줄 것이다. 우리는 이제 손가락만 까딱하면 모든 것이 가능한 세상에 살게 될 것이다. 손가락도 까딱하기 귀찮아지면 말 한마디로 아니면 눈만 깜박함으로써 하고자 하는 바를 이룰 수 있게 될 것이다. 집안에서 인공지능 스피커를 통해 분위기에 적합한 음악을 들을 수 있다. 또 자율주행 자동차로 편안히 잠을 자면서 가고자 하는 곳에 갈수 있게 될 것이다. 그리고 기분이 울적하거나 무료할 경우에는 가상공간(VR)에 들어가 즐거운 영상을 보거나 게임을 할 수도 있다.

반면, 많은 문제들도 새로이 만들어 낼 것이다. 가장 큰 문제는 역시 인간이 하던 일을 로봇이 대체함에 따라 일자리가 크게 줄어드는 등 고용에 큰 충격을 준다는 점이다. 빅브라더 현상의 발생 가능성 또한 걱정거리다. 나아가 좀 더 시간이 지나 인공지능이 인간의 능력을 넘어서는 시점이 도래하면 인간이 로봇에게 지배당할 우려도 없지 않다. 이처럼 사회를 어지럽히는 기술로 악용될 가능성도 배제하지 못할 상황이 발생할 수 있다는 것이다.

경제적 측면에서도 인공지능이 몰고 올 미래는 크게 두 가지 방향으로 예측된다. 하나는 영원히 끝나지 않은 끔찍한 대공황에 시달리면서 세계 인구의 대부분이 극빈층으로 전락하는 암울한 미래이고, 다른 하나는 인류가 노동에서 해방되어 모든 사람들이 인공지능이 제공하는 무제한에 가까운 재화를 마음껏 누리는 장밋빛 미래이다.

⊙ 인공지능이 몰고올 유토피아(Utopia)

이제 인공지능이 초래할 경제사회의 변화상을 보다 구체적으로 살펴보

자. 우선 장점부터 알아보자.

첫째, 새로운 경제성장 동력으로 작용함으로써 추가적인 경제적 가치를 창출한다는 것이다. 인공지능 기술은 자율주행 자동차와 드론, VR과 AR, 웨어러블 등 새로운 산업과 시장을 만들어 내고 있다. 또 제조업과 유통, 금융과 의료 등 기존 산업을 혁신시켜 고부가가치를 창출해 내고 있다. 이로 인한 경제적 가치는 수천억을 넘어 수조 달러에 달한다. 아울러 인공지능 기술을 활용하는 산업은 편의와 안전에 방점을 둔 인간중시 가치산업으로 부상하고 있다.

둘째, 사람들이 꺼리는 육체노동과 여러 가지 일거리를 대체할 수 있는 노동력이 된다. 사람이 일을 하면 부상이 생기거나 완벽하게 해결되지가 않았다. 그러나 산업용 로봇들 덕분에 우리는 더 편하게 완벽한 제품들을 생산할 수 있게 되었다. 이로 인해 인건비 또한 줄일 수 있게 됨은 물론이다. 단순 육체노동, 위험한 일 등 소위 3D에 속하는 일들이 아무런 문제없이 처리 가능하기 때문에 인간의 삶의 질이 높아질 수 있게 되었다. 아울러 저출산·고령화에 따른 생산인구 감소 문제에 대응할 수 있는 대안으로도 제시되고 있다.

셋째, 모두가 수긍하는 합리적 결과를 도출할 수 있게 되어 사회적 비용을 크게 줄일 수 있게 된다. 이는 인공지능은 감정이 없기 때문에 일을 처리함에 있어 합리적이고 공평한 사고를 하기 때문이다. 최근 금융기관들이 신입사원 채용시 인공지능을 활용하는 사례가 늘어나고 있는 것은 이를 뒷받침한다. 모든 인간들은 실수하기 마련이지만, 인공지능은 오작동만 없다면 실수 없이 움직이게 된다. 따라서 보다 정확하고 편견 없는 솔루션을 가져올 수 있게 된다.

넷째, 편리함과 쾌적함을 누릴 수 있다. 인공지능은 5G 이동통신, 사물인터넷(IoT)기술들과 연결되면서 우리는 자율주행 자동차를 타고 다닐 수 있게 되고, 외부에서 집 안의 전자기기, 보안시설 등 대부분을 컨트롤할 수 있게 된다. 또 지능형 로봇, 무인항공기 등의 발전을 통해 인간의 접근이 어려운 위험 지역에서 활용 가능성이 확대되고 있다.

⊚ 인공지능으로 우려되는 디스토피아(Dystopia)

그러면 인공지능의 발전이 초래할 바람직하지 못한 영향은 어떤 것이 있을까?

우선, 무엇보다도 인공지능의 발전은 우리 인간의 일자리를 감소시키고 빈부격차를 확대시킬 우려가 크다. 우리가 편리하기 위해 만든 인공지능이 사람의 일자리를 빼앗는 것이다. 특히 암기와 계산, 단순작업의 경우 대체 가능성이 매우 높은 것으로 나타나고 있다. 정형화된 업무로 기술 대체가 용이하고 소요비용이 인건비보다 저렴한 분야의 일자리가 우선적으로 줄어들 것이다. 물론 인공지능 기술과 산업은 인간의 일자리를 대체하면서도 동시에 그와 연관된 많은 일자리를 만들어낼 것이다. 하지만 현재

로선 인공지능 확산으로 고용의 불안정성이 커질 거라는 전망이 힘을 얻는다.

이처럼 인공지능 기술을 소유한 소수와 그렇지 못해 일자리를 빼앗긴 다수 간의 빈부격차는 커지게 마련이다. 여기에 더해 '인공지능 격차(AI divide)'는 빈부격차를 한층 더 심화시킬 것으로 예상된다. 4차 산업혁명과 인공지능의 시대에서는 석유나 석탄보다 정보와 지식이 훨씬 더 가치 있는 자원이 되고 있다. 그렇기 때문에 정보와 지식을 가지고 있는 사람과 그렇지 않은 사람의 빈부격차가 더 커질 수밖에 없다.

둘째, 인간관계가 단절되고 소외 현상이 심화될 가능성이 크다. 1차, 2차, 3차 산업혁명을 거치면서 사람들의 삶은 예전보다 풍요롭고 편리해졌지만 그만큼 개인주의 성향도 더 커졌다. 그로 인해 대화도 많이 줄어들었다. 부부 3쌍 중에 1쌍은 하루에 10분도 대화하지 않는다고 한다. 또 부부 간의 대화가 원활하지 않은 경우 15년 내에 이혼을 할 가능성이 90%를 상회한다고 한다. 인공지능이 발전함에 따라 우리는 점점 집안에서 활동 할 가능성이 크다. 이에 따라 다른 사람들과 대화하는 시간이 훨씬 더 줄어들 것이다. 만약 그렇게 된다면 지금보다 더 인간관계가 단절되고 소외되는 사람이 늘어나게 될 것이다.

셋째, 인공지능이 범죄와 군사적 목적으로 이용되어 인류에게 위협적인 존재가 될 수 있다. 범죄 의도를 가진 사람이 드론이나 얼굴인식 기술을 악용하여 특정인에게 테러를 가할 수 있다. 이런 일은 실제로 일어나고 있다. 2018년 8월, 드론을 이용한 마두로 베네수엘라 대통령 암살 미수사건은 대표적인 사례이다. 또 해커가 악용하면 기존 보안 시스템을 완벽하게 무력화시킬 수 있다. 가짜뉴스를 생산하여 여론을 조작하고 음성·영상합성 기술로 동영상을 조작하여 선거나 정치에 영향을 미치는 일도 가능하다.

아울러 감정이 없는 로봇을 살인과 전쟁 등에 악용할 수도 있다. 윤리와 도덕, 양심 같은 인간만이 갖는 심성을 인공지능에 적용하는 것은 매우 어렵기 때문이다. 2018년 미국 MIT대학은 인공지능이 잘못된 학습을 거듭하면 사이코패스 성향을 띠게 된다는 연구 결과를 내놓았다. 인공지능이 20년 안에 핵전쟁을 유발할 수도 있다는 섬뜩한 분석도 나와 있다. 인간은 전쟁은 공멸이라는 공포가 있어 전쟁을 망설이지만, 인공지능은 데이터만을 근거로 전쟁을 부추길 수 있다는 것이다.

넷째, 빅브라더의 출현과 이로 인한 개인의 사생활 침해 우려가 크다. 빅브라더란 정보를 독점하여 사회를 통제하는 거대 권력자 또는 그러한 사회체제를 일컫는다. 인공지능 기술이 작동하는 과정에서 생성되는 다양한 정보들이나 혹은 드론 등 인공지능 기기들이 부정적으로 사용된다면 개인 사생활이 침해받을 가능성이 매우 커진다.

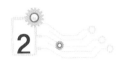

무엇이든 가능한 전지전능한 세상

🔊 유비쿼터스 세상의 구현

우리는 이미 오래 전부터 유비쿼터스 세상에 살고 있다. '유비쿼터스 (Ubiquitous)'는 '언제 어디서나 존재한다'는 뜻의 라틴어로, 사용자가 시간과 장소에 상관없이 자유롭게 네트워크에 접속할 수 있는 환경을 말한다. 이 개념은 원래 유비쿼터스 컴퓨팅에서 출발하였지만 점차 유비쿼터스 네트워크로 확장되고 있다.

유비쿼터스 네트워크란 휴대용 정보기기를 가지고 다니면서 멀리 떨어져 있는 각종 사물과 연결하여 그 사물을 사용한다는 개념이다. 즉 컴퓨터에 어떠한 기능을 추가하는 것이 아니라 자동차·냉장고·안경·시계·스테레오 장비 등과 같은 어떤 기기나 사물에 컴퓨터를 집어넣어 의사소통이 가능하도록 해 주는 정보기술 환경을 뜻한다.

위치파악시스템(Global Positioning System, GPS)은 유비쿼터스의 대표적인 예이다. 미군이 발전시킨 위성통신 및 위치파악시스템 GPS는 수신 장치만 있으면 어느 장소에 있든지 접근이 가능하도록 상업화되었다. 이러한 다양한 컴퓨터 매핑 소프트웨어(computer-mapping softwares)의 결합으로 GPS는 특정인의 위치, 여행 경로, 이동수단 등을 모두 파악할 수 있다.

유비쿼터스의 키워드는 6가지(6A)로 정의되고 있다. 언제(Anytime), 어디서나(Anywhere), 누구나(Anybody), 어떤 네트워크(Any-network), 어떤 기기(Any-device), 어떤 서비스(Any-service)에의 접속이다. 유비쿼터스화가 이루어지면 가정·자동차는 물론, 심지어 산꼭대기에서도 정보기술을 활용할 수 있다. 또 네트워크에 연결되는 컴퓨터 사용자의 수가 늘어나면 정보기술산업의 규모와 범위도 그만큼 커지게 된다.

이처럼 유비쿼터스는 휴대성과 편의성뿐만 아니라 시간과 장소에 구애받지 않고도 네트워크에 접속할 수 있는 장점을 지니고 있다. 나아가 인류의 사회문화 생활까지 송두리째 바꿔놓을 것으로 예상된다. 그러나 유비쿼터스 네트워크가 이루어지기 위해서는 광대역통신과 컨버전스 기술의 일반화, 정보기술 기기의 저가격화 등 정보기술의 고도화가 전제되어야 한다.

물론 역기능도 없지 않다. 사람들이 자신이 할 수 있는 일까지도 컴퓨터에 맡기고 의존함에 따라 자기상실의 우려가 발생할 수 있다. 더욱이 사고로 컴퓨터 시스템에 문제가 생기거나 파괴될 경우에는 더 큰 어려움이 나타날 수 있다. 이러한 현상을 방지하기 위해 기계에 의존하지 말고 사람과 직접 만나서 소통하자는 언플러그드(Unplugged) 운동이 일어나기도 하였다.

유비쿼터스의 개념도

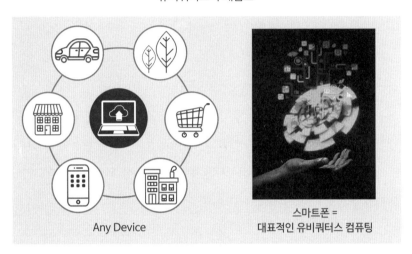

🔊 최적의 솔루션에 의한 '골디락스' 경제

인공지능 기술은 우리의 일상생활이나 기업 경영활동에 최적의 솔루션을 제공해준다. 가장 적합한 솔루션을 통하여 우리는 편익을 극대화하거나 혹은 불필요한 시행착오와 낭비요인을 줄일 수 있게 된다. 이것을 두고 사회적 편익증진 혹은 사회적 비용절감 효과라고 부르고 있다.

우선 개인의 일상생활에서 인공지능이 가져오는 편익증진 효과부터 알아보자. 인공지능과 결합한 가상비서 서비스는 사용자의 감정 상태에 가장 적합한 편안함을 찾아줄 것이다. 또 고도의 인공지능을 탑재한 의료용 로봇은 병원에서 활동하면서 진단, 수술과 치료, 처방 등에서 인간이 할 수 있는 오류나 실패의 가능성을 최소화시켜 준다. 그리고 자신의 적성과 능력에 적합한 일처리를 찾아주기도 한다.

합리적인 소비생활을 하는데도 도움을 주게 된다. 우리가 정보 부족이나 판단 오류로 인해 합리적인 가격결정을 하지 못하고 주저할 때 인공지능은 최적의 솔루션을 제시해 준다. 아울러 과소비나 충동구매 등 비합리적인 소비지출 행위를 저지해 줄 것이다. 국가의 재정지출 측면에서도 합리적 의사결정을 하게 할 것이다. 한정된 예산을 가장 효율적으로 사용할 수 있도록 지출의 우선순위를 정하여 주고 또 불필요한 예산 낭비행위도 일어나지 않도록 도와 줄 것이다.

인공지능은 기업이 경영활동을 함에 있어서도 최적의 솔루션을 제시해 줄 것이다. 원래 기업의 경영환경은 모든 것이 불확실하고 위험이 도사리고 있다. 원재료·노동력·기계장비를 얼마나 많이 확보해 두어야 하는지, 시장에 내놓을 제품과 서비스에 대한 소비자들의 반응은 어떨지, 경쟁기업들은 어떻게 대응할 것인지, 수급상황은 어떠할지 등 모두가 불확실한 요소이다.

그런데 인공지능은 이러한 문제 속에서 너무 많지도, 너무 부족하지도 않은 정도의 골디락스 존(Goldilocks Zone)에서 벗어나지 않도록 제반 생산요소와 제품들을 적절하게 관리해주게 된다. 그리고 상품의 설계·개발, 제조·유통·물류 등 전 생산과정에 최적의 솔루션을 제시하는 스마트팩토리(Smart Factory)를 통하여 생산성, 품질, 고객만족도를 향상시켜 주게 될 것이다. 아울러 인건비를 대폭 절감하는 비용절감 효과도 거둘 수 있다.

이와 같이 인공지능이 기업의 생산활동과 개인과 정부의 소비지출 행위에 최적의 솔루션을 제공함으로써 거시경제 전체는 골디락스를 이루게 될 것이다. '골디락스(goldilocks)'란 뜨겁지도 차갑지도 않은 이상적인 경제상황을 뜻한다. 즉 인플레이션을 우려할 만큼 과열되지도 않으면서 잠재성장률에 육박하는 성장이 장기간 이어지는 경제국면을 말한다. 기업의 마케팅에서도 상품을 판매할 때 전략제품인 중간가격의 제품을 고가의 제품과 저가의 제품 사이에 진열하여 중간가격 제품을 선택하도록 유도하는 '골디락스 가격전략'을 사용한다. 원래 영국의 전래동화 '골디락스와 세 마리의 곰'에서 유래한 용어이지만 지금은 경제용어로서 더 많이 활용되고 있다. 나아가 이제 골디락스란 용어는 극단이 아닌 중립, 포용과 합리, 실용과 효율, 융합 등 다양한 함의가 녹아 있는 뜻으로도 사용되고 있다.

골디락스 경제는 통상적으로 불황기와 호황기 사이에 나타나는 것으로 알려져 있다. 골디락스 경제가 바람직하지만, 경기란 계속해서 순환하는 과정을 거치므로 이를 계속 유지시켜 나가는 것은 현실적으로 매우 어려운 일이다. 그런데 인공지능이 최적의 솔루션을 제시할 때 이것이 가능해지게 될 것이다.

인공지능과 미래 경제

🔊 무병장수와 우주여행이 실현되는 세상

이제 세상은 얼마 전까지만 해도 상상하기 어려웠던 일들이 인공지능 덕분에 점차 현실화되어 가고 있다. 그러나 과학기술이 발전하더라도 인간이 이루지 못한 채 어쩌면 영원히 꿈으로만 남게 될 분야가 여전히 존재한다. 그 대표적인 꿈들이 다름 아닌 시간여행과 불로장생(不老長生)을 이루는 것일 게다. 이 꿈의 실현은 우주의 원리와 역사를 뒤흔들어 놓으면서 어쩌면 신의 영역을 침범하게 되는 매우 위험한 일이라 할 수 있다.

우리가 소설이나 영화 속에서 보았던 바와 같이 인간이 타임머신을 타고 과거나 미래의 세계로 여행을 떠나거나, 순간적으로 공간이동을 실현하는 것은 매우 흥미롭고 매력적인 일들이다. 물론 이는 인공지능의 영역이라기보다 물리학과 양자역학의 영역이다. 알려진 바로는 빛의 공간이동은 어느 정도 이루어진 상태라고 한다. 그런데 사람들은 이런 시간여행과 공간이동 기술보다도 무병장수(無病長壽)와 불로장생에 대한 꿈이 훨씬 더 큰 편이다.

사실 이에 대한 꿈은 어느 정도 진전되고 있는 상황이다. 이제 웬만한 병은 인공지능이 알아서 처방과 치료를 해줄 뿐만 아니라, 아예 병이 발생하지 않도록 하는 사전예방 기술도 발전하고 있다. 구글의 자회사 칼리코는 인간 질병을 완전 정복하는 '인간 500세 프로젝트'를 진행 중이다. 2018년 초에는 연구성과도 나왔다. 동사는 죽을 때까지 노화가 거의 진행되지 않는 '벌거숭이 두더지쥐'라는 늙지 않는 동물을 찾아내었다.

이에 머지않아 아프거나 병원 신세를 지게 될 일이 없게 될 것이며, 늙지 않고 젊음을 유지하면서 지금보다 훨씬 더 오랫동안 살게 되는 무병장수의 시대가 열릴 것으로 기대되고 있다. 더욱이 앞으로 유전자(gene)와 염색체(chromosome), 즉 게놈(genome)에 대한 연구까지 더 발전한다면 언젠가 인간은 영원히 젊음을 유지한 채 죽지 않는 이른바 불로영생의 세상이 열리게 될 것이다.

그러나 이로 인해 새로운 문제가 발생하게 되는데, 다름 아닌 인구폭발의 문제다. 사람이 죽지 않고 오랫동안 혹은 영원히 살 수 있게 됨에 따라 전 세계의 인구가 폭발적으로 늘어나, 지구촌은 더 이상 인구를 수용할 수 없는 협소한 공간이 되고 말 것이다. 이런 문제를 일찍이 간파한 미국, 러시아, 중국 등 우주산업 선진국들은 1950년대부터 달과 화성 탐사를 시작하였다. 또 1998년부터는 국제우주정거장을 설립하여 17개국 약 220명이 거주하면서 우주 환경이 생물과 인간에 미치는 영향을 연구하고 있다.

정부가 주도했던 과거의 우주개발과 달리 이제는 기업 차원에서도 이런 시도가 활발히 이루어지고 있다. 이런 움직임을 '뉴 스페이스(New Space)'라고 한다. 미국 우주선 개발업체 '스페이스X'의 CEO 일론 머스크는 2025년까지 화성에 사람을 보내겠다는 선언을 하였다. 그 일환으로 2018년 2월, 테슬라가 만든 전기차를 실은 로켓을 성공적으로 화성에 쏘아 올렸다. 이 스페이스X의 화성 탐사 프로젝트는 미 항공우주국(NASA)과의 긴밀한 협력 가운데 이루어지고 있다. 또 2018년 9월, 스페이스X팀은 자사의 우주선인 '빅팰컨로켓(BER)'에 관광객을 태워 달에 보내는 계약을 성사시켰다고 발표하였다.

인공지능과 미래 경제

이해 비해 제프 베이조스 아마존 최고경영자는 화성보다는 달에 인간이 거주할 수 있는 시설을 짓는 게 더 현실적이라고 보았다. 그래서 매년 아마존 주식 10억 달러를 매각하여 달에 인간이 살 수 있는 마을을 건설하겠다고 밝혔다. 그는 우주개발은 선택의 문제가 아니라 인류생존을 위해 반드시 필요한 일이라며, 달에 인류의 전초기지를 만들어야 한다고 말하였다.

이와 함께 우주여행 상품도 잇달아 나오고 있다. 2001년 미국의 데니스 티토는 200억원이 넘는 돈을 지불하고 인류 최초의 우주 여행객이 되었다. 이후 보다 저렴한 가격에 우주여행을 할 수 있는 우주관광 상품이 잇달아 출시되고 있다. 미국의 '버진 갤럭틱'은 25만 달러, '엑스코어 에어로스페이스'사는 보다 저렴한 9만 5천 달러의 우주여행 티켓을 예매하고 있다. 아마존의 자회사 '블루 오리진'에서도 상업 우주여행을 준비 중이다.

3

스마트홈, 스마트시티, 스마트정부

⊙ 생활혁명을 불러올 '스마트홈'

모바일시대를 지나 사물인터넷시대가 이미 우리 삶에 자리 잡고 있다. 사물인터넷은 사람과 주변 사물들이 유무선 네트워크로 연결돼 정보를 상호 수집, 공유하며 통신하는 인터넷 환경을 의미한다. 가전제품, 전자기기뿐만 아니라 헬스케어, 원격 검침 등 다양한 분야에서 사물을 인터넷으로 연결하여 정보를 공유하고 제어한다.

집 안 전체 조명을 버튼 하나로 껐다가 켜고, 자동차가 아파트 정문을 지나면 알림이 울린다. 집 밖에서 스마트폰으로 집 안 조명·가스·전기·난방을 조절할 수 있고, 열쇠를 몸에 지니고 있으면 공동 현관문이 자동으로 열린다. 집 안에 있는 가전제품과 보안시스템, 조명 등을 서로 연결하여 원격으로 제어하는 시스템인 '스마트홈(Smart Home)'은 통신·건설·가전·보안·콘텐츠·전력 등 다양한 산업이 참여하는 진정한 융합형 서비스이다. 그래서 생활혁명을 초래하고 있다.

최근 인공지능의 발달로 스마트홈은 한 단계 더 진화하고 있다. 집안의 냉장고, 에어컨, 난방, 가스, 조명 등을 스마트폰 앱 하나로 제어할 수 있는 시스템은 이미 몇 년 전부터 대중적인 기술로 자리 잡았다. 여기에 음향, 영상, 통신기술의 발달은 스마트홈 기술을 더욱 진화시키고 있다. 스마트 스피커 음성인식을 이용한 스마트홈 기술을 선보이고 있다. 이를 이용하면 내 기분에 맞추어 대화를 할 수 있으며 또 분위기에 맞는 음악을 선사한다. 그리고 집의 다양한 부분을 통제할 수 있다.

현관 출입문은 기존 비밀번호를 누르던 시스템과 지문인식에서, 더욱 빠르고 편리한 안면인식으로 진화를 거듭하고 있다. 키패드를 누르고 지문인식기에 손가락을 갖다 대던 것에서 접촉 없이 얼굴을 가까이 대면 문을 열어준다. 이처럼 첨단기술이 우리 생활에, 우리 집에 더 가까이 다가오고 있다.

이전에는 집을 비운 동안 다녀간 사람이 누군지 확인하는 수준이었지만, 현재는 실시간으로 연결된다. 예컨대 외출한 동안 택배기사가 초인종을 누르면 스마트폰으로 연결돼 화상통화를 할 수 있고, 현관문도 열 수 있다. 출입기록 관리도 정교해졌다. 인공지능 기반의 빅데이터 분석 플랫폼이 평소 출입기록을 분석하고 학습하여 특이사항이라고 판단하면 메시지를 보낸다. 예컨대 평소 밤 12시 이후 출입이 없었는데 문이 열리면 '이상 시간대 출입이 감지되었습니다'라는 메시지가 스마트폰으로 전송된다.

인공지능은 관리비도 아껴 준다. 아파트단지 내 세대별 실시간 에너지 사용 기록을 분석하고 비교해 맞춤 알림을 제공한다. 전기사용이 많으면 '전기사용이 과다합니다.'라는 알림을 보내는 식이다. 보안도 강화됐다. 집 안에 작은 카메라가 있어 방범 모드를 설정하면 집 안 움직임을 분석하여 집주인의 스마트폰과 경비실에 동시에 경고 메시지를 보낸다. 집 밖에서 집 안과 현관 앞 영상도 확인할 수 있다.

앞으로 스마트홈은 더 발달할 것으로 보인다. 1인 가구가 늘고 있고 노인만 거주하는 가구도 증가하고 있어서다. 고독사 등이 사회문제가 된 일본에서는 일찌감치 스마트홈이 발달하였다. 비슷한 구도로 움직이고 있는 한국도 1인 가구 등에 맞춘 스마트홈 발달이 빨라질 것으로 예상되고 있다.

🎧 쾌적하고 살기 좋은 도시 '스마트시티'

전 세계적으로 도시문제가 증가하고 있다. UN 보고서는 앞으로 도시화는 더욱 가속화되어 2050년에는 세계 인구의 3분의 2인 66억명이 도시에 거주할 것으로 예상한다. 특히 인도, 중국과 같은 신흥국은 농촌 인구가 많고 인구가 지속적으로 증가하고 있어 국민 삶의 질 개선과 고용창출 등을 위해 도시화를 확산시키고 있다. 하지만 급속한 도시화는 교통난, 에너지 부족만이 아니라 실업, 범죄와 같은 다양한 문제들을 야기하고 있다.

선진국도 경우는 다르지만 스마트시티의 필요성을 절감하고 있다. 유럽, 북미 등은 노후 도시들의 경쟁력 제고와 경기 활성화를 위해 지속적인 도시환경 개선이 필수적인 상태다. 선진국은 국민 대부분이 도시에 거주하고 있어 전반적인 국민 삶의 질을 개선하기 위해서도 도시환경의 지속적인 재정비가 필요하다. 유럽, 미국 등 선진국들의 도시인구 비중은 80% 이상이며 특히 우리나라 도시인구 비율은 90%를 넘어서고 있다.

이처럼 도시는 더는 행복한 삶을 만드는 지속가능한 공간이 못 된다. 그렇다면 지속가능한 도시는 어떻게 만들 수 있을까? 공학자들은 그 답을 '스마트시티(Smart City)'에서 찾고 있다. 스마트시티는 도시에서 벌어지는 현상과 움직임, 시민 행동을 데이터화해 도시인의 삶의 질과 행복을 높이는 맞춤형 예측 서비스를 제공한다. 사물인터넷 기술을 적용해 도시 구석구석에서 생성되는 모든 정보를 모으고 공유하며 모든 서비스와 도시가 유기적으로 연결되어, 시민들이 안전하고 쾌적한 도시생활을 영위할 수 있는 사람 중심의 도시를 만들자는 것이 스마트시티의 취지다.

스마트시티는 첨단 정보통신기술을 이용해 주요 도시의 공공기능을 네트워크화한 이른바 똑똑한 도시다. 그리고 교통, 환경, 주거, 시설 등 일상생활에서 대두되는 문제를 해결하기 위해 ICT 기술과 친환경 에너지를 도입하여 시민들이 쾌적하고 편리한 삶을 누릴 수 있도록 보장해 주는 미래형 도시다.

스마트시티의 수요가 증가하면서 세계 스마트시티 건설경쟁이 본격화되고 있다. 현재 추진 중인 스마트시티 프로젝트만 해도 600여개나 되는 것으로 알려져 있다. 이 가운데 80% 이상을 중국, 미국, 일본, 유럽 그리고 우리나라가 주도하고 있다. 미국의 유명한 시장 전문조사 기관인 IDC에 따르면 앞으로 20년 동안 인구 30만명 이상의 신도시가 250개 생기고,

스마트시티 시장 규모는 2019년 기준으로 1조 1천억 달러에 이를 것으로 전망하고 있다. 이처럼 스마트시티가 범지구적 이슈로 부상하면서 미국, EU, 중국 등은 IBM, 시스코, 슈나이더일렉트릭, 지멘스 등 자국기업들과 함께 수출전략을 본격화하고 있다.

스마트시티를 구현하는 몇 개 도시의 사례를 들어보자.

중국 저장(Zhejiang)성의 중심도시 항저우(Hangzhou)시는 인공지능 기술로 공공업무를 관리하는 세계 최초의 지능도시로 평가받고 있다. 인구 900만명이 거주하고 있는 이 도시는 원활한 교통 흐름을 위해 인공지능 교통제어시스템인 '시티브레인(City Brain)'을 도입하고 카메라로 감지한 교통량을 실시간 분석하여 128개 교차로의 신호등을 자동으로 제어해 준다.

주민들은 스마트폰만 가지면 슈퍼마켓 및 편의점은 물론이고 60개가 넘는 공공서비스, 교통요금, 의료비 등을 모바일로 결제할 수 있다. 따라서 시티브레인은 교통량뿐만 아니라 시민들의 통근, 구매, 이동 및 상호작용 등 모든 활동을 데이터로 수집해 인공지능으로 패턴화하는 학습을 하고 있다. 도시 전 지역에서 차량과 시민을 구분해 내는 안면인식시스템이 가동되므로 모든 범죄가 추적되고 사건사고가 신속히 처리되는 지능도시로 탈바꿈하였다. 시티브레인의 성공 사례는 이미 600여개 중국 전역의 다른 도시들, 그리고 싱가포르와 홍콩 등에도 패키지로 제공하는 등 큰 성공을 거두고 있다.

또 세계 스마트시티 1위라 불리는 바르셀로나는 도시 전체를 공유경제 플랫폼으로 바꾸는 시도를 하고 있다. 이를 통해 자전거 공유 같은 공유경제 서비스를 보편화하려는 것이다. 아울러 도시문제를 해결하기 위해 가

☞ 인공지능과 미래 경제

상의 도시를 컴퓨터에서 만들어 도시에서 벌어지는 현상을 고스란히 그 안에 담아 해법을 찾을 수도 있다. 이른바 '디지털 트윈'이라 불리는 이 시뮬레이션 프로젝트는 싱가포르가 시도하여 주목받고 있다. 프랑스 다쏘시스템의 플랫폼 위에 싱가포르를 담아 도시 소음을 효율적으로 해결할 수 있는 방안을 찾고 있다.

우리나라도 2000년대 중반부터 스마트시티 구축을 추진해 왔다. 그러나 수요자 중심의 채산성 있는 사업모델 부재 등으로 기업 및 국민의 관심이 저조한 상황이었다. 그러던 중 최근 들어 다시 스마트시티에 대한 관심이 높아지고 있다.

스마트시티 개념도

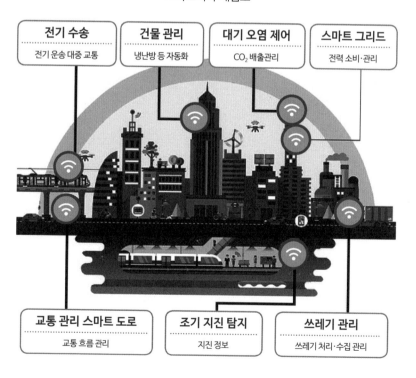

전기 수송
전기 운송 대중 교통

건물 관리
냉난방 등 자동화

대기 오염 제어
CO_2 배출관리

스마트 그리드
전력 소비·관리

교통 관리 스마트 도로
교통 흐름 관리

조기 지진 탐지
지진 정보

쓰레기 관리
쓰레기 처리·수집 관리

제6장 인공지능이 초래할 경제사회의 모습

세계 스마트시티 건설을 주도하는 기업은 IT기업체들이다. 일찍이 스마트시티 분야에 진출한 IBM과 시스코는 이 분야에서 기업순위 1, 2위를 다투고 있는데, 이들은 데이터분석, IoT 등을 통해 스마트시티 프로젝트에 사활을 걸고 있다. 시스코는 인구 100만명 이상이 거주하는 도시에 스마트시티를 구축하는 내용의 '밀리언 프로젝트(Million Project)'를 통하여 중국, 인도, 중동 등지에 진출하고 있다. 지멘스, 히타치, 엑센추어 등의 주요 기업들도 스마트시티 기업 2위 그룹을 형성하며 이 분야에 관심을 보이고 있다.

◉ 행정서비스 혁신을 통한 '스마트정부'

정부 역시 시대의 흐름에 맞춰 빠르게 변해야 한다. 정부의 일하는 방식과 대국민 서비스를 혁신하고, 국민의 참여를 촉진시키는 스마트정부가 되어야 한다는 것이다. 이를 위해서는 우선 전자정부가 선행되어야 할 것이다. 전자정부란 정보기술과 인공지능 기술을 활용하여 행정기관 및 공공기관의 업무를 전자화하고, 행정기관 등의 상호 간의 행정업무 및 국민에 대한 행정업무를 효율적으로 수행하는 정부를 뜻한다.

아울러 국정운영에 대한 국민들의 의견을 빠르게 모으고 그에 따라 행정 처리를 하는 '스마트 지배구조(Smart Governance)'를 구축해야 한다. 이는 국민을 위한 앱을 개발하여 여론을 묻고 의회나 정부기관이 국민의 의사를 반영한 행정활동을 수행하는 것을 의미한다. 예전 같으면 본인 확인이 어렵고 해킹 위험이 있어 구현하기 어려웠지만 이제는 생체인식과 블록체인 기술이 이를 가능하게 만들 것이다.

스마트정부가 실현되면 국민의 의사가 행정에 제대로 반영되어 대의정치 실현이 가능하게 되며, 행정의 투명성도 높일 수 있다. 이를 통해 정경유착을 방지하고 지하경제를 와해시킬 수도 있다. 또 예산운영의 효율성도 기할 수 있다. 예산이 할당되고, 그 예산이 누구를 통해서 언제, 어떤 명목으로 지출이 되었는지를 실시간으로 볼 수 있게 된다. 아울러 목적에 맞지 않는다면, 아예 지출 자체를 막아버리는 게 시스템적으로 가능해진다.

스마트정부가 구현되기 위해서는 인공지능의 도움이 필요하다. 이는 인공지능이 행정서비스를 간편하고 명료하며 투명하게 만들어주기 때문이다. 그리고 공무원들이 실시간으로 정부가 운영하는 서비스에 대한 데이터를 확보할 수 있는 시스템을 만들어 주기 때문이다.

우리나라 또한 복잡하고 난해한 경제사회 문제의 증가, 4차 산업혁명시대의 도래 등 환경 변화에 따라 행정의 혁신과 전자정부 생태계 조성이 요구되고 있다. 그러나 여전히 모바일, O2O 통합, 민관협업 등을 통한 통합 서비스가 미흡하고, 부처 간 실시간 업무처리 환경도 완전히 이루어지지 않고 있다. 또 각 부처가 보유한 데이터가 흩어져 있어 정확한 의사결정 및 행정 처리가 이루어지지 않고 있다.

이런 문제점을 해소하기 위해 정부는 '스마트정부 4.0'이란 기치를 내걸고 오프라인과 온라인 정부를 융합하여 대국민 통합행정 서비스를 제공하는 방안을 추진 중에 있다. 핵심 내용은 클라우드 기반의 데이터 활용을 보다 개방적으로 운용하는 것이다. 즉 현실의 정부를 클라우드에 존재하는 가상의 정부로 연결·확대함으로써 개방협력을 촉진시키는 것이다. 이를 통해 부처 간 장벽이 낮아져 데이터의 공유와 업무의 협력이 증가할 것이다. 아울러 부처 간 협력체계를 구축하고, 조직·정보·예산을 공유하여 고비용과 저효율의 컨트롤타워 구조를 열린 허브로 혁신시키는 것이 가능해질 것이다.

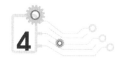

일자리 감소와 빈부격차의 확대

ⓢ 직업의 미래

　인공지능의 발전은 경제사회에 생산성 향상과 삶의 질 개선이라는 긍정적 효과를 초래하겠지만, 또 다른 한편으로는 부정적인 영향도 미칠 것으로 예상되고 있다. 그 부정적인 요소 중에서도 가장 큰 것은 다름 아닌 노동시장의 대 격변과 고용의 대폭적 감소라는 문제이다. 이는 인력의 대체·보완이라는 직접적 영향과 경영방식 재설계와 시장게임 규칙의 변화라는 간접적 영향의 두 경로를 통해 큰 영향을 미칠 것으로 판단된다.

　이 뿐만이 아니다. 인공지능 격차(AI divide)를 통해 빈부의 격차를 한층 더 심화시킬 수도 있다. 아울러 대공황을 초래하여 경제를 파탄시킬 우려도 없지 않다. 기계 때문에 해고된 노동자들은 생산자인 동시에 소비자인데, 기계는 노동만을 대체할 뿐 소비는 대체할 수 없다. 노동자가 돈을 벌지 못하면 소비 또한 할 수 없으므로, 기업이 기계화를 통해 생산량을 늘려도 일자리를 잃은 소비계층이 붕괴하여 물건이 팔리지 않게 된다. 이 경우 세계는 대공황 수준의 큰 경제위기가 올 수도 있다.

우선, 일자리 감축에 대해서는 옥스퍼드대학, McKinsey, WEF 등 다양한 기관에서 로봇 및 인공지능의 인간 대체 가능성에 대한 정량적 분석을 이미 내놓은 바 있다. 또 『제2 기계시대(The Second Machine Age)』의 공동저자인 브린욜프슨과 맥아피 교수, 마틴 포드 등 많은 논자들은 기계에 의해 인간의 일자리가 잠식되어가는 우울한 미래를 경고한 바 있다. 2016년 열린 세계경제포럼에서는 앞으로 5년간 500만개의 일자리가 사라지는 내용을 담은 보고서가 발표되었다.

로봇의 개발이 그러했듯, 인공지능 역시 현 노동자들의 자리를 수없이 빼앗아 갈 것이다. 어떤 일자리가 어느 범위 내에서 대체될지에 대해선 학자들마다 의견이 분분하다. 하지만 대체적으로는 블루칼라, 화이트칼라를 막론하고 현재의 일자리 대부분이 대체될 것이라고 전망하고 있다. 심지어 창의력이 중요하다고 하는 작가나 예술가마저 대체할 수 있다고 말하는 학자들도 있다.

인공지능과 로봇은 세부 직업군에 대해 직무 특성별로 각각 다른 영향을 미칠 수 있다. 인공지능은 특히 현장 노무직, 판매직, 단순 사무직, 서비스직 등에 직접적인 영향을 미칠 것으로 판단된다. 아울러 연구직, 관리직, 전문직들도 영향을 받게 되는데, 이들은 그동안 자동화로부터 안전하다고 여겨졌던 분야이므로 사회적 충격이 더욱 클 수 있다. 이들 업종에서는 향후 인공지능의 인간 대체와 상호 협업이 동시에 진행될 것이다.

금융업의 경우는 아주 극단적이다. 금융업에서는 벌써부터 인공지능이 사람을 고용하는 것보다 능률과 가성비 면에서 낫다는 인식이 현실화되고 있다. 가령 골드만삭스는 딥러닝 방식으로 각종 업무를 자동화해서 기존 600명이 할 일을 단 2명 몫으로 줄이고, 잉여인력을 대폭 해고하였다.

인공지능시대의 유망 직종

감지 분야 직업
자율주행차, 로봇, 드론 등
다양한 비정형 데이터를 수집하여
주변상황을 감지하는 기술
-스마트센서 개발자
-비전인식전문가
-사물·공간스캐너

지능화 기술 활용 직업
인간의 개입 없이 자율적으로
판단할 수 있는 지능화 관련 분야
-생성적 디자이너
-P2P대출전문가
-예측수리 엔지니어

인터페이스 분야 직업
동작이나 음성 등을 이용하여 정확하고
직관적으로 다양한 사물을 제어하는
사용 인터페이스(UI) 분야
-오감제어 전문가
-로봇 트레이너
-인간·자동차 인터페이스 개발자

2016년 한국고용정보원에서는 국내 주요 직업 406가지가 인공지능 및 로봇에 의해 대체될 확률을 분석하여 발표하였다. 이에 따르면 단순생산 및 가공직, 택배원, 주유원, 청소원 등 단순 반복적이고 몸을 쓰는 일은 인공지능 로봇에 대체될 확률이 90% 이상이었다. 반면 예술가, 문학작가, 배우, 디자이너, 대학교수, 연구원 등은 인공지능에 대체될 확률이 1% 미만으로 나타났다. 특기할 사항은 선장(96%), 일반의(94%), 관제사(86%) 등 각종 전문직 또한 인공지능에 의해 대체될 확률이 높은 것으로 나타났다는 점이다.

이미 운송업 분야에서는 자율주행 자동차가 시범 운행되고 있고, 철도에서는 인공지능을 통한 무인운전 노선이 점증하고 있다. 우리나라만 해도 경전철 노선들은 전부 무인운전이며, 신분당선에서도 무인운전을 채용하였다. 프랑스나 영국 등에도 무인운전 노선이 늘어나는 추세다.

● 일의 형태와 게임의 규칙 변화가 더 문제

18세기 증기기관의 발명으로 본격화된 초기 산업혁명 이래로 지금껏 우리 인류는 생산성 향상과 노동의 가치라는 두 가지 키워드를 두고 깊은 고민을 반복해 왔다. 당시에도 기계가 인간을 대체함에 따른 일자리 상실에 저항하기 위해 기계를 파괴하는 '러다이트 운동(luddite movement)'이 일어나기도 했고, 19세기 들어서는 아예 기계 자체를 거부하는 '네오 러다이트 운동(neo-luddite movement)'으로 이어지기도 하였다. 일자리의 의미를 단순히 생계를 위한 도구가 아닌 인간의 존엄성을 대변한다고 믿었기 때문이다.

인공지능시대의 초입에 들어선 지금, 많은 유통업체 및 물류·운송서비스에 무인화 바람이 전방위로 확산되고 있다. 자율주행 자동차가 운행을 시작했고, 3D프린터는 제조업 인력을 대체하기 시작하였다. 이처럼 인공지능의 확산은 경영방식의 재설계와 시장의 게임 규칙 변화를 야기할 수 있다. 이는 노동시장에 간접적이지만 장기적으로 더 치명적인 영향을 미칠 수 있다.

이 노동시장에 미칠 간접적 영향을 두가지 관점에서 알아보자.

첫째, 인공지능이 도입되고 생산성을 제고하는 과정에서 업무형태, 작업환경 등 경영방식 전반이 인공지능 위주로 바뀌게 될 수 있다. 예를 들어, 아마존이 창고관리에 운반 로봇 키바(Kiva)를 인간 대신 도입하여 엄청난 능률을 올린 것은 좋은 사례다. 운송 로봇들은 물건이 무엇이든 상관하지 않고 명령받은 코드에 의해 상품을 꺼내오고, 묶음 상품 간 최적 루트를 쉽게 계산할 수 있기 때문에 매우 효율적이었다. 이처럼 경영방식이 인공지능 친화적으로 바뀔 경우 인간은 점점 경쟁력을 잃다가 결국 인간의 설 자리를 잃게 될 수 있다.

둘째, 앞으로는 직업이 아닌 직무에 역점을 두어야 한다는 점이다. 인공지능 발전에 따른 일자리 전망에 대해서는 대체로 단순·반복노동은 물론 지적노동까지를 포괄하는 노동의 완전 상실을 우려하는 비관론이 득세하고 있다. 물론 다른 한편으로는 직무 다변화를 통해 기존 일자리는 새롭게 분화할 것이며, 기술 발전에 따른 새로운 직업이 등장할 것이라는 낙관론도 없지 않다.

이렇게 볼때 '앞으로 사라질 직업 ○○개' 식으로 위험 직업군을 특정짓는 것은 매우 편협한 시각이다. 직업은 수많은 작업과 업무가 하나로 합쳐진 다면적이고 다층적인 성격을 갖고 있기 때문이다. 우리가 주목해야 할 점은 직업(job)이 아닌 직무(task) 즉 작업과 업무이다. OECD도 직업을 기준으로 일자리 감소를 예상한 비관론의 경우 과도한 추정의 오류를 범하고 있음을 지적한 바 있다. 직업이 아닌 직무를 기준으로 분석하면 그 결과가 완전히 달라진다는 것이다.

예를 들어, 판매원의 경우 직업을 기준으로 한다면 대체 위험도가 92%지만 직무를 기준으로 한다면 기계가 대체하기 어려운 경우가 96%다. 즉 수행하는 업무의 고유성이나 특수성 등을 감안했을 때 기계가 대체할 수 있는 판매원의 직무 정도는 고작 4%에 불과하다는 말이다. 따라서 기술 진보로 인한 일자리 변화의 핵심은 기계의 역할 변화가 아닌 인간의 역할 변화로 접근해야 한다. 새로운 수요에 적합한 새 업무의 공급자로서 기계보다 인간이 우위에 설 수 있을지를 판단하는 것이 관건이다.

◉ 불평등의 심화와 '로봇세'의 대두

이미 세계적으로 부의 불평등은 심각한 상태다. 미국의 경우 1920년대 대공황 때의 불평등에 맞먹는 수준이라고 한다. 물론 부의 불평등은 자본주의 경제체제의 문제점에서 기인한 것이지만, 앞으로 인공지능을 계기로 더 심화될 것으로 예상된다. 처음에는 비교적 단순한 직종들이 대체되겠지만, 시간이 가면서 점점 더 복잡한 작업들을 기계가 대체하게 될 것이다. 그때가 되면 인간이 기계보다 더 잘 할 수 있는 일이 몇 개나 남아 있을지 모른다.

인터넷과 정보기술혁명이 확산될 때 이를 제대로 활용한 계층은 소득이 늘어난 반면, 디지털문맹은 상대적으로 오히려 더 가난해졌다는 이른바 '디지털 디바이드(digital divide)' 현상이 나타났다. 그런데 이제는 로봇 활용도에 따라 빈부격차가 나뉜다는 '로보틱스 디바이드(robotics divide, 로봇공학 격차)'란 신조어가 등장하였다. 미국 조지메이슨대학 타일러 코웬(Tyler Cowen) 교수는 "로봇공학의 발달로 미국의 소득계층은 상위 10%와 하위 90%로 양분될 것"이라며 "로봇의 발전을 주도할 수 있는 상위 10%는 고임금을 누리지만, 하위 90%는 로봇에 일자리를 빼앗겨 저임금 일자리로 내몰릴 것"이라고 말하였다.

이와 함께 앞으로 인공지능의 발전에 따라 직무 내용이 변하는 과정에서 기계와의 협업에 성공하는 사람들과 그렇지 못한 사람들이 나뉘면서 직종 내 양극화 문제가 나타날 수도 있다. 또한 인공지능은 일종의 자산이므로 로봇, 인공지능을 보유하거나 능수능란하게 부릴 수 있는 사람과 기업은 높은 자본소득을 거둘 수 있다. 결국 인공지능의 보급 확대는 일자리 감소뿐만 아니라 계층 간의 소득격차를 더욱 확대시킬 수 있다는 것이다.

미래학자 토마스 프레이는 "인공지능의 등장으로 2030년에는 전 세계에서 20억명의 일자리가 사라지고 불평등이 더욱 심해질 것"이라고 예측하였다. 일자리가 사라지는 대신 대다수의 사람들은 실업 상태로 전락하거나 단순 노동자가 될 거란 이야기다. 이들은 사회 일자리의 대부분을 인공지능에 빼앗기고 단순 반복적인 일을 하며 살아가게 될 것이다. 이들은 결국 정부가 제공하는 임시방편적인 일자리나 기본소득으로 연명할 가능성이 크다. 이러한 대다수의 계층을 '프레카리아트(precariat)'라고도 부른다. 이는 '불안정하다(Precario)'는 이탈리어와 노동자를 뜻하는 '프롤레타리아트(Proletariat)'의 합성어로 영국의 경제학자 가이 스탠딩이 처음 쓴 단어이다.

가이 스탠딩은 노조를 통해 종신고용과 사회보험이 보장됐던 프롤레타리아트와 달리 '프레카리아트'는 불확실성과 불안정성이 더 큰 매우 위험한 계급이라고 한다. 인공지능에 밀린 인간 노동자의 가치는 계속 낮아지고 종국에는 빈곤한 절대다수가 될 것으로 전망되기 때문이다.

이런 일이 발생하지 않도록 사전에 미리 준비하고 대처해야 한다는 경고가 나오고 있다. 그 대책으로 일자리 나누기(job sharing)와 보편적 복지를 실행하는 기본소득제가 등장하였다. 기본소득제란 인간다운 삶을 보장하기 위하여 소득이 얼마인지, 취업 경험이나 구직 의사가 있는지 등을 따지지 않고, 사회공동체 구성원이라면 누구에게나 생활보장이 가능한 수준의 금액을 지불하는 사회보장제도를 뜻한다.

또 최근에는 '로봇세'의 도입 문제가 논의되고 있기도 하다. 빌 게이츠는 "공장에서 일하는 노동자에게는 소득세와 사회보장세처럼 각종 세금이 부과되고 있다. 이들과 같은 일을 하는 로봇에게도 비슷한 수준의 과세를 해야 한다"고 주장하였다. 노동자의 일을 대신한 로봇에게도 그 만큼 세금을 물려야 한다는 것이다.

페이스북 창업자인 마크 저커버그도 로봇세 도입에 긍정적 입장이다. 그는 한 발 더 나아가 로봇과 인공지능에 세금을 매겨 일자리를 잃은 사람들에게 기본소득을 보장해 주자고 제안하였다. 로봇과 인공지능을 통해 얻는 결실을 어느 한 기업의 수익으로만 독점하도록 하지 않고 온 사회와 함께 나누자는 생각인 것이다.

실제 유럽의회는 2016년 5월부터 로봇세 도입 논의를 시작하였다. 비록 로봇세 도입은 아직 시기상조라는 결론을 내렸지만, 2017년에는 로봇에게 '특수한 권리와 의무를 지닌 전자인간'이라며 법적 지위를 부여하였다. 이는 로봇에게 인격권을 주고 언젠가 세금을 매길 수 있는 근거를 마련해 둔 것이다. 과세를 하기 위해선 일반 사람과 같은 '시민격', 기업과 같은 '법인격'이 필요하기 때문이다.

미래사회가 어떻게 펼쳐질지는 아무도 모른다. 다만 세계의 많은 전문가들이 예측하고 있는 것처럼 지금 이대로 우리 사회를 놔둔다면 불평등과 양극화는 더욱 심해질 것이다. 이를 방지하기 위해선 우리가 가장 성공적인 경제체제로 믿어왔던 자본주의 시스템을 개선해야 한다는 주장도 제기되고 있다. 아울러 인공지능과 같은 최첨단 기술과 플랫폼을 독점한 기업과 개인이 국민 다수의 견제와 감시를 받을 수 있는 새로운 정치사회 체제를 만들어야 한다는 미래학자들의 주장도 깊이 고민해 보아야 할 문제이다.

5

빅브라더와 프라이버시

🌀 빅브라더, 사람의 머릿속까지 감시한다

2013년 미국의 에드워드 스노든(Edward Snowden)이라는 컴퓨터 엔지니어는 미국의 정보기관인 국가안보국(National Security Agency)이 인터넷을 통해 전 세계 주요 정보들을 빼내 장악하고 있다고 폭로하였다. 이를 통해 설마하며 우려해오던 빅브라더 현상이 실존한다는 사실이 밝혀진 셈이다. 당사국인 미국을 위시하여 전 세계가 경악하였음은 물론이다.

'빅브라더(Big Brother)'란 정보를 독점해 사회를 통제하는 거대 권력자 또는 그러한 사회체제를 일컫는다. 영국의 소설가 조지 오웰의 소설『1984년』에 처음 등장한 용어이다.『1984년』은 가상의 나라인 전체주의 국가 오세아니아에서 당이 허구적 인물인 빅브라더를 내세워 체제를 유지하고 통제하려는 모습을 그리고 있다.

소설 속에서 빅브라더는 음향과 영상까지 전달되는 텔레스크린(telescreen)을 거리와 가정에 설치해 수집한 정보로 사회를 끊임없이 통제·감시하고 개인들의 사생활을 침해한다. 전체주의적인 체제하에서 자행되는 역사와 기억의 집단적 왜곡, 개인의 존엄성과 자의식의 파괴가 얼마나 끔찍한 것인지를 보여 주고 있다. 1949년 발표된 이 작품은 당시 공산주의와 나치즘을 풍자하고 있는데, 현대인에게는 전체주의적 사고의 위험성 그리고 인공지능이 지배하는 사회에 대한 경고로도 받아들여질 수 있다.

IT 인프라가 발전된 시대를 살고 있는 우리는 다양한 빅브라더와 함께 일상을 보내고 있다. 대표적인 것이 CCTV와 생체인식 시스템이다. 특히 CCTV는 점차 스마트 CCTV로 진화하고 있는데, 이는 범죄자를 인공지능으로 판별해내고 범죄와 사고 현장을 자동으로 분석할 수 있다. 생체인식 기술 또한 갈수록 고도화되고 있다. 그러나 이 역시 본인 인증이나 보안 영역에서 안전성과 편리함을 가져다주겠지만, 다른 한편으로는 빅브라더의 한 요소가 될 수 있다.

여기에 더해 24시간 감시할 수 있는 인공지능 로봇 및 드론을 대량 배치하여 국민을 실시간 감시하는 빅브라더가 탄생할 여지도 없지 않다. 특히 실생활에서 그 활용도가 크게 늘어나고 있는 드론의 경우 사생활 침해 우려가 커지자 미국의 버락 오바마 대통령은 드론에 대한 가이드라인을 만들라는 행정명령을 내리기도 하였다.

이처럼 현대사회의 빅브라더는 우리에게 안전하고 편리한 생활 여건을 제공해 주지만 그만큼 사생활 침해 요소도 크다. 빅브라더가 선의의 목적으로 사용되면 사회를 돌보는 안정적인 보호시스템이 되겠지만, 부정적으로 사용된다면 언젠가는 엄청난 피해를 불러올 것이다.

사회통제 기술면에서 세계 최고 수준인 중국은 이제 뇌파측정 등으로 사람들의 머릿속까지 통제하고 있다는 사실이 밝혀지고 있다. 뇌 감시 연구는 서구 선진국에서도 이뤄지지만, 실제 산업현장에 전면적으로 적용된 것은 중국이 처음이다.

저장(浙江)성의 각 가정과 기업에 전력을 공급하는 기관인 국가전망(國家電網) 저장전력은 2014년부터 뇌 감시시스템을 시행하였다. 책임자는 "만일 중요한 임무를 맡은 직원이 격한 감정의 변화를 일으킨다면 전체 생산라인에 큰 위험을 불러올 수 있기 때문에, 이 경우 관리자가 그 직원에게 하루 휴가를 주거나 다른 임무를 맡긴다. 처음에는 이러한 시스템에 대한 거부감이 컸지만, 이제는 모두 익숙해졌다. 그 결과 기업경영을 개선하고 수익을 끌어올리는 데 큰 도움을 얻었다."고 밝혔다.

이후 중국 정부는 이 뇌 감시시스템을 공공병원 관리, 항공조종사 등 공공운송, 심지어는 군사관리에도 활용하는 방안을 추진 중이거나 도입 여부를 검토 중인 것으로 알려지고 있다.

⊙ 생체인식 기술의 발전과 '딥페이크' 현상

생체인식 기술이 급속히 발전하고 실제 활용도 또한 크게 늘어나고 있다. 이를 통해 생활의 편리함을 기할 수 있을 뿐만 아니라 국민들의 안전보장도 강화할 수 있게 되었다. 최근에는 금융 분야에서도 비대면 거래가 급증하면서 생체인식 기술의 활용도가 크게 늘어나고 있다. 그러나 다른 한편으로는 사생활 침해논란도 가열되고 있다. 생체인식 기술이란 인간의 신체적 또는 행동학적 특성을 기반으로 인간의 생체적 특징을 자동화된 장치를 거쳐 신원 확인에 이용하는 기술이다.

생체인식 기술의 기초 정보는 얼굴, 지문, 홍채, 망막, 손 모양, 정맥의 모양, DNA 등이 있으며, 행동적 특징을 기반으로 하는 정보에는 음성이나 서명, 걸음걸이 등이 있다. 이 중 지문인식이 가장 오래되고 전통적인 기술이지만, 갈수록 안면과 홍채인식 기술이 더 빠르게 확산되고 있다. 특히 안면인식 기술은 인간이 다른 사람을 인지할 때 가장 많이 보는 것이 얼굴이기 때문에 가장 자연스러운 생체인식 기술이라고 할 수 있다.

테러 위협이 끊이지 않는 유럽과 미국 등에서는 안면인식시스템이 개인정보 침해 문제가 없지 않지만, 사회안전 차원에서 불가피하다는 주장이 설득력을 얻고 있다. 따라서 안면인식 기술을 활용한 보안시스템을 공항과 대형쇼핑몰 등 다중이용시설에 적극 활용하고 있다. 중국에서도 2015년부터 안면인식 데이터 구축에 심혈을 기울여 오고 있다. 시진핑 체제를 확실하게 유지하기 위해 사회 통제와 치안 강화를 강조한 결과다. 중국 정부에 따르면 현재 중국이 보유한 안면인식시스템은 14억 중국인의 얼굴을 3초 안에 90% 이상의 정확도로 식별할 수 있다.

인공지능 기업들도 안면인식을 이용한 기술 개발에 적극적이다. 특히 휴대전화 제조 분야에서는 안면인식 기술 적용이 필수적이다. 애플의 '아이폰X'에는 3D 안면인식 기술인 '페이스ID'가 탑재되었다. 중국 화웨이가 출시한 저가 스마트폰에도 안면인식 기술이 도입됐다. 페이스북은 2012

년 유럽과 캐나다에서 안면인식 기술을 이용한 서비스를 선보였지만 논란이 커지자 사용을 일시 중단했다가 다시 재도입하기로 결정하였다.

그러나 한편으로는 사생활 침해 논란도 커질 것으로 예상된다. 사용자가 저장한 이미지를 활용해 인물을 탐지하는 기술이라서 데이터베이스 구축에는 큰 문제가 없을 수 있다. 그러나 이를 어떤 목적으로 활용하는지에 따라서 사생활 침해 가능성이 크다.

그 결과 정부가 요주의 인물로 분류한 사람의 일거수일투족이 상시 감시되는 조지 오웰의 소설 『1984년』에 나오는 일들이 현실화될 가능성이 커지고 있다. 특히 안면인식 기술은 아직도 그 정확성이 떨어지기 때문에 상용화에 신중을 기해야 한다는 의견도 있다. 만약 안면을 잘못 인식하게 되면 전혀 무고한 사람이 피해를 입을 수 있기 때문이다.

빅브라더 시대에 일어날 수 있는 또 다른 하나의 커다란 문제는 인공지능을 활용한 편집기술이 디지털 성범죄 도구 내지 가짜뉴스를 유포하는 도구로 활용되고 있다는 점이다. 일명 '딥페이크(deep fake)'로 불리는 이 현상은 2017년 'deepfakes'라는 ID를 가진 한 네티즌이 미국 소셜뉴스 웹사이트인 레딧(Reddit)에 할리우드 유명 여배우의 얼굴과 포르노를 합성한 영상을 올린 것을 시초로 빠르게 확산됐다.

처음에는 주로 할리우드 여배우들을 대상으로 활용되었으나, 이제는 일반인을 대상으로 합성 사진과 동영상을 제작해주고 돈을 받는 형태의 암거래까지 생겨났다. 이들은 조작된 사진과 동영상을 이용하여 협박하기도 하고 SNS상에 유포하여 피해자에게 고통을 주기도 한다.

특히, 이 딥페이크 기술을 악용하여 가짜뉴스를 유포할 경우, 그로 인한 사회적 혼란은 상상하기 어려울 정도다. 더욱이 편향성을 부추기는 가짜 뉴스가 대량으로 생산되고 유포된다면 그 파급력은 핵폭탄 수준이 될 것이다. 한마디로 불신이 판치는 사회가 되고 말 것이다. 미국에서 딥러닝을 통해 만든 버락 오바마 전 미국 대통령의 얼굴은 실제 얼굴과 구분하기 힘들 정도다. 음성 역시 시간이 흐를수록 정교해지고 있다. 만일 오바마 대통령과 똑 같은 얼굴과 음성을 가진 조작된 영상이 '인종차별 발언'을 쏟아낸다면 어떻게 될까? 또 실제로 발생한 사건들을 오히려 '딥페이크'라 여기며 부인할 수도 있다는 지적이 나오고 있다.

🛜 빅브라더로 군림하는 글로벌 기업들

오늘날 빅브라더는 중국·러시아처럼 정보기술을 통제하고 감시도구로 사용하는 국가만이 아니다. 오히려 페이스북·구글 같은 글로벌 인공지능 기술기업, 상세한 개인정보를 요구하는 빅데이터, 다른 사람의 사적 영역을 엿보려는 사용자들의 끝없는 욕망이 더 강력한 새로운 빅브라더가 될수 있다. 여기에다 디지털 세상을 살아가는 이용자들은 빅브라더에게 저항하지 않는 것은 물론이고, 오히려 편리함을 위해 개인정보(privacy)를 빅브라더들에게 자발적으로 제공해주고 있는 실정이다.

사람들은 구글, 페이스북, 애플, 아마존 등의 글로벌 기업들을 '21세기 빅브라더'라고 부른다. 이들은 위치추적시스템(GPS) 정보를 기반으로 사용자의 위치정보를 실시간으로 추적·제공하는 제품과 서비스를 판매하고 있다. 이를 통해 우리가 누군지, 어디에서 누굴 만나고 무엇을 좋아하는지까지 파악할 수 있다. 그들은 수년간 수집한 빅데이터를 활용해 은밀하게 우리를 살펴보고 있다. 마음만 먹으면 이용자의 사생활을 팔아 얼마든지 돈을 벌 수 있는 디지털 공룡이 되어버린 이들은 전지전능한 독재자가 되어 가고 있다.

이들 글로벌 기업들의 개인정보 및 사생활 침해 사례를 알아보자.

구글은 빅브라더 논란의 중심에 서 있는 대표적인 기업이다. 강력한 정보수집 능력을 지닌 구글인 만큼 개인정보 수집 및 도용 위험에 대한 세계 각국의 비판과 제재도 가장 거세다. 2014년, 유럽사법재판소가 '잊혀 질 권리(A Right to be Forgotten)'를 인정하는 역사적 판결을 내리면서 구글의 과도한 개인정보 수집이 개인의 인권과 충돌한다는 논란이 일었다. 구글은 이 판결의 후속 조치로 삭제 요청을 받은 정보를 검색 결과에서 내리기 시작하였다. 이는 어떤 정보를 수집함으로써 얻을 수 있는 공익보다는 개인이 프라이버시를 존중받을 권리가 더 중요하게 고려돼야 한다는 판결에 따른 것이다. 2017년에도 영국 소비자단체가 아이폰 사용자의 개인정보를 무단으로 수집해 피해를 입었다며 구글을 상대로 집단소송에 나섰다

또 다른 빅브라더 페이스북은 '감정조작 실험'으로 논란을 일으켰다. 물론 사생활을 침해하거나 개인정보를 도용한 것은 아니나, 사전고지 없이 페이스북 사용자들을 대상으로 실험하고 개인의 실험결과 정보를 추출해 갔다는 점에서 거센 비난이 일었다. 페이스북은 2012년초 약 69만명의 뉴스피드를 조작해 긍정적이거나 부정적인 내용의 피드를 보여주고 사용자

들의 심리 반응을 살펴 SNS상에서의 감정전이 현상을 비밀리에 연구하였다. 이는 사용자들이 올리는 게시물을 인위적으로 바꿔 영향을 끼칠 수 있다는 점에서 사용자 데이터 보호 측면의 문제가 제기되었다.

아울러 2018년 3월 자사 개인정보 수천만 건을 2016년 미국 대선에서 도널드 트럼프 캠프 측에 넘긴 사실도 드러났다. 이후 CEO 저커버그는 의회 청문회에 출석해 공개사과 하는 일이 벌어졌다. 또 애플, 삼성, 아마존, 마이크로소프트 등에게도 사용자와 페이스북 친구들에 대한 정보 접근권한을 주었다는 의혹도 받고 있다.

애플 역시 빅브라더 논란에서 자유롭지 못하다. 2014년 애플이 iOS에 사용자를 모니터링하는 백도어(back door)를 숨겨놓았다는 주장이 제기되어 파문이 일었다. 이에 대한 논란이 지속되던 중, 2018년 애플은 프라이버시를 침해하지 않고 이용자들의 행동 패턴을 파악하는 기술을 도입키로 하였다. 회사 측은 '차등 프라이버시'로 불리는 이 기술을 2018년 가을로 예정된 'iOS 10' 업데이트 버전에 포함시킬 방침이라고 말하였다.

유통공룡으로 불리는 아마존도 빅브라더로 비판의 대상이다. 아마존은 그동안 고객들이 구입한 물건뿐만 아니라 사려고 하는 물품, 쇼핑을 하긴 했지만 사지 않은 물품, 다른 사람들에게 추천한 물품 등에 대한 정보까지 수집해 왔다. 고객들이 좀 더 많은 물건을 구입할 수 있도록 유도하는 아마존의 추천 기능 역시 이 같은 정보 수집 덕분에 가능한 서비스 중 하나다. 아마존은 이렇게 수집한 정보를 자회사, 제휴회사들과 공유해 오고 있다.

나아가 아마존이 새로이 개시한 무인 소형 택배기 드론은 사생활 침해 문제로 운용 가이드라인을 만들라는 행정명령을 받았다. 드론을 활용해

남의 집을 엿본다든가 상대방의 동의 없이 무단 촬영 등이 이루어질 가능성을 우려했기 때문이다.

🔊 '신기술 개발' vs '프라이버시 침해' 논란

인공지능과 빅데이터, 그리고 디지털 기술에 관련된 철학의 핵심은 개방과 자유 그리고 참여를 바탕으로 하고 있다. 그런데 다른 한편으로는 이런 기술들이 빅브라더로 변질될 가능성에 대한 두려움도 생길 수 있다. 사실 인공지능, 생체인식, 빅데이터 등 최근 눈부시게 발전하는 기술들은 소비자들의 행동을 더 빠르고 자세히 파악하여 돈을 더 많이 벌겠다는 기업들의 영리목적이 내포되어 있다. 따라서 정부와 소비자의 감시기능이 실효성 있게 추진되어야 한다. 아울러 기업제국들 또한 인공지능 기술의 순기능은 높여 나가되 빅브라더 같은 역기능과 부작용이 발생하지 않도록 스스로 철저하게 경계해 나가는 자세를 지녀야 할 것이다. 이렇게 하여야 인공지능 생태계는 건전한 발전이 이루어질 것이다.

이에 대한 논점을 몇 가지 사례를 통해 알아보자. 우선, 인터넷의 경우를 통해 알아보자. 인터넷 사용자들이 만약 인터넷 서비스를 제공하는 기업들이 빅브라더로 변신하려는 움직임을 방지하지 못한다면, 지난 수십년 동안 구축되어온 인터넷의 정신은 뿌리째 흔들리게 될지도 모른다. 인터넷은 글로벌 시민들에게 자유를 선사해왔으며 앞으로도 그래야 한다. 이런 본질을 잃는 순간 인터넷은 정말 큰 위기에 빠지게 될지도 모른다.

사회주의 국가인 중국 정부는 이미 인터넷 감시를 위해 수백만명의 인원을 동원해서 인터넷을 검열하고 있다. '인터넷 만리장성(the Great Firewall)'은 외국에서 들어오는 정보를 선별적으로 차단하고 있으며, 필요에 따라 인터넷망을 열기도 하고 닫기도 한다. 또 자유주의를 표방하고 있는 국가들 중에도 몇몇 나라에서는 인터넷이 정보수집의 공룡이 되는 것을 방지한다는 명분아래 인터넷망을 폐쇄하고 분리하려는 움직임을 보여주고 있다.

유럽연합(EU)은 2018년 5월, 새 개인정보보호규정(GDPR, General Data Protection Regulation)을 발효시켰다. 이후 구글과 페이스북 등 글로벌 정보기술 자이언트들은 무더기 제소를 당하였다. GDPR에 의하면 고객의 동의가 있을 때만 기업이 데이터 처리를 할 수 있고, 기업은 데이터를 필요 이상으로 오래 저장할 수 없으며 데이터 삭제를 원하는 고객의 요청에도 응해야 한다. 또 기업이 개인정보를 침해한 경우에는 72시간 이내에 감독기구와 정보 주체에 알려야 한다. EU에 거점을 두지 않더라도, EU 지역에서 사업을 하는 기업은 모두 이 규정의 적용을 받게 된다.

우리는 또 CCTV의 활용에서도 중요한 시사점을 찾아볼 수 있다. CCTV를 도입하던 초창기에는 인권 침해와 빅브라더 논란으로 CCTV를 철거하라는 인권단체들의 시위가 맹렬하였다. 여기에 CCTV 부작용을 통제할 여러 법안까지 만들어졌다. 그러나 오늘날 전 세계에서 CCTV를 철거하라고 주장하는 사람들은 거의 없다. CCTV가 범행 예방과 감시의 목적으로 매우 유용하게 쓰이고 있기 때문이다. 또 CCTV의 부작용인 사생활 침해 등은 법으로 통제·제어되고 있기 때문이다. 한 예로 CCTV가 저화질인 것은 기술적인 문제가 아니라 법으로 CCTV 화질을 제한하고 있기 때문이다. 이렇듯 CCTV의 부작용은 법과 제도로 통제하고 있으며, CCTV의 장점인 범죄 예방 및 감시용으로 확실히 큰 효과를 보고 있다.

이처럼 인공지능 기술은 우리에게 안전하고 편리한 생활 여건을 제공해 주지만 나쁜 의도로 사용된다면 엄청난 폐해를 불러올 수 있다. 그렇다고 앞으로 우리 경제사회 발전을 담보하는 가장 중요한 핵심인 인공지능 기술의 발전을 위한 노력을 멈출 수는 없다. 따라서 우리는 한편으로는 인공지능 기술을 지속적으로 발전시켜 나가면서 다른 한편으로는 사생활 보호를 위한 여러 가지 안전장치를 마련하려는 노력을 기울여야 한다. 만사가 그러하듯 과유불급(過猶不及), 인공지능의 생태계에도 중용(中庸)의 원칙이 중요하다.

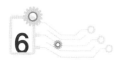

6

인간과 인공지능이 평화롭게 공존하는 세상의 구현

☉ 인간과 로봇 간의 전쟁 가능성

체코 극작가 카렐 차페크(Karel Capek)가 1920년 발표한 희곡 『Rossum's Universal Robots』에는 원시적인 형태나마 로봇이 등장한다. 일종의 블랙 유토피아(black utopia)를 그린 이 작품에선 인간이 만든 로봇이 인간을 지배하는 일이 벌어진다. 미국의 로봇공학자 한스 모라벡도 『마음의 아이들(Mind Children)』, 『로봇』이라는 저서들을 통해 2050년 이후 지구의 주인이 인류에서 인공지능 로봇으로 바뀌게 될 것이라고 주장하였다.

영국의 로봇공학자 케빈 워릭 또한 『로봇의 행진(Fantastic voyages)』이라는 책에서 21세기 지구의 주인은 로봇이 될 것이라고 단언한 바 있다. 그는 2050년 기계가 인간보다 더 똑똑해져서 인류의 삶은 기계에 의해 통제될 것이라고 예측하였다. 많은 SF영화가 이런 디스토피아적 상상 위에서 제작됐다.

이런 부류의 책들이 담고 있는 내용은 한마디로 인간과 로봇의 전쟁을 의미한다. 아직은 먼 미래의 일이겠지만, 많은 이들이 경고를 하고 있다. 얼마 전 타계한 스티븐 호킹 박사는 "100년 후 AI가 인간을 지배하게 될 것이다, 세계 정부를 구상해 선제적으로 대응해야 한다."고 주장하였다. 앞으로 로봇이 인간처럼 감정까지 가지게 될 정도로 진화되어 영화 '터미네이터', '매트릭스'처럼 전쟁이 벌어지면 로봇의 전력이 월등할 것으로 예상된다. 결국 기계가 인간을 지배할 가능성이 매우 크다는 이야기이다.

대표적인 사례가 킬러로봇이다. 킬러로봇(Killer Robot)이란 공격용 전투로봇을 말한다. 일반적인 무기와 달리 인공지능 기술을 활용해 사람의 개입 없이 스스로 판단해 목표물을 추적·공격할 수 있는 것이 특징이다. 넓은 의미에서는 군사 목적으로 활용되는 군사로봇까지를 포함하여 자동화 무기를 뜻한다.

미국에서는 인공지능이 인간과는 달리 전쟁에 대한 공포를 인식하지 못하는 관계로 20년 안에 핵전쟁을 유발할 수도 있다는 섬뜩한 분석도 나왔다. 우리나라 KAIST도 나중에 해명이 되었지만 이 킬러로봇 생산 논란에 휘말리기도 하였다. 논란이 불거졌을 당시 세계 로봇 학자들은 스위스 제네바에서 열리는 유엔의 자율살상무기 관련 논의를 앞두고 KAIST와 앞으로 어떤 학술협력도 하지 않겠다는 선언을 하기도 하였다.

2018년 4월, MIT공대 미디어랩 연구진은 사이코패스(Psychopath) AI '노먼'을 소개하였다. 노먼은 알프리드 히치코크 감독의 영화 '사이코(Psycho)'에 등장하는 사이코패스 살인마의 이름이다. 연구진은 노먼에게

죽음과 살인 등 부정적인 이미지와 동영상을 나타낸 정보들만 집중적으로 학습시켰다. 사물의 가장 어두운 면만 학습할 수 있도록 훈련을 받은 것이다. 그 결과 노먼은 연구진이 보여준 그림에서 자살, 교통사고, 총살, 살인과 같은 끔찍한 표현만을 내놓았다. 이에 연구진이 내린 결론은 인공지능이 생성하는 답변이 문제를 일으키는 원인은 알고리즘이 아니라, 편견에 치우치거나 그릇된 학습 자료라는 것이었다. 아울러 노먼은 그릇된 정보를 흡수한 인공지능의 위험성을 보여주는 연구 사례라고 말하였다.

이처럼 로봇이 인간에게 재앙이 되는 일이 벌어지지 않도록 윤리적 측면에서 킬러로봇이나 사이코패스 로봇의 개발을 제한해야 한다는 움직임이 일어나고 있다. 핵무기보다 비용이 저렴하고, 대량생산이 가능해 분쟁지역 등에서 악용될 수 있기 때문이다.

⊚ 인간에 위협으로 다가오는 인공지능

인공지능이 발전 확산되면서 인간 삶의 방식이 근본적으로 변화됨과 아울러 그동안 경험하지 못했던 다양한 이슈들이 봇물 터지듯 나타나게 될 것이다. 예를 들어 일자리 축소, 부의 양극화와 기초소득 도입 필요성, 인공지능의 중립성과 윤리성, 인공지능에 대한 법인격 부여 여부, 인공지능에서 인공의식으로 진화 가능성, 인공지능시대에 중요한 인간의 가치 등 과거 전혀 생각해 보지 못했던 문제들이 제기되고 있다. 물론 여기서 우리에게 가장 현실적으로 다가오는 문제는 일자리가 줄어든다는 것이다. 그런데 이보다 더 근원적이고 위협적인 문제는 인공지능 또는 로봇이 인류의 종말을 초래할 수도 있다는 것이다.

인공지능 기술은 앞으로도 계속 발전해 나갈 것으로 예상되고 있다. 다수의 전문가들은 머지않아 사람처럼 자유로운 사고가 가능한 자의식을 지닌 강인공지능이 탄생할 것으로 내다보고 있다. 또 인간의 지적능력뿐만 아니라 사회성과 감성능력까지도 뛰어넘는 초인공지능의 출현 시기, 이른바 '특이점(singularity)' 현상이 2040~2050년경 도래할 것으로 전망하고 있다.

그런데 앞으로 모든 면에서 인간의 능력을 뛰어넘는 이 초지능 인공지능이 등장한다면, 이는 인간에게 축복일까 아니면 재앙일까? 이에 대한 논쟁은 꽤 오래전부터 진행되어 오고 있다. 결론부터 말한다면 놀랍게도 부정적인 견해를 가진 사람이 훨씬 더 많은 편이다. 그들의 생각은 인간이 인공지능을 통제하기는커녕 오히려 지배를 받게 될 가능성이 크다는 것이다. 또 인공지능을 다루는 인간의 오작동과 미숙함에서 비롯되는 문제들도 우려된다. 여기에 비윤리적인 인공지능이 탄생한다면 문제의 심각성은 상상을 초월할 것으로 내다보고 있다.

영국 옥스퍼드대학은 강한 인공지능이 출현할 경우 인류에게 주는 영향을 구글이 만든 답, 정부가 만든 답, NGO가 만든 답 등 다양한 시나리오를 통해 시뮬레이션 하였다. 그 결과 모든 결론은 항상 똑같았다. 약간 시간적인 차이가 있지만 강한 인공지능의 모든 끝은 인류 멸망이라는 것이었다. 실제로 저명한 과학자들 중 이런 우려를 제기하는 사람이 적지 않다. 얼마 전 작고한 스티븐 호킹과 전기자동차 테슬라의 창업자인 일론 머스크가 그 대표적인 인물들이다.

만약 인간 및 인류에게 절대적으로 안전하고 호의적이며 인류의 발전을 돕는 초인공지능이 만들어진다면 문제가 없다. 하지만 초인공지능이 반드시 그렇게 만들어지리라는 보장은 없다. 인간이 만드는 인공지능도 인간의 본성이 그대로 녹아있다. 이는 다시 말해 인공지능도 인간처럼 자신을 타자와 분리해 생각하고 인간을 적으로 생각할 수 있다는 것이다. 이 경우 인간과 인간보다 뛰어난 능력을 가진 인공지능 간 전쟁이 일어나게 될 것이다. 그리고 결국 인류의 멸망이 초래될 것이다.

이러한 우려에 사전 대비하기 위하여 인공지능에게 윤리관 및 인간사회에서 통용되는 각종 통념과 행동규범을 가르치려는 시도가 진행되고 있다. 그러나 이의 실효성에 있어서는 의문이 남는다. 현실 세상의 예를 보더라도 부모와 학교가 각종 사회통념과 행동규범을 가르치지만 언제나 문제아가 나오는 것을 경험하고 있다. 따라서 인공지능이나 로봇에게 도덕과 윤리를 가르친다고 안전하다고 볼 수 없다.

더욱이 일부러 나쁜 의도를 지니고 인공지능과 로봇을 만들어 내는 경우도 없지 않을 것이다. 나쁜 생각을 가진 인간이 인공지능을 조작해 다른 인간을 공격하는 것이다. 미래학자들은 기술의 발전 속도를 감안할 때 오히려 이 가설이 인공지능 스스로 반란을 일으키는 것보다 훨씬 더 실현 가능성이 크다고 보고 있다. 특히 최근에는 인공지능의 알고리즘을 교란하는 기술까지 등장하였다. 구글이 내놓은 '애드버세리얼 패치(Adversarial Patch)'가 이에 해당한다. 이 기술이 무서운 이유는 고도화할 경우 손쉽게 인공지능 기기와 각종 자동화시스템을 마비시킬 수 있기 때문이다. 예컨대 인간을 공격하지 않도록 만들어졌지만, 해커가 AI를 해킹한 뒤에는 로봇이 인간을 공격하게끔 바꿀 수 있다.

여기에 확증편향의 문제도 제기되고 있다. 인공지능은 잘 짜인 알고리즘이다. 알고리즘은 어떤 문제를 풀기 위한 방법을 말한다. 페이스북이 자신의 취향에 맞는 글을 추천하고, 넷플릭스가 내가 좋아하는 영화들만 골라 리스트로 보여주는 것은 바로 이 알고리즘 때문이다. 소비자 입장에선 이런 추천 서비스가 선택의 부담을 덜어주고, 기업 입장에선 최적화된 콘텐츠를 보여줘야 매출을 높일 수 있기 때문에 양측 모두에게 도움이 된다.

그런데 여기에는 간과할 수 없는 맹점이 있다. 사용자들의 기본 패턴을 좇아 콘텐츠를 추천하기 때문에 평소에 자신이 가진 취향과 생각만 더욱 강화된다는 것이다. 이는 장기적으로 개인의 주관과 인식을 왜곡시켜 보편적인 것에서 멀어지게 한다. 이를 확증편향(確證偏向)이라고 한다. 좀 더 쉽게 말하면 사람은 보고 싶은 것만 본다는 것이다. 이렇게 되면 자기 것만 옳다고 여기며 자신과 다른 생각은 받아들이지 않게 된다. 이는 올바른 사고의 발전을 가로막고 결국엔 나와 타인을 분리해 상대방을 적으로 간주하게 만든다.

◉ 인공지능의 윤리관 제고를 위한 다양한 노력

이러한 위험들을 사전에 방지하기 위해 인류는 인공지능과 로봇의 윤리관을 제고하기 위한 노력을 기울여 오고 있다. 지금까지 제시된 몇 가지 사례를 알아보자. 우선 미국의 과학자이자 작가인 아이작 아시모프(Isaac

Asimov)는 1942년 그의 공상과학 소설 『Runaround』에서 '로봇 3원칙(Three Laws of Robotics)'을 밝혔다.

첫째, 로봇은 인간에게 위해를 가해서는 안 되며, 인간이 위험한 상황에 처했을 때 방관해서도 안 된다. 둘째, 로봇은 첫 번째 원칙에 위배되지 않는 한 인간이 내리는 명령에 복종해야 한다. 셋째, 로봇은 첫 번째와 두 번째 원칙을 위배하지 않는 선에서 로봇 자신의 존재를 보호해야 한다. 이후 1985년, 아시모프는 『로봇과 제국(Robots and Empire)』을 쓰면서 첫 번째보다 더 중요한 '0 번째 법칙'을 추가하였다. 다른 세 법칙이 인간 개인에게 적용되는 것인데 비해 이 0번째 법칙은 인류 전체를 위한 것이다. 그 내용은 "로봇은 인류에게 해를 가하거나, 행동을 하지 않음으로써 인류에게 해가 가도록 해서는 안 된다"이다.

이와 함께 인공지능 활용의 윤리성 제고를 위한 국제사회의 노력도 강화해 나가고 있다. 2013년, 노벨 평화상 수상자인 조디 윌리엄스와 인권단체 등이 킬러로봇 반대 운동을 조직하였다. 2015년에는 스티븐 호킹과 애플 공동 설립자 스티브 워즈니악을 비롯해 1,000여 명의 인공지능과 로봇공학 연구자들이 인공지능 관련 국제회의(International Joint Conference on Artificial Intelligence)에서 인공지능전쟁 금지를 권고하는 서한에 서명하기도 하였다. 2017년에도 일론 머스크를 포함한 로봇 분야 전문가 116명은 유엔에 보낸 서한에서 "킬러로봇이 개발될 경우 전쟁 속도가 예상하지 못할 정도로 빨라질 것"이라며, 인공지능 로봇을 군사무기로 활용하는 킬러로봇의 위험성을 경고하였다.

또한 2016년 개최된 G7 정보통신장관회의에서 일본은 인공지능에 대한 잘못된 사용이나 이로 인한 사고를 사전에 방지하기 위해 인공지능 연구개발에 관한 국제규약 제정을 주장하였다. 주요 내용은 인공지능이 사람의 생명이나 신체에 해를 끼치지 않을 것, 인공지능의 잘못된 사고 회로를 수정할 수 있도록 할 것, 사이버 공격에 의한 탈취 방지, 인공지능이 인간의 사생활을 침해하지 않도록 할 것 등이다.

이런 과제들을 중심으로 UN과 국제앰네스티(Amnesty International), 경제협력개발기구(OECD) 등에서는 계속 인공지능의 윤리성 제고를 위한 논의를 이어가고 있는 중이다.

⊚ 인간과 인공지능의 상호협력을 통한 공존

인간과 인공지능의 협력 내지 결합이 필요하다는 주장 또한 매우 의미심장하게 제기되고 있다. '특이점'의 도래를 제시한 레이 커즈와일은 "초인공지능이 실현되고 기술적 특이점이 도래하는 상황에서 인류가 오랫동안 삶을 유지해 나가려면 인간과 인공지능이 하나가 되어 서로 협력하고 공존하는 방안을 모색해야 할 것이다."라고 주장하였다. 초인공지능의 필연적 출현을 예고한 옥스퍼드대학의 닉 보스트롬 교수도 인공지능의 개발을 막는 것보다는 강한 인공지능의 출현에 대비하는 것이 현실적이라는 견해를 내놓았다.

더 나아가 인간과 인공지능을 합체해야 한다는 극단적인 의견까지 제시되고 있다. "인공지능이 사람보다 수십억배 더 똑똑해지기 전에 인류는 인공지능과 합체해야 한다." 미래학자 이언 피어슨이 세계의 정부 고위관료와 기업가, 지식인이 참여하는 '세계 정부 서밋(World Government Summit)'에서 2018년 주장한 내용이다. 뇌에 칩을 심거나 뇌를 직접 컴퓨터에 연결해야 한다는 의미이다.

일론 머스크도 이 아이디어를 제시했고, 이를 실현하기 위해 해당 기술을 개발할 '뉴럴링크(Neuralink)'라는 회사를 세웠다. 인간의 기억을 컴퓨터에 저장해놓고 필요할 때 꺼내 쓸 수 있도록 하면서 용량을 무한하게 늘리겠다는 것이다. 그는 "우리의 뇌에 직접 연결하는 방법을 찾아내기 전에는 초지능 컴퓨터를 개발하는 것이 안전하지 않다." 라고 말하였다. 또 온라인 결제업체 페이팔을 창업했던 브라이언 존슨은 신경세포를 뇌에 이식해 뇌의 기능을 향상시키는 스타트업 '커널(Kernel)'을 1억 달러에 인수하였다.

📡 인간의 운명을 인공지능에 맡겨서는 안된다

이처럼 인공지능의 발전은 인류 경제사회의 모습을 근원적으로 그리고 다양하게 변화시켜 나가겠지만, 불변의 진리 또한 존재한다. 다름 아닌 인공지능이 아무리 진화하고 발전해도 그것은 인간의 도구일 뿐이라는 것이다. 다시 말해 인간의 운명을 인공지능에 맡겨서는 안 되며 인간 스스로 개척해 나가야 한다는 것이다. 그리고 인간이 인공지능의 주인이 되어야 한다는 것이다. 이런 관점에서 인공지능 개발자와 기업들은 더 정확하고 신뢰할 만한 결과를 제공하기 위해 노력해야 한다. 이는 인공지능이란 기술에 대한 신뢰가 바탕이 될 때 비로소 인간의 믿을 수 있는 동반자로 함께 할 수 있기 때문이다.

이와 함께 인공지능과 평화롭게 공존하는 세상을 만들려는 열린 마음과 자세가 중요하다. 아울러 패러다임 체인저(paradigm changer)로서 인공지능과 협력하는 능력이 절실히 요청된다. 인공지능이 일자리를 잃게 하고 생계를 위협하는 기술이 아니라, 오히려 일을 더 쉽게 만들어주고 삶을 편리하게 해주는 기술이라는 인식전환이 필요하다는 것이다. 그러나 무엇보다 중요한 점은 윤리적인 인공지능이 탄생할 수 있도록 인간 자체의 인성과 도덕심을 고양해 나가는 것이다. 인공지능도 결국은 인간이 만들어 내기 때문이다.

이미 시작된 인공지능의 시대에서는 기계와의 경쟁이 아닌 협력과 공생 능력이 중요하다. 그리고 이 과정에서 인간 고유의 것을 만들어내는 능력이야말로 핵심역량이 될 것이다. 지성과 감성이 조화를 이루는 사회는 분명 우리 인간의 손으로 만들어 나가야 할 미래의 비전이다. 물론 인공지능이 초래할 미래는 여전히 불투명하다. 그렇다고 인공지능의 발전을 위한 노력을 여기서 멈출 수도 없다. 이래저래 인공지능은 더 많은 고민과 연구가 필요한 분야라 하겠다.

7

인공지능시대에 요구되는 인재는?

⊜ 창의성을 발휘하는 '뉴칼라' 인재

4차 산업혁명과 인공지능의 시대에서는 우리가 흔히 똑똑하다고 정의하는 것들, 예를 들어 논리와 추론 능력, 수학적 사고력 등은 인간이 인공지능을 따라갈 수 없다. 아울러 주입식 교육을 통해 일방적으로 습득한 지식은 더 이상 쓸모 없어지게 될 것이다. 대신 무엇이 문제인지를 인지하고 사유하는 능력, 그리고 옳고 그름을 판별하고 타인에게 공감할 줄 아는 인성역량 등은 인간 고유의 것이기 때문에 더욱 강조될 수밖에 없다. 이와 함께 새로운 것에 대한 지적호기심과 창의력은 계속 중요한 요소로 남을 것이다.

2016년 세계경제포럼(WEF)은 21세기 학생들이 갖춰야 할 핵심 역량으로 비판적 사고력(Critical Thinking), 창의성(Creativity), 의사소통 능력

(Communication Skills), 협업(Collaboration) 등을 꼽았다. 주어진 정보를 비판적으로 받아들이고, 남과 다른 자신만의 독특한 관점에서 문제를 바라보며, 경계를 넘나들면서 타 분야 전문가와 소통하고 협력하는 능력은 인간만이 지닌 것이어서 인공지능 기술이 아무리 진화하더라도 따라올 수 없다는 이유에서다.

인공지능 기술의 발전으로 많은 일자리가 없어지게 될 직업 증발의 시대에 우리가 갖춰야 할 능력으로는 무엇보다도 창의적 능력이 요구된다. 계산하고 암기하며 정리하는 능력 등은 이제 인공지능을 따라갈 수 없을 것이다. 인간의 능력 중 인공지능과의 경쟁에서도 끝까지 살아남을 수 있는 것은 '창의성'뿐이다. 다시 말해 앞으로는 인공지능이 사람이 하는 일 대부분을 대체하고, 비정형화된 요소가 많거나 상대적 가치 판단과 창의성이 요구되는 사안들만이 계속해서 인간의 영역으로 남아 있을 것으로 전망되고 있다. 물론 인공지능이 감성까지도 지니게 되는 강인공지능시대가 도래하면 이 전망도 달라질 수 있다.

그러면 인공지능의 시대를 맞아 중요성이 한층 더 부각되는 창의성이란 무엇일까? 창의성에 대한 여러 가지 정의들이 있지만 일반적으로 새롭고 독창적인 무언가를 만들어내는 능력을 의미한다. 합리적 추론화 과정을 거쳐 사람들이 원하는 것을 발견해 내는 문제해결 능력이 새로운 시대가 원하는 능력이 될 것이다. 동일한 데이터로 다른 사람들이 보지 못하는 것을 볼 수 있는 것이 능력이며 경쟁력의 요체이다.

또 창의성은 기존 관습이나 틀에 얽매이지 않고 무엇인가 새로운 것을 추구하는 상상력 같은 것을 의미하기도 한다. 이렇게 볼 때 상상력이 풍부

할수록 창의적이고 창의적일수록 상상력이 높다. 아인슈타인 박사는 "상상력이 지식보다 더 중요하다. 왜냐하면 지식은 우리가 현재 알고 있고 이해하고 있는 것에만 국한된 반면, 상상력은 앞으로 알려지고 이해해야 할 모든 세계를 포용하기 때문이다."라고 말하였다.

그러면 이 창의성 발현을 제대로 하기 위한 조건은 무엇일까? 이를 IBM의 뉴칼라 인재 육성전략을 통해 알아보자. '뉴칼라(New Collar)'란 기존의 육체노동자를 뜻하는 블루칼라(Blue Collar)도 전문직 종사자인 화이트칼라(White Collar)도 아닌 전혀 새로운 직업군을 가진 계층을 의미한다. 그리고 학력과 상관없이 4차 산업혁명시대에 적응해 살아가는 계급, 전체 산업에서 필요로 하는 인공지능, 클라우드 컴퓨팅 등 전문가들을 의미한다.

"더 이상 4년제 대학 졸업장은 필요 없다. 인공지능과 정보기술 능력을 갖춘 실무자를 길러내야 한다. 새로운 교육방식으로 양성된 '뉴칼라(new collar)' 인재가 앞으로의 4차 산업혁명시대를 움직일 것이다." 지니 로메티 IBM 최고경영자(CEO)의 말이다. 그는 또 "학위가 있는지 없는지, 학위가 없는 사람이 회사에서 몇 %를 차지하는지는 전혀 중요한 문제가 아니다. 얼마나 많은 직원이 STEM(과학·기술·엔지니어링·수학) 분야를 친숙하게 느끼며 일하는지, 그리고 세상의 변화에 얼마만큼 적응하는지가 더 중요하다."라고 말하였다.

실제 IBM은 '뉴칼라' 인재를 직접 길러내기 위한 학교를 세웠다. IBM은 뉴욕시 교육청과 손잡고 2011년 'P테크(Pathway Tech) 학교'를 처음 선보였다. P테크 학교에는 9학년부터 입학할 수 있다. 6년짜리 커리큘럼으로 구성되어 있지만 성적이 뛰어나면 더 빨리 졸업할 수도 있다. P테크 학교에는 기존 학교에서 배우던 교과서가 없다. 대신 기초이론부터 실무교육까지 모두 배운다. 이제 갓 20대에 접어든 졸업생 중 상당수는 현재 IBM에서 일하고 있다.

⊜ 주목받는 융복합 능력과 연결지성

무엇인가를 창의적으로 만들어 내기 위해서는 전문지식이 중요한 전제 요건이 되는 것이 사실이다. 그러나 초연결성을 핵심으로 하는 4차 산업혁명의 시대에는 다양한 분야의 지식과 경험과 함께, 이들을 융복합할 수 있는 능력이 오히려 더 중요해질 것이다.

스티브 잡스는 '창의적인 것은 연결에서 나온다(Creativity is just connecting things)'는 말을 남겼다. 그의 말대로 2007년 세상을 뒤흔들어 놓은 아이폰은 핸드폰과 MP3, 노트북이 결합된 제품이다. 기존의 것들을 융복합하고 변주해 새로운 것을 창조해낸 것이다. 잡스와 아이폰을 통해 알 수 있듯이 이제 창의성은 사전적 의미대로 세상에 없던 것을 새로이 만들어내는 것만을 의미하지는 않는다. 기존에 있던 다양한 경험과 지식을 연결해 기능과 디자인이 업그레이드된 또 하나의 변형된 제품을 만들어내는 것도 창의성에 해당한다.

이는 이제 세상은 전문지식보다 연결지성 즉 융복합 능력을 오히려 더 중요시한다는 의미이다. 그런데 이 연결지성은 사고의 확산을 통해 길러진다. 하나의 아이디어를 해당 분야에서만 생각하고 받아들이는 게 아니라 자신이 속한 범주를 넘어 새로운 영역으로 확장시키는 것이다.

이런 사조에 따라 세계의 저명한 대학들은 점차 교과목을 융합해나가는 추세를 보이고 있다. 이는 4차 산업혁명시대에는 새로운 발명과 발견이 학문 간 접경인 융복합 영역에서 도출될 것이기에 특정 학과나 지식에 집중하는 교육은 한계가 있다는 인식에서 비롯되었다. 그리고 과학기술 발전 속도가 워낙 빠르다 보니 전문지식인보다는 이를 따라갈 수 있도록 기초과학 지식이 탄탄한 융합형 인재가 필요하다는 의미를 내포하고 있다.

실제로 세계 최고의 공과대학인 MIT는 공학 못지않게 인문예술 수업을 강조하고 있다. '위대한 아이디어가 세상을 바꾼다'는 교육철학처럼 좋은 아이디어가 나올 수 있게 '리버럴 아츠(Liberal Arts)'라고 불리는 교양교육에 집중하고 있다. MIT엔 역사학, 철학, 언어학, 문학 등 각 분야의 훌륭한 교양 프로그램이 있고, 학생들은 의무적으로 인문학 수업을 들어야 한다.

이와는 반대로 전통적으로 인문사회과학 중심이던 프린스턴대, 하버드대 등은 이공계 중심의 발전전략을 짜고 나아가 학생들의 창업 지원에까지 팔을 걷어붙이며 나서고 있다. 하버드는 인근 지역에 대규모 공대 시설을 구축해 컴퓨터과학, 로봇공학, 생명공학 등 미래 성장동력으로 꼽히는 분야를 집중 육성하기로 하였다.

이와 함께 하버드대와 MIT대 등은 무학제, 무학과, 온라인 학제 등을 도입하였다. 예컨대 미네르바스쿨(영어)은 온라인 수업을 기반으로 토론, 세미나 등을 통해 창의성 및 융합성을 키우는 고등교육시스템이다.

❂ 바른 인성이 무엇보다 중요하다

　만약 고약한 인성을 지닌 사람이 사회지도층이 되어 인공지능을 악용한다면 이 세상은 어떻게 될까? 독재적 성향을 지닌 정치가는 아마 영화 '브이 포 벤데타(V for Vendetta)'처럼 빅브라더가 되어 국민들의 삶을 감시하고 지배하게 될 것이다. 또 호전적인 성향을 지닌 천재 과학자가 킬러로봇을 발명해 낸다면 그는 아마 영화 '스파이더맨(Spider man)'이나 '터미네이터(Terminator)'에서처럼 이 세상을 아수라장으로 만들지도 모를 일이다. 이렇게 볼 때 인공지능시대에는 좋은 인성이 한층 더 중요한 덕목으로 빛을 발하게 된다. 그리고 좋은 인성의 구성요소는 다른 사람들과의 협력, 원활한 소통, 겸손한 태도 등이라고 할 수 있다.

　연결성을 중시하는 미래사회에서의 창의성은 다양한 지식과 경험을 쌓고, 타인과의 토론을 통해 의견을 나누며 실패를 두려워하지 않는 도전이 계속될 때 커질 수 있다. 이에 따라 필요한 인재상 또한 혼자서만 똑똑한 것보다 다양한 개성이 함께 어우러져 시너지를 만들어 내는 능력을 지닌 사람이 될 것이다. 2016년 세계경제포럼도 미래사회의 인재가 갖춰야 할 핵심역량 5가지 중 하나로 협업능력을 꼽았다. 아울러 사람들 사이의 조화를 이끌어내고 원활하게 커뮤니케이션하는 사람관리 능력도 핵심역량으로 제시하였다.

　이를 인공지능 기술의 선두주자로 평가받고 있는 구글의 인재 채용전략을 통해 보다 구체적으로 살펴보자. 구글은 매년 전 세계에서 300만명이 입사지원을 하지만 0.2%만 채용되는 세계적인 기업이다. 10번이 넘는 면접을 거쳐야 하며 매번 다른 질문과 평가로 지원자를 심사한다.

그런데 구글은 인재를 뽑을 때 5가지 기준을 적용한다. 다름 아닌 학습 능력, 새로운 리더십, 지적 겸손, 책임감, 전문지식 등이다. 이중 전문지식이 가장 덜 중요하며 학습능력을 최우선으로 한다. 학습능력의 의미 또한 IQ가 아니라 필요한 정보를 한데 모으고 새로운 것을 배우는 능력을 뜻한다. 또 타인의 의견을 받아들이는 지적 겸손을 매우 중시한다. 이는 만일 똑똑한 사람이 지적 겸손을 갖추지 못한다면, 실패할 경우 그 책임을 다른 팀원이나 상사 탓으로 돌리는 경우가 많기 때문이다. 한마디로 단순히 머리가 좋거나 스펙이 뛰어난 사람보다는 책임감 있고, 문제 해결을 위해 적극적으로 노력하면서, 다른 사람의 아이디어를 존중할 줄 아는 사람이 구글이 원하는 인재라는 것이다.

인공지능이 보편화될 미래사회에는 전문성이 더욱 깊어지고 분화될 것이다. 따라서 자신의 분야에서 전문성을 갖추는 것이 매우 중요해질 것이다. 그러나 이보다 더 중요한 건 다른 사람과 협업하고 시너지를 내는 일이다. 이는 사회가 복잡해지고 다원화될수록 머리를 맞대고 협업을 해야만 풀 수 있는 문제들이 더욱 많아지기 때문이다. 특히 초연결성을 특징으로 하는 4차 산업혁명시대에는 다양한 가치를 조율하고, 개성이 다른 사람들을 조화시키는 능력이 필수가 될 것이다.

그러기 위해서는 마음이 열려 있어야 하고 상대를 존중하고 배려할 줄 알아야 한다. 그리고 건전한 사회 윤리관과 높은 도덕 수준이 요청된다. 즉 전문지식과 스펙보다는 협업과 공감, 예절과 같은 인성역량이 더 중요한 요소가 될 것이라는 이야기다. 앞으로 인성은 권장만 하는 덕목이 아니라 필수로 갖춰야 할 실력이 될 것이다. 한마디로 바른 인성을 갖추는 것이 필수 능력이라는 것이다. 이는 인간이 만드는 인공지능이 윤리성을 갖추고 또 인간이 인공지능에 지배당하지 않기 위해서도 그렇다.

우리 사회의 기준도 이제는 달라져야 한다. 성적과 스펙 등 개인의 똑똑함만을 강조해 이기심으로 가득한 아이를 키우는 교육이 아니라, 타인을 배려하고 함께 어울릴 수 있는 인재를 양성하는 교육에 힘써야 한다. 개인의 욕망과 이기심만을 키울 게 아니라, 공동체의 이익과 공공선을 조화시킬 수 있는 능력도 함께 길러야 한다는 것이다. 이렇게 될 때 우리는 미래의 세계를 인공지능과 건전한 협력과 공생관계를 유지하는 그야말로 유토피아를 열어 나갈 수 있을 것이다.

국립중앙도서관 출판예정도서목록(CIP)

인공지능과 미래 경제 : AI가 경제를 만나다 / 글쓴이: 이철
환. — 서울 : 다락방, 2018
    p. ;   cm

ISBN 978-89-7858-074-8 03300 : ₩18000

과학 기술[科學技術]
인공 지능[人工知能]

331.5412-KDC6
303.483-DDC23   CIP2018035525

인공지능과 미래 경제

발행일 : 2018년 11월 20일

글쓴이 : 이철환

펴낸이 : 김태문

펴낸곳 : 도서출판 다락방

주 소 : 서울시 서대문구 북아현로 16길 7 세방그랜빌 2층

전 화 : 02) 312-2029

팩 스 : 02) 393-8399

홈페이지 : www.darakbang.co.kr

정가 : 18,000원

ISBN 978-89-7858-074-8 03300